凝心铸魂 守正创新

——中山大学学生工作案例选编

赵悦鑫　李金源　主编

NINGXIN ZHUHUN

SHOUZHENG CHUANGXIN

中山大学出版社
SUN YAT-SEN UNIVERSITY PRESS
·广州·

图书在版编目（CIP）数据

凝心铸魂　守正创新：中山大学学生工作案例选编/赵悦鑫，李金源主编．—广州：中山大学出版社，2023.11

ISBN 978 - 7 - 306 - 07877 - 3

Ⅰ．①凝…　Ⅱ．①赵…　②李…　Ⅲ．①中山大学—学生工作—案例　Ⅳ．①G645.5

中国国家版本馆 CIP 数据核字（2023）第 150489 号

出　版　人：王天琪
策划编辑：金继伟
责任编辑：王　璞
封面设计：曾　斌
责任校对：梁恺桐
责任技编：靳晓虹
出版发行：中山大学出版社
电　　话：编辑部 020 - 84110283，84113349，84111997，84110779，84110776
　　　　　发行部 020 - 84111998，84111981，84111160
地　　址：广州市新港西路 135 号
邮　　编：510275　　　　传　真：020 - 84036565
网　　址：http://www.zsup.com.cn　　E-mail：zdcbs@ mail.sysu.edu.cn
印 刷 者：广东虎彩云印刷有限公司
规　　格：787mm × 1092mm　　1/16　　15 印张　　370 千字
版次印次：2023 年 11 月第 1 版　　2023 年 11 月第 1 次印刷
定　　价：68.00 元

目　录

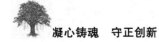

赓续红色基因，激活青春力量

——大学新生团支部主题团日组织指导案例

中山大学中国语言文学系本科生辅导员、团委书记　李劲峰

中山大学中国语言文学系青年教师专职辅导员、副教授　倪彩霞

一、案例概述分析

2022年3月，以迎接和学习宣传贯彻党的二十大精神为主线，结合庆祝建团100周年有关部署，团省委开展广东共青团"喜迎二十大、永远跟党走、奋进新征程"活力在基层主题团日竞赛活动。自接到通知后，共青团中山大学中国语言文学系委员会2021级人文实验班3-2团支部开始筹划主题团日活动。5月14日，团支部举办"百年红船　弦歌不断"活力在基层主题团日活动。活动以舞台表演形式回顾党史、学习习近平总书记系列重要讲话、排演脱贫攻坚主题原创话剧、合唱《星辰大海》，以此来增强团日活动对青年的吸引力和感染力。该项目在全省2135个入围项目中脱颖而出，获评春季赛季"十佳"项目。（见图1）

图1　团支部举办"百年红船　弦歌不断"活力在基层主题团日活动

从活动策划到实施，团支部面临建立时间不长、组织建设经验不足等新生团组织的

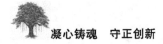

共性问题，也面临人文学科学生思维活跃、凝聚力需要进一步加强等个性化问题，辅导员在组织开展主题团日过程中均需要加以悉心指导。

（一）新生团支部的学习力有待提高

部分高校共青团存在着思想引领自上而下动力强与自下而上动力弱的问题。基层主题团日竞赛活动旨在全面提升团支部活跃度，但新生团支部往往未能形成有效的学习机制与模式，面临的问题尤为突出。一是学习不深不透，对理论学习内容理解不深，容易出现学习活动流于表面的问题，导致在团日竞赛中容易为了完成任务随大流、走过场、应景学。二是形式创新不足，新生团支部学生骨干团务工作经验尚浅，开展日常事务性团务工作多，参与主动策划活动少，面对上级团组织的文件精神把握不到位、主动创新办法不多，容易以活动策划思维开展组织学习，导致活动开展和理论学习"两张皮"现象。

（二）新生团支部的凝聚力需要进一步加强

我班团支部成立于 2021 年 8 月底，在主题团日开展过程中，正值新生经历了一个学期对大学的适应，班团集体初步形成，团支部对团组织生活有了一定的了解，从"形成期"步入"同化期"。团支部成员开始在团支部、班级以外接触"第二集体"，新生入学期间的"大水漫灌"式的组织集体活动很难再将青年团员组织起来，团支部若不面向青年团员开展满足其自身发展需求、符合其发展特点的活动，将面临集体进入"同化期"组织力减弱的挑战。如何既尊重个人志趣的发展，又维系集体共同的文化，做到"精耕细作"，协调好个性与共性协调共融发展，是这个时期团支部建设的首要命题。

（三）新生团员的判断力需要引导

人文学科新生思维活跃，对文艺作品关注度高，乐于参加文艺表演活动。一方面，新生对文艺作品水平的判断力不高，对文艺作品具有意识形态属性的认识不足，这体现在曲目选择、戏剧作品演绎上存在一定的"娱乐化""去价值化"等倾向。另一方面，新生对中国主流优秀作品缺乏广泛接触，也缺乏系统认识，容易受国外作品新奇的形式和理念所吸引。部分新生受国外文艺思潮影响，对实验艺术、"为艺术而艺术"等观念有片面认识，若不加以引导，容易陷入"以洋为尊""以洋为美""唯洋是从"的怪圈，以及以西方形式剪裁中国审美的误区，走入"去思想化""去价值化""去历史化""去中国化""去主流化"的歧途。

二、解决方案

（一）将共青团打造成引领青年思想进步的政治学校

习近平总书记强调，共青团要始终成为引领中国青年思想进步的政治学校。为引导新生团员在实践中学习习近平新时代中国特色社会主义思想，系团委书记、辅导员与团支部委员多次召开会议，围绕学习主题、活动形式进行"头脑风暴"，共同探索行之有效的学习模式，实现分对象、全覆盖，分阶段、全过程的理论学习机制，以破解新生团支部学习力不足的难题。

1. 分对象，全覆盖

辅导员作为党员教师和党支部成员全程参与指导，引导先进团员在支部发挥模范带头作用。21 名参与演出排练的团员，其中 85% 提交入党申请，60% 为入党积极分子，2人已成为入党发展对象。通过党团班一体化建设，让入党申请人通过团日活动首先学起来，加深对党的理论的认识，加强入党过程的培养。团支部团员 100% 参加团日活动，活动当天通过多媒体展示、戏剧观演、团课等多种形式进行理论学习全覆盖。在团日活动后，团支部精选心得感想约 5500 字，并通过中国语言文学系官方微信公众号发布，进一步扩大理论学习的覆盖面。

2. 分阶段，全过程

在团日活动筹备期间，辅导员引导所有参演团员通过分享参演体会、撰写人物心理笔记等方式学习习近平总书记关于脱贫攻坚的重要论述。参与团员通过代入《口弦声声》剧中情境、剧中角色，在剧中小环境、小人物中体会党带领人民打赢脱贫攻坚战的历史奇迹。在团日活动当天，由辅导员结合活动开展情况围绕习近平总书记在庆祝中国共产主义青年团成立 100 周年大会上的讲话精神讲团课。话剧表演后设置演后谈环节，让编导、演员结合习近平总书记的系列讲话谈创作演出体会，让团员从学习者转变为教育者。（见图 2）同时，邀请现场所有参与团员结合习近平总书记关于青年工作的系列重要论述，结合新时代青年担当，将对未来的希冀写进红船折纸中。

（二）将团支部打造成服务青年的平台

为破解团支部凝聚力不足的难题，需要团日活动将思想交流、专业学习、团支部工作作为有效交流载体，这样既尊重个人选择，又能将个人志趣与集体共同文化维系结合起来。

图2　话剧表演后设置演后谈环节，让编导、演员结合习近平总书记的系列讲话谈创作演出体会

1. 以尊重赢得青年

在团日活动的形式选择上，辅导员充分尊重团支部意见，在话剧表演、辩论赛等方案上让团支部成员决定，帮助团支部分析各个备选方案的亮点和难点，并全程给予理论指导、条件保障。在剧目、曲目选择上，团支部充分听取团员意见，系团委充分尊重青年审美特点，服务青年需求，发挥青年创造力，让团支部组织的活动成为青年乐于参加的活动。在大合唱中选择青年人喜爱的以百年党史为主题的《星辰大海》作为终场节目，成功带动现场气氛。

2. 以服务凝聚青年

针对人文学科新生对文艺表演有热诚、渴望有施展才艺的机会等特点，主题团日的活动形式充分兼顾团员的参与度，除了主体环节的话剧表演外，还穿插歌曲演唱、乐器演奏等才艺表演，让有文艺才能的团员利用团日活动的舞台充分展示才华。（见图3）与此同时，团组织密切关注高关怀学生、家庭经济困难学生群体，鼓励其通过各种形式参与台前幕后工作，提升特殊群体学生的自信心，让其感受到团组织的关爱就在身边、关怀就在眼前，增强基层团组织服务青年的组织功能。

（三）将团日活动打造成第一课堂与第二课堂融合的桥梁

青年教师专职辅导员倪彩霞副教授开设的"传统戏剧与非物质文化遗产"课程自2020年起每年确定一主题邀请选课学生进行戏剧创作，旨在探索传统戏剧如何实现创造性传承和创新性发展，使之在记录新时代、讴歌新时代、弘扬中华优秀传统文化、传播社会主义核心价值观中起到积极作用。辅导员通过对专业的戏剧作品分析与创作，提升了学生对文艺作品的判断力和鉴赏力。

图3　除了主体环节的话剧表演外，主题团日活动还穿插乐器演奏等才艺表演

1.　用理论指导实践

本次团日活动选取 2021 年课程"扶贫路上"原创优秀剧本集中与教育相关的《口弦声声》进行排演，任课老师围绕"脱贫攻坚"这一主题指导新生团员进行剧本改编，通过对戏剧史与戏剧理论的专业知识的学习，引导青年学生思考剧本中的人物性格塑造、社会历史背景，以及如何在叙事中既反映社情、民情，又能体现戏剧张力，力求在文艺作品中反映时代脉动、社会需求和人民心声。（见图4）

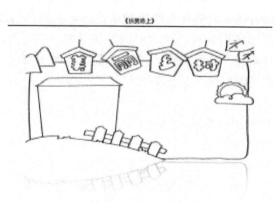

图4　原创优秀剧本

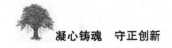

2. 让理论走向实践

习近平总书记指出，文艺作品要始终把人民的冷暖、人民的幸福放在心中，把人民的喜怒哀乐倾注在自己的笔端，讴歌奋斗人生，刻画最美人物，坚定人们对美好生活的憧憬和信心。主题团日的话剧演出也是课程戏剧作品首次在第一课堂外正式演出，通过第二课堂的实践，新生充分体会到跨越山海的脱贫小故事汇聚出生动而浩瀚的社会正能量。

三、经验与启示

（一）推动党的理论青年化阐释

新生团员都为"00后"，他们在物质丰富的环境下成长，受到网络碎片化阅读模式的影响，对脱贫攻坚、乡村振兴等艰苦卓绝的历史大叙事有一定的距离感。推动党的理论青年化阐释，关键还是将党的方针、政策和科学理论的"大道理"融入青年喜闻乐见的"小故事"中，坚持以习近平新时代中国特色社会主义思想铸魂育人，关键还是要通过团组织的活动讲道理，回归理论学习本质，要让身边人讲身边事，让小故事讲大道理。

针对大多数团员没有脱贫攻坚真实经历的情况，本次团日活动特地选取《口弦声声》这一以大学生村干部角度展现脱贫攻坚成果的剧本，并且邀请有农村生活经验的团员分享所见所闻，让身边人身边事增强理论的说服力和亲和力，引导青年坚持"衣食无忧而不忘艰苦，岁月静好而不丢奋斗"。

（二）丰富团组织活动情境化体验

重视体验感、参与感、个性化是当代大学生的特点，互联网产品的互动性、即时性与共享性契合了青年的个性特点。要提升团组织活动的吸引力和参与度，关键还是要尊重青年的发展特点，通过强化情境化体验，让青年团员在沉浸式体验中增强对团组织的认同感。

话剧《口弦声声》展现了一名大学生村干部参与脱贫攻坚所面对的困难与挑战，让团员在情境化体验中，用同龄人的同理心领悟在打赢脱贫攻坚战背后的中国共产党人所付出的艰苦卓绝的努力。主题团日还注重台上台下互动，设计"红船折纸"这一环节，让新生团员手折红船、写下梦想，在《星辰大海》的大合唱中把个人的理想追求融入党和国家的事业之中。（见图5）

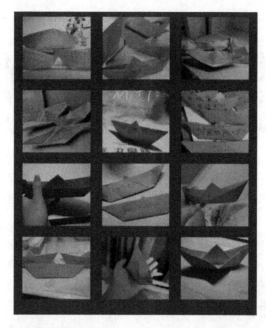

图 5　主题团日活动注重台上台下互动，设计"红船折纸"这一环节

（三）提升"大思政课"专业化水平

要切实发挥"大思政课"培根铸魂的作用，坚持课程教学第一课堂与社会实践第二课堂相结合，把党的理论讲深、讲透、讲活。团支部活动是第二课堂的重要组成部分，要明确这门"大思政课"为党育人的功能，根据专业特点挖掘第一课堂资源，充分发挥第二课堂的育人功能。

团日活动充分挖掘"传统戏剧与非物质文化遗产"课程的教学资源和优秀成果，学生在话剧排演中既接受学理性和知识性指导，也接受政治性和价值性教育，在理论与实践的结合中充分发挥了第一课堂与第二课堂的协同效果，提升了"大思政课"的专业化水平，让新生团员学习有收获、思想有提升。

参考文献

[1] 王松涛，贺业方. 高校班团集体建设的阶段特征与规律研究［J］. 中国青年研究，2011（10）：4.

[2] 黄鹏，黄彩微. 高校共青团思想政治引领的现实困境及优化路径［J］. 高校共青团研究，2020（1）：5.

[3] 康玮. 峰终定律对于高校共青团有效思想引领的启发［J］. 高校共青团研究，2020（1）：7.

搭建研修平台，推动学生党建与青年工作深度融合

——中山大学管理学院"习近平新时代中国特色社会主义理论研修班暨入党积极分子培训班暨青马学堂"项目

中山大学管理学院党委副书记　张毅芳
中山大学管理学院党务秘书、本科生第一党支部书记　黄彦瑶
中山大学管理学院学生事务与职业发展办公室主任、团委副书记、
学术硕士研究生第一党支部书记　牟欣

一、案例概述分析

（一）目标引领——坚持党建带团建，把理想信念教育贯穿青年学生骨干培养全过程

党的十八大以来，以习近平同志为核心的党中央多次指出，要加快推进马克思主义学习型政党、学习大国建设，坚持把学习贯彻习近平新时代中国特色社会主义思想作为重中之重，坚持理论同实际相结合，悟原理、求真理、明事理，深刻领悟"两个确立"的决定性意义，不断增强"四个意识"、坚持"四个自信"、做到"两个维护"。

中山大学管理学院党委坚持党的领导，落实立德树人根本任务，严把发展党员入口关，自2017年起，连续5年面向青马学堂成员、入党申请人、入党积极分子、入党发展对象、预备党员等开展"习近平新时代中国特色社会主义理论研修班暨入党积极分子培训班暨青马学堂"（以下简称"研修班"），合计成功举办10期，参加学员人数逾3000人次。通过加强理论教育、形势教育和革命传统教育，辐射带动青年学生听党话、跟党走，争做有理想、敢担当、能吃苦、肯奋斗的新时代好青年。

（二）现实需求——提高青年学生骨干的政治素养、理论水平和实践能力

党的队伍中始终活跃着怀抱崇高理想、充满奋斗精神的青年人，是我们党历经百年风雨而始终充满生机活力的一个重要原因。高校作为培养德智体美劳全面发展的社会主义建设者和接班人的重要阵地，举办研修班活动，有助于加强对青年学生的理想信念教育，帮助他们坚定理想信念、端正入党动机，从而培养一批批思想觉悟高、行为品德

正、能力素质强，充分发挥先锋模范作用的学生党员。

当前青年学生思想开放化、多元化，这对做好新时代的思想政治工作提出了更高要求。研修班坚持守正创新、因时而进，充分结合学院工商管理学科的专业特点，遵循学生成长规律，将德育与智育结合，运用新技术、新方法使培养教育"活起来"，提升培养教育的参与感、时代感、亲和力。

（三）可行性分析

1. 前期基础与制度衔接："三全育人"的大思政格局和"党团班一体化"制度奠定基础

近年来，中山大学管理学院党委通过构建"五个融合"为特征的卓越人才培养体系，促进德育与智育、学科与专业、科研与教学、本科生培养与研究生培养、第二课堂与第一课堂相融合，形成了全面覆盖的学生工作和思想政治工作体系，推动形成全员、全过程、全方位"三全育人"的大思政工作格局。

在入党培养教育考察方面，学院党委积极探索"点、线、面"工作方法，推进"党团班一体化"建设，学生党员联系指导各团支部及班级，凝聚、引领团支部和班级的建设与发展，学生马克思主义学习小组、青马学堂定期开展学习活动，着力实现党的工作全覆盖。

2. 教师可行性："课程思政"建设和"双带头人"教师党支部书记工作室的创建，培养一批站位高、有能力、肯奉献的教师骨干队伍

2018年以来，中山大学管理学院党委发挥首批全国高校"双带头人"教师党支部书记工作室的"头雁效应"，由学院财务与投资系党支部牵头，加强"课程思政"建设。积极开展"中国创新理论与一流企业建设"主题教研活动，加强学科交叉融合，将党的创新理论引领贯穿工商管理知识体系研究，扎实推进习近平新时代中国特色社会主义思想进教材、进课堂、进头脑。学院教师队伍厚植师德涵养，全面提升政治站位、政治素质、政治担当，为研修班活动提供了创新且具有学科特色的课程素材与教研案例。

3. 学生可行性：学生骨干心怀"国之大者"，聚力笃行、志存高远

中山大学管理学院党委重视学生骨干的挖掘、培养、教育，鼓励和引导他们在服务同学的过程中，不断坚定信仰、锤炼本领、靠拢组织。研修班活动在学院党委领导、团委指导下，依托学生骨干团队开展。一批批学生骨干围绕大学生特点，设计研修班活动流程和互动环节等，并根据反馈的意见建议等持续改进和完善，使其更"接地气"、更加贴合学生实际、更好起到入党培养教育作用，实现"从学生中来，到学生中去"。研修班活动成功引导了一批批学员知行合一、踔厉奋发、笃行不怠，立志于将小我融入民族复兴、国家强盛的大我，将个人理想追求融入党和国家的建设事业。

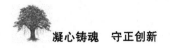

二、案例解决分析

习近平总书记在纪念五四运动 100 周年大会中讲道："青年是整个社会中最积极、最有生气的力量，国家的希望在青年，民族的未来在青年。"党的十八大以来，以习近平同志为核心的党中央站在确保党和人民事业薪火相传的战略高度，亲切关怀青年成长成才，为做好新时代青年工作指明了前进方向。高校要着力引导青年树立远大理想、热爱伟大祖国、担当时代责任、勇于砥砺奋斗、练就过硬本领、锤炼品德修为，激励和动员广大青年为实现"两个一百年"奋斗目标、实现中华民族伟大复兴的中国梦而勤奋学习、努力工作。

中山大学管理学院认真贯彻习近平新时代中国特色社会主义思想和《关于加强和改进新形势下高校思想政治工作的意见》《普通高等学校学生党建工作标准》等文件精神，将学生党建工作向最活跃、最具创新能力的群体拓展，不断扩大党的覆盖面。学院持续开办研修班，在坚持守正创新、因时而进的基础上，充分结合工商管理学科专业特点，遵循学生成长规律，将德育与智育结合起来，运用新技术、新方法使培养教育"活起来"，提升培养教育的参与感、时代感、亲和力。坚持以党建带团建、团建促党建，积极开展党团共建，通过党支部、团支部紧紧凝聚青年力量，推动党团班一体化协同发展。（见图 1）

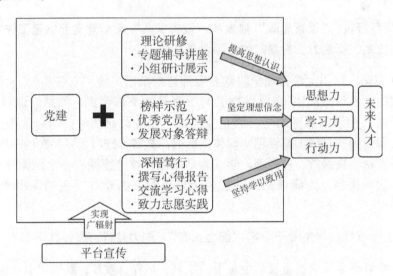

图 1　基于研修平台的"党建 + 青年"育人模式

（一）深化"党建 + 理论研修"，提升思想力

研修班主题鲜明，重点突出，紧密结合时事热点、学科专业、学生实际。自 2017

年以来，学院党委每年举办两期，先后围绕"党的十九大精神""习近平新时代中国特色社会主义思想""习近平总书记视察广东时的重要讲话精神""五四运动100周年""中国共产党人的初心和使命""辉煌奋斗百年路""党的十九届六中全会精神""习近平总书记在庆祝中国共产主义青年团成立100周年大会上的讲话精神""党的二十大精神"等主题，以"专题辅导讲座＋小组研讨展示"等形式开展理论研修，充分结合专家辅导与个人思考、集中学习与小组研修等不同学习形式，引导青年学生学思结合，切实提高学习参与度和思考深度。

"专题辅导讲座"内容深刻、润物无声。研修班邀请中山大学马克思主义学院专家导读《共产党宣言》《资本论》等经典著作，解读习近平总书记重要讲话精神，坚持读原著、学原文、悟原理，学深悟透习近平新时代中国特色社会主义思想。邀请中山大学管理学院知名教授讲授"百年未有之大变局与奋斗者的共同富裕——商科的视角""中华优秀传统文化中的管理精髓""需求端驱动旅游供给侧创新，助力中国式现代化建设"等系列专题辅导课，结合学科专业知识，用习近平新时代中国特色社会主义思想指导实践、解决实际问题，这充分调动了学员兴趣，使大家更加深刻领会习近平新时代中国特色社会主义思想的理论基础、中国特色和本质要求，深入理解伟大建党精神的内涵要义。

"小组研讨展示"生动活泼、沉浸感强。研修班组织入党积极分子以小组为单位，专题汇报学习心得，并鼓励他们在汇报展示形式上积极创新，结合视频展示、线下展示等方式，坚定表达要坚持党的领导，不忘初心、继续前进，为实现中华民族伟大复兴而不懈奋斗的决心。同时，在学习过程中，学员们通过弹幕等新颖方式踊跃互动，实时表达自己的所思所想，形成"沉浸式"学习氛围。

（二）突出"党建＋榜样示范"，强化学习力

研修班充分发挥同辈榜样力量在入党培养教育考察中的重要作用，通过"优秀党员分享＋发展对象答辩"环节，宣传榜样典型，引导学员们树立"一名党员就是一面旗帜"的意识，向先进学习和看齐，以实际行动端正入党初心、践行入党誓言。

"优秀党员分享"以小见大、可学可做。研修班邀请学院高年级优秀学生党员代表，结合自身，分别从入党心路历程、学生工作、公益实践、支教经历等方面进行分享，号召新时代新青年要明确责任、自信自强，展现青年一代有本领、有担当的精神风貌，为所有青年学员树立了学习榜样，指引正确前进方向。

"发展对象答辩"畅谈见解、深入点评。研修班设置发展对象答辩环节，随机抽选若干发展对象上台答辩。现场的党支部委员、党员代表们围绕研修班主题进行提问和点评，各位发展对象结合学习经历畅谈个人见解，提升了青年学生以实现中华民族伟大复兴为己任的思想觉悟。

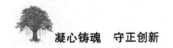

（三）坚持"党建＋深悟笃行"，增强行动力

研修班注重学思用结合、知信行统一，做好全过程、全流程管理和监督，以"撰写心得报告＋发挥辐射作用"为抓手，确保学员扎扎实实学，学出感悟，学出成果。

"撰写心得报告"，以写促学、入脑入心。组织学员认真撰写心得报告，以文字形式及时梳理、总结、升华所思所悟。组织各学生党支部党员代表对心得报告进行点评打分，及时了解培养对象思想动态。将报告择优刊发供学员在课后进一步学习、借鉴、研讨，推动学习内容入脑入心，把习近平新时代中国特色社会主义思想转化为坚定理想、锤炼党性、指导实践、推动工作的强大力量。

"发挥辐射作用"，以行促学、扩大覆盖。学院党委将研修班定期学习与"党团班一体化"建设、团支部马克思主义学习小组常态化学习活动结合起来，鼓励学员中的高年级预备党员走进其对接的低年级团支部和班级，其他学员回到所在团支部和班级，以团日活动、班会等为契机，分享在研修班中的学习体会，吸引和号召更多同学在积极向党组织靠拢的过程中提升自我。

（四）加强"党建＋平台宣传"，拓展辐射面

"建平台、设专栏"，让更多青年了解学习内容。在"中山大学管理学院"微信公众号平台创建党建专栏，持续报道研修班和学生党建工作的优秀内容，做好青年网上精神家园建设，积极打造触手可及的"网上学习渠道"。截至目前，"中山大学管理学院"微信公众号关注人数达到近 64000 人，用户黏性高，互动性强，年均推送近 600 篇消息，单篇文章阅读量最高达到 20000 人次，位列学校微信公众号影响力排行榜前列。另外，创建"管院学声"微信公众号，坚定主心骨、汇聚正能量、振奋精气神，牢牢把握正确的舆论导向，以青年喜闻乐见的方式积极推动党史学习教育，传播党的先进理论，加强对青年的思想政治引领。

"产品化、生动化"，让更多青年爱上学习内容。以青年喜爱的文化产品作为切入点，用鲜活生动的视听体验、润物细无声的传播形式滋养青年精神世界，制作《青春心向党》等文化产品，通过强化创意策划、创新呈现形式、丰富传播方式抓住青年"眼球"，将"大道理"转化为年轻人爱看的"小产品"，这些文化产品阅读量累计超过 230 万人次。

三、经验与启示

（一）取得成果

1. 思想引领卓有成效

自 2017 年起，学院党委陆续开展了 10 期研修班活动，吸引 17 名专家、教授讲授讲座 22 场次，培养了青马学堂成员、入党申请人、入党积极分子、入党发展对象、预备党员等逾 3000 人次，以各种形式影响覆盖学生近万人次。在此基础上，形成了学院强有力的育人品牌和平台。在党建引领下，学院各党团班屡获佳绩，青年学生勠力奋发。2019 年，学院党委进入学校"党建工作标杆二级党组织培育建设名单"，5 个党支部进入"样板党支部培育建设名单"。同年，学院再次被授予"全国教育系统先进集体"称号。2021 年，学院本科生第一党支部荣获中共广东省委教育工委"先进基层党组织"称号；新增 3 个党支部入选学校党建"双创"样板支部培育创建单位。2020 年，博士生 Y 被评为"中国大学生年度人物""广东省优秀学生干部"。2020 年、2021 年，本科生 L、T 分别获评"广东省优秀共青团干部"。

2. 学以致用更为突出

研修班注重理论与实践相结合，通过分享心得体会、高年级党员辐射带动参加社会实践等方式，越来越多的学生广泛参与志愿活动，在抗击新冠疫情、促进粤港澳大湾区和全国均衡优质发展等方面发挥了重要作用。我院师生"三下乡"队伍赴湖南省永州市江华县调研，为乡村经济破局出谋划策；优秀学子投身西部，扎根喀什基层，活动中涌现出 S、Z 等杰出大学生赴基层工作者；在"急难险重新"任务中，我院超过 500 名团员参与线下疫情防控，累计服务超过 600000 小时，2018 级本科生 F 被评为"贵州省防疫先进个人"；学院学子在各项比赛中勇获佳绩，获省级以上奖项超过 80 项。

3. 打造德育特色品牌

学院党委通过连续开展 10 期研修班活动，不仅提升了学生的政治自觉，而且激发了其实践热情，沿着"理论学习—榜样引领—学以致用"的培育路径，增强学生思想力、学习力、行动力，形成学院在思想铸魂、立德树人上的特色亮点，创新德育形式，打造德育品牌。

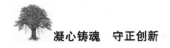

（二）经验总结

1. 坚持党的领导，充分发动学生骨干力量

研修班坚持学院党委领导，牢牢把握正确的政治方向，突出筑牢理想信念、端正入党动机这一主线和目标，推动形成全员、全过程、全方位"三全育人"的大思政工作格局，把好党员"入口关"。坚持从学生中来、到学生中去，充分调动青年学生的主观能动性，从青年学生中汲取聪明才智，探索以青年人喜闻乐见的方式开展思想政治教育。

2. 紧跟时政热点，结合学科专业和学生需求

研修班主题鲜明，重点突出，紧密结合时事热点、学科专业、学生需求。定期集中学习党的十九大、二十大精神，引导学员们更加深刻领会习近平新时代中国特色社会主义思想的理论基础、中国特色和本质要求，自觉结合学科专业知识，用习近平新时代中国特色社会主义思想指导实践，解决本专业、本领域的实际问题，学思用结合、知信行统一。

3. 推动建章立制，创建党建引领的育人品牌

经过五年的建设，研修班已成为学院学生党建的一项常态化制度安排和重要品牌，并深度融入青年工作，与党团班一体化建设、青马学堂建设等有机结合起来，形成党建引领的育人合力。

4. 推进协同育人，本硕博贯通培养的有力实践

研修班是落实"五个融合"人才培养体系，培养学生的学习力、思想力、行动力，推动本硕博人才贯通培养的一种有力实践。研修班面向所有学生层次，通过跨年级分组、开展组内学习研讨、组间学习研讨等手段，打通界限与壁垒，使本硕博学生之间可以相互学习和借鉴，在碰撞和合作中促进共同提高。

高校红色基因融入新时期大学生思想政治教育工作的路径研究

——基于中山大学红色历史剧《铁流》系列作品的理论探索与实践案例

中山大学社会学与人类学学院　黎玉河　李胜楠

一、案例概述分析

（一）红色基因融入高校思想政治教育的研究背景

1. 大学生思想政治教育面临的新情况和新要求

思想政治教育是指用一定的思想观念、政治观点、道德规范，对其成员施加有目的、有计划、有组织的影响，从而使其形成符合一定社会和阶级所需要的思想品德的社会实践活动。在 2016 年全国高校思想政治工作会议上，习近平总书记强调，高校是党领导下的中国特色社会主义高校，要坚持把立德树人作为中心环节，把思想政治工作贯穿教育教学全过程。随着社会经济不断发展，物质财富更加丰富，在校大学生更加强调自主选择和自我实现，其发展需求和观念认同也更具差异性。在全球化政治经济新态势下，大学生群体受到纷繁复杂的社会信息及多元文化思潮的影响，有些学生在西方意识形态渗透下理想信念发生动摇，国家民族意识淡化，爱国主义、集体主义等优秀传统受到冲击，使得高校大学生思想政治教育工作难度明显增大。

大学之根本在于立德树人，而育人之根本在于立德铸魂。高校思想政治教育关乎高校培养什么样的人、如何培养人以及为谁培养人这个根本问题，其根本任务就是促进人的培养，是大学生树立正确的世界观、人生观、价值观的重要途径和保障。因此，高校要积极发掘适应新时代要求的思想政治教育方法和途径，引导大学生树立"四个意识"，坚定对中国特色社会主义的道路、理论、制度和文化自信，将社会主义核心价值观内化为大学生自身的价值追求，以形成符合新时代所要求的政治思想品德、道德法制观念乃至世界观、人生观。

2. 传承红色基因是党和国家对新时代大学生思想政治教育的基本要求

红色基因是中国共产党在长期奋斗中反复锤炼形成的先进本质、思想路线、光荣传统和优良作风，是中华民族在中国共产党的领导下，用马克思主义武装思想，推翻"三座大山"取得新民主主义革命的伟大胜利，进行社会主义建设和改革开放以及推进中华民族伟大复兴的强大精神动力。红色基因是中国共产党人的精神内核，也是中华民族的精神纽带，包含了崇高的爱国主义和集体主义精神、艰苦奋斗和牺牲奉献的理想信念以及改革创新迎难而上的时代精神，是社会主义核心价值观和中国特色社会主义文化的重要部分。

2017年2月，中共中央、国务院印发的《关于加强和改进新形势下高校思想政治工作的意见》中指出，"要强化思想理论教育和价值引领。把理想信念教育放在首位，……要弘扬中华优秀传统文化和革命文化、社会主义文化"。习近平总书记在庆祝中国共产党成立100周年大会上的讲话中指出："一百年来，中国共产党弘扬伟大建党精神，在长期奋斗中构建起中国共产党人的精神谱系，锤炼出鲜明的政治品格。历史川流不息，精神代代相传。我们要继续弘扬光荣传统、赓续红色血脉，永远把伟大建党精神继承下去、发扬光大。"2021年2月召开的党史学习教育动员大会上，习近平总书记更是指出，"要教育引导全党大力发扬红色传统、传承红色基因，赓续共产党人精神血脉"。大学生处于人生成长的"灌浆期"，在青年一代的心中播撒下红色基因的种子，对坚定其理想信念具有重要意义。

（二）红色基因融入高校思想政治教育的研究现状及存在问题

近几年，国内学界开始关注红色基因在高校的传承及融入大学生思想政治教育的研究。刘伟（2017）在梳理我国近现代高校办学历史脉络基础上提出，以陕北公学为代表的近代红色高等教育，是我国近现代高等教育的两大重要分支之一，党不仅能够创办出色的大学，而且党的领导是建设当前"双一流"大学的根本保证。罗莉琳等（2018）认为，红色文化是革命时期共产党人理想信念、民族精神、家国情怀的沉淀，是中华民族站起来、富起来、强起来的制胜法宝、有力武器和根本保证，红色基因融入高校思政工作，可以丰富思政教育内容，延伸思政教育载体，鲜活思政教育方式，对高校立德树人具有重要的现实意义和时代价值。

关于红色基因融入高校思政教育的具体路径，万信等（2019）在讨论红色基因融入高校思政课堂的策略问题时指出，将红色基因融入高校思政课程平台建设、课堂教学过程和校园文化活动之中，才能切实发挥红色基因的优点，达到立德铸魂的作用。王会民等（2020）分析了革命文化融入思想政治理论课的时代要求、问题归因，并从增强价值引导、夯实理论研究、优化教学方式、注重身体力行四个维度提供了精准融入路径。于润艳（2020）则认为，红色基因是新时代大学生理解党的初心和使命的"红钥匙"，是培育和践行社会主义核心价值观的"红内核"，是深入开展爱国主义教育的"基因库"，新时代下大学生爱国主义精神的培育，应从打造爱国主义主题教育课堂、多渠道搭建爱国主义教育新平台、加强爱国主义教育保障机制等方面进行努力。

从目前检索到的关于红色基因研究情况来看，对其内涵的研究及意义和功能的论述比较充分，而对红色基因与高校思想政治教育融合的研究则较为零散，对具体的融入路径缺乏深入探索和实践案例研究。当前高校对红色基因教育的重视程度在不断加深，但仍存在融入形式空洞化、融入内容表层化、融入氛围不充分、融入效果不理想等问题。如何将红色基因有效融入大学生思想政治教育，提升大学生群体对红色基因的兴趣，让红色基因真正走进大学生的心中，还有待在目前研究基础上进一步深入探索。

二、案例解决方案

（一）挖掘红色基因，为大学生思想政治教育提供素材和榜样力量

国内很多高校在其办学历史中，都有着宝贵的红色基因和光荣的革命传统。以中山大学为例，由中国民主革命先行者孙中山先生于 1924 年亲手创办，初名国立广东大学，1926 年更名为国立中山大学，是国共两党早期革命领导人共同创建的大学，也是中国最早开始宣传马克思主义的重要基地之一。

在创校之初，前来任教或指导工作的共产主义小组发起人有李达、施存统、李大钊、张申府、毛泽东、谭平山、周恩来等。参加中共一大的 57 位共产党员中，有 18 位参加了中山大学的筹备和早期建校的活动。大革命失败后，广东地区的革命运动转入低潮，此时主要以中国共产党领导下的中国左翼文化同盟广州分盟（即"广州文总"）为阵地，团结带领中山大学进步学生，宣扬抗日救亡和反对内战，间接支持苏区的反"围剿"斗争。这一时期涌现出以陈铁军夫妇、"广州文总"六烈士等为代表的共产党员和革命志士，舍生取义，书写了可歌可泣的英雄篇章。

抗战爆发后，日军侵占广州，中山大学西迁，三易校址，颠沛流离七个年头。中大师生克服艰难险阻，坚持教学科研，努力保存文化、赓续学脉，在抗战烽火中培养大量人才，创造了近代高等教育史的奇迹。其间许多师生投身抗日救亡运动，甚至牺牲宝贵生命，使中山大学成为祖国南方的"抗日大本营"。1949 年，为迎接解放，中大师生拒绝迁移，与国民党反动派进行艰苦斗争，最终将中山大学完好地移交到党和人民手中。

中山大学办学史上的红色基因，为大学生思想政治教育提供了宝贵素材和榜样力量，将其融入新时代大学生思想政治教育实践中，有助于大学生学习、理解、认同、继承和发扬红色革命传统，从中感悟共产党人的初心使命，汲取克服困难、迎接挑战的精神力量，树立崇高理想和远大志向。（见图 1）

（二）开展问卷调研，了解高校大学生对红色教育的认知和需求

本项目团队自主设计《高校红色基因教育现状和效果调查问卷》，面向中山大学在校生施测，以进一步了解在校大学生对红色教育的认知和需求。共收回 516 份有效问卷，其中研究生 250 人（48.45%），本科生 266 人（51.55%）；政治面貌结构为中共党员（含预备党员）33.91%，共青团员 58.33%，民主党派和群众 7.75%。

图1　寻访中山大学红色基因教育实践活动

在接受调研的学生中，表示对"红色基因"非常了解的有 19.38%，比较了解的有 46.51%，一般了解的有 28.29%。调研对象了解红色基因的渠道顺序依次为：新闻媒体 > 党团活动 > 课堂教学 > 书籍报刊 > 影视作品 > 参观考察 > 亲友交谈。在已开展的"红色基因"教育活动中，参与人次排名前三的活动依次为："教师课堂讲授"（379 人次），"阅读红色书籍、浏览学习强国或相关党建网站及 App"（375 人次），"参观革命老区、爱国主义教育基地、校史馆、展览馆或博物馆"（356 人次）。

有 49.61% 的调研对象认为高校开展红色基因教育"非常有必要"，37.40% 认为"比较有必要"。93.99% 的调研对象认为新时代的大学生应该传承和发扬红色基因，86.82% 认为应该将红色基因融入大学生思想政治教育，93.02% 认为红色基因教育对大学生的理想信念和价值观建立有积极影响。关于红色基因传承和革命传统教育对大学生的作用，91.47% 的调研对象认为"有利于大学生坚定中国特色社会主义道路、理论、制度和文化自信"，87.98% 认为"有利于大学生培养崇高的理想信念、艰苦奋斗精神和共产主义信仰"，85.85% 认为"有利于维护中国共产党的核心领导和国家的安定团结"，86.05% 认为"有利于大学生弘扬社会主义核心价值观并内化为自身的价值追求"。

在问及是否有兴趣了解所就读高校的红色基因或革命传统时，有 82.18% 的调研对象表示非常有兴趣或比较有兴趣。在教育活动形式的选择上，调研的结果如表 1 所示。

表1　您更愿意参加以下哪些红色基因宣传教育活动【多选】

选项	小计	比例
参观革命老区、爱国主义教育基地、校史馆、展览馆或博物馆	417	80.81%
红色社会实践活动，如红色历史文物策展、寻访红色口述史	275	53.29%
红色舞台剧或影视作品创作	228	44.19%
红色讲座、学术报告会或红色历史文化培训	201	38.95%
阅读红色书籍、浏览学习强国或相关党建网站及App	198	38.37%
教师课堂讲授（含新生入学教育、思政课等）	185	35.85%
红色歌舞及诗朗诵表演	152	29.46%
红色征文或知识竞赛	95	18.41%
其他	1	0.19%
本题有效填写人次	516	

在问及高校红色教育面临的主要问题时，调研结果如表2所示。

表2　您认为高校红色教育面临的主要问题【多选】

选项	小计	比例
教育方式简单陈旧，不符合新时代大学生的特点，学习活动流于形式	345	66.86%
提供给大学生的红色教育实践活动较少，不能满足学生实际需要	246	47.67%
学习内容过于浅显，缺乏对于红色基因的内涵挖掘，缺乏感染力和说服力	243	47.09%
未能充分利用新媒体传播特点和优势，与时代发展相脱节	213	41.28%
教育活动缺乏长效机制，学习效果持续时间短暂	175	33.91%
领导重视程度不高，教育活动缺乏经费支持	69	13.37%
其他	10	1.94%
本题有效填写人次	516	

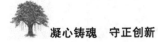
综上所述，中山大学学生多数对高校开展红色基因教育及融入大学生思想政治教育持积极正向态度，并期待更多高质量且符合新时代大学生群体特点和发展需要的红色教育内容，更愿意参与形式生动、感受性强的红色实践教育或有创造性的红色舞台剧或影视作品创作活动。

（三）创作系列红色作品，以符合新时代大学生特点的形式开展红色教育实践

1. 创作目的

本案例以"广州文总"六烈士的英勇事迹为研究对象和创作题材，深入挖掘中大红色基因和革命传统。一来填补广州左翼文化战线斗争史中的史料细节，彰显中大师生在20世纪30年代广州革命历史中发挥的重要作用；二来充分发挥红色校史在大学生思想政治教育中的思想引领和价值塑造作用。

2. 创作方法

在广州革命斗争史和中大校史中，关于"广州文总"六烈士的史料和研究日趋丰富，但事迹鲜为中山大学广大师生所熟知。本项目团队运用田野调查方法，通过史料搜集，先后走访广州市银河烈士陵园烈士纪念馆、清远市赖寅倣烈士纪念馆、韶关红军革命史迹和中大办学旧址，以及"广州文总"成员后人等，补证、修订了现有资料中一些缺漏，形成关于"广州文总"六烈士事迹的资料汇编，还原"广州文总"自酝酿成立、开展斗争到六烈士被捕殉难的史实。在此基础上借鉴中山大学已推出的红色音乐剧《笃行》的经验，创作红色历史剧《铁流》，并以该作品创作为案例，开展高校红色基因融入新时代大学生思想政治教育的实践探索，在进一步丰富中大校史的同时，也为大学生思想政治教育提供了宝贵的实践经验借鉴。（见图2）

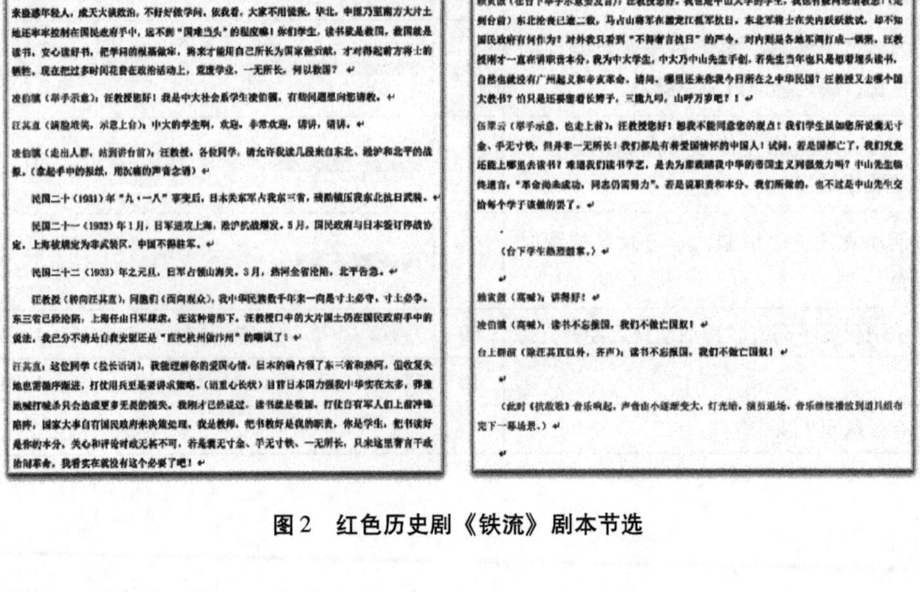

图2　红色历史剧《铁流》剧本节选

3. 中山大学红色基因与大学生思政教育结合的创新实践

中山大学拥有丰富的红色资源，近年来学校致力于结合自身办学历史中的红色基因，多角度、全方位深入挖掘，打造新时代大学生思政教育原创精品。2017年始，由中山大学党委牵头进行《中山情》《笃行》《奋斗的岁月》红色音乐剧三部曲创作，前两部分别在2017年和2019年推出，均由中大在校学生演绎。2019年《笃行》首演，在广大师生中产生强烈反响，"笃行"也成为中大人家国情怀的一个标签。

红色教育实践活动的主题内容及教育形式非常重要。在高校红色基因基础上深入挖掘和精选题材，创新教育教学方式和载体，能够更好地弘扬优良革命传统。问卷调查显示，有接近半数的学生表示更愿意参加红色舞台剧或影视作品创作，超过半数的学生表示更愿意参加红色教育实践活动，而红色音乐剧《笃行》也为此树立了良好的榜样。基于此，创作适合新时代大学生特点的红色历史剧目，是行之有效的思政教育方式。

"广州文总"六烈士积极宣传马列主义的先进思想和中国共产党的政治主张，并引导民众和进步青年开展反帝斗争和抗日救亡运动，他们的革命事迹承载着中山大学的红色基因，是中大师生家国情怀的优秀典范。在前期调研基础上，本项目团队结合九一八事变后日军侵华及国民党制造白色恐怖的历史背景，集体创作红色历史舞台剧《铁流》。剧本共分五幕，以"广州文总"下属的"社联"执委凌伯骥、赖寅倣两位烈士为主视角，讲述"广州文总"酝酿成立、先进学生与右派教授辩论、"广州文总"骨干被捕及狱中斗争、六烈士殉难及红色遗书等故事情节，展现了以中大师生为代表的广州左翼文化阵线在白色恐怖时期艰苦卓绝的革命斗争，歌颂了中大师生追求真理、对党和革命事业忠贞不渝的红色基因和家国情怀。

《铁流》于2020年12月19日晚在中山大学社会学与人类学学院迎新晚会上进行首演，献礼中国共产党建党一百周年。（见图3）相关作品被学校选送参加第十七届"挑战杯"全国大学生课外学术科技作品竞赛，以六烈士就义前写下的遗书为蓝本制作的《红色家书》视频感人肺腑。（见图4）《铁流》与《红色家书》作为高校大学生红色作品的代表，于广州市银河烈士陵园展厅播放。（见图5）

图3　红色历史剧《铁流》首演剧照

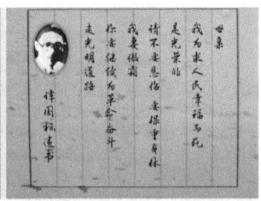

图4　《红色家书》视频节选

图5　《铁流》与《红色家书》视频于广州市银河烈士陵园展厅播放

本项目组成员撰写的《深切缅怀"广州文总"六烈士》书信，参与了广州市2021年"信邮哀思"活动，接受《羊城晚报》"梨花风起又清明，一封书信寄哀思"视频报道及"执笔写信寄哀思，赓续奋进传薪火"专题采访，向广大市民倡导学习革命先烈坚定的理想信念和大无畏的革命牺牲精神。（见图6～图9）项目团队推出的系列红色作品，营造了良好的宣传教育氛围，表达了对为民族独立和解放而不惜抛头颅、洒热血的革命先烈的无限追思和崇高敬意。

图6　学生参加"信邮哀思"活动　　图7　老师指导学生参加"挑战杯"红色专项课题

图8　接受视频报道与专题采访

图9　《深切缅怀"广州文总"六烈士》书信节选

　　"广州文总"六烈士牺牲时，最大的年龄为27岁，最小的年仅19岁，与在校学生年龄相仿。《铁流》创作组和演职员以及《红色家书》视频制作者均为在校师生，在调研、创作和演出过程中，项目团队师生将自身代入角色中，在先烈们的伟大牺牲精神感召下，更加坚定信仰信念。演出现场唤起了师生与革命前辈的精神共鸣，共同追忆革命峥嵘岁月，缅怀先烈视死如归的爱党爱国精神，坚定对中国特色社会主义的道路自信和文化自信，从而自觉地将传承红色基因作为思想行动指南。（见图10）

图10　红色历史剧《铁流》演职员合影

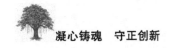

广州左翼文化运动是中国左翼文化运动的重要组成部分，本项目对"广州文总"六烈士事迹的调研和红色历史剧《铁流》的创作，也是对广州左翼文化运动历史研究的补充和完善。

三、经验与启示

中山大学是一所具有优良红色传统的大学，其办学历史有着深刻的红色内涵，为开展新时代大学生思想政治教育提供了丰富的素材。由本项目团队在田野调研的基础上集体创作的红色历史舞台剧《铁流》，得到了广大师生的极大认可。究其原因，一方面在于《铁流》剧目从人物原型到历史故事，反映的是中国共产党领导下中山大学师生追求真理勇于献身的真实写照，承载着中山大学师生的红色基因和优良传统；另一方面，《铁流》剧目的创作和演出，以及"广州文总"六烈士《红色家书》宣传教育视频的制作，让过往的红色革命岁月走上舞台和荧幕，感染和震撼了青年学子的心灵世界，提高了广大学生的思想政治素养。

红色基因和革命传统往往根植于波澜壮阔的革命历史时期，很多红色故事本身就有很强烈的吸引力和感召力，其主角也是青年学生，年龄和身份与大学生相当，因而他们的思想成长和革命历程可以激发教育对象的情感共鸣。而且，高校红色基因和革命传统与大学生更近，容易和教育对象产生关联，找到情感共鸣和契合点，让教育对象成为红色基因在新时代的代言人。因此，引导大学生以这些历史和故事为背景开展精神文化作品的创作实践，比如红色征文、红色歌舞、红色话剧的创演以及红色历史文物的策展等，让大学生在投身红色文化宣传实践活动的过程中，去体悟和共情革命历史人物的内心世界，加深对红色基因内涵的认知，将优秀的红色基因和光荣的革命传统自觉内化为自身的世界观、人生观和价值观，从而达到思想政治教育入脑入心的效果。

参考文献

[1] 陈万柏，张耀灿. 思想政治教育学原理 [M]. 3 版. 北京：高等教育出版社，2015：4.

[2] 习近平. 在全国高校思想政治工作会议上的讲话 [N]. 人民日报，2016 – 12 – 09 (1).

[3] 强卫. 激活红色基因，焕发生机活力：学习贯彻习近平总书记系列重要讲话精神 [J]. 求是，2014 (9)：8.

[4] 中共中央、国务院印发《关于加强和改进新形势下高校思想政治工作的意见》[EB/OL]. http://www.gov.cn/xinwen/2017 – 02 – 27.

[5] 习近平. 在庆祝中国共产党成立 100 周年大会上的讲话 [N]. 人民日报，2021 – 07 – 02 (2).

[6] 党史学习教育动员大会在京召开，习近平发表重要讲话 [EB/OL]. http://politics.people.com.cn/n1/2021 – 02 – 20.

［7］刘伟．传承红色基因 增强教育自信 推进"双一流"建设［J］．中国高教研究，2017（11）：1－3．

［8］罗丽琳，蒲清平．红色文化的思想政治教育基因及其时代价值［J］．新疆师范大学学报（哲学社会科学版），2018（6）：45－52．

［9］万信，乔湘平．红色基因融入高校思想政治理论课教学的策略研究［J］．思想政治教育研究，2019（5）：102－106．

［10］王会民，王婧锐．革命文化融入思想政治理论课的基本路径［J］．学校党建与思想教育，2020（6），38－41．

［11］于润艳．红色基因视阈下的大学生爱国主义精神培育［J］．学校党建与思想教育，2020（20）：28－30．

［12］赵双双."红色基因"融入高校思想政治教育研究［D］．长春：吉林农业大学，2019：30－31．

［13］中山大学一直有红色基因［EB/OL］．http://news.dayoo.com/gzrbrmt/2019－10－31．

［14］吕雅璐，等．抗战烽火中的中山大学［M］．广州：中山大学出版社，2017：56．

［15］陈汝筑，易汉文．巍巍中山——中山大学校史图集［M］．广州：中山大学出版社，2004．

全员全程培育红芯人，组织协同构筑生态圈

——党建"一心三环"新模式探索

中山大学微电子科学与技术学院党总支书记　靳祥鹏

中山大学微电子科学与技术学院兼职辅导员　陈泽曼

一、案例概述分析

2017 年 12 月，中共教育部党组印发了《高校思想政治工作质量提升工程实施纲要》，明确提出要切实构建"组织育人质量提升体系"。高校人才培养体系以思想政治工作体系贯穿始终，综合教学体系、管理体系等多个系统，需要各组织相互协调，共同承担起"组织育人"的重要责任。而高校为党育人、为国育才的使命，又决定其必须强化党建引领，将党建力量贯穿育人工作。如何找准"党建育人"和"组织育人"的结合点，通过组织设置和制度构建，探索以党建为核心，协调各个组织同心、同向、同行的新模式，是新时代的重要课题。

中山大学微电子科学与技术学院成立于 2019 年，成立之初需要着手建立规范完整且灵活机动的组织体系，但在实际工作中却面临着三大问题。首先，学院的党员数量较少，需要加快发展有生力量。其次，学院学生工作尚处于起步阶段，需综合发挥学生组织的作用，协助构建高质量第二课堂。最后，学院党建工作和业务工作尚未找到着力点，需要同时兼顾党组织的内部提升和外部辐射，最大限度地发挥党员的先锋模范作用，加速学院党建力量下沉至各项工作业务。

二、案例解决方案

基于上述问题，学院确定了以党建为核心，以党建核心模块、红色力量金字塔模块和综合能力素质提升模块三大模块为主体的党建"一心三环"新模式。红色力量金字塔模块形成学生党员"遴选—推优—培育"的生命周期，以五大培养层次分层分类培育党员；"综合能力素质提升"模块联动多个学生组织，着眼于学生思政引领、学业发展、文体发展等学生工作；党建核心模块由"党员研修中心 + 党员小组与党支部"构成，党员研修中心统筹党员的学习教育工作，提升党员的思想政治水平，同时让党员和党支部在各自岗位上联动业务板块。通过三大组织体系的协调合作，定点解决上述问题。红色力量金字塔模块为党组织补充有生力量，扩充党员队伍；综合能力素质提升模

块协助学院第二课堂开展，推动德智体美劳"五育"并举；党建核心模块夯实基层党组织阵地建设，提升党员教育效果，发挥党建引领作用。

三大模块之间也存在协同贯通的机制，党建核心模块将思政元素注入学院红色力量金字塔模块和综合能力素质提升模块。而红色力量金字塔模块和综合能力素质提升模块分别从思想政治水平和综合素质能力两方面培养优秀党员，为党建核心模块源源不断提供有生力量。三大模块在组织职能上分工明确、相互衔接，在人才培养上一体协同、相互贯通。（见图1）

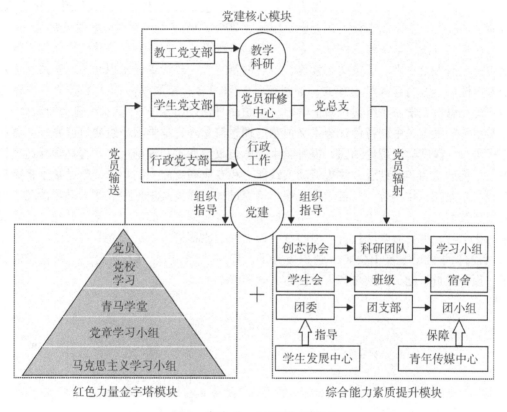

图1 党建"一心三环"新模式

在组织模式形成后，党总支书记、辅导员等党政管理人员承担着指导学生党支部、学生组织、学生马克思主义学习小组、学生青马学堂等组织的重要职能，为了维持各大板块之间的联动，需要发挥统筹协调作用。辅导员在各育人模块具体开展活动的过程中，及时跟进，优化不足，解决困难，在宏观上把握全局，在微观上密切指导。

（一）红色金字塔精准培育，迅速发展有生力量

学院"红色力量金字塔"分为五个培养层次，分别为马克思主义学习小组、党章学习小组、青马学堂、党校学习和党员教育。通过严选严培、分层分类、阶段性培养，形成红色力量培育链条，最终发展一批思想政治水平过硬的优秀党员。

在第一阶段，"红色力量金字塔"重点做好新生的入党申请工作。学院以文化氛围为抓手、以朋辈互助为渠道、以思政引领为重点、以师长指导为桥梁、以媒体传播为载体，从入学前红色浸染、入学时红色宣传、入学后红色熏陶，五大手段、三大阶段保障红色血脉传承。以文化氛围为抓手，为新生提供红色电影和红色书单，并倡导新生分享感悟；以朋辈互助为渠道，选拔一批思想觉悟和政治品质较高的高年级学生引领新生，普及党的相关知识；以思政引领为重点，入学后即开展入学宣誓、入党介绍大会等活动，宣扬红色精神；以师长指导为桥梁，通过师长午餐会与学生咨询日，构筑师生对话平台，增强学生信仰；以媒体传播为载体，官方微信以活泼生动的形式传递党建资讯。目前，学院符合条件的本科生入党申请率超过70%，研究生入党申请率超过50%。

在第二阶段，学院重点做好入党申请人的培育筛选工作。五个培养层次从思想政治素质、政治理论水平、历史文化素养、专业创新能力、政治责任意识和劳动实践能力六个方面设计学习内容和学习模式，通过延伸学习内容、拓展学习模式丰富学习教育活动。马克思主义学习小组通过线上学习、主题团日活动等形式开展基本理论知识学习，让学生坚定跟党走中国特色社会主义道路的理想信念。党章学习小组通过读原文原著和心得研讨，深度学习理论知识，提升学生的思想政治素质和理论水平。青马学堂通过组织学生将理论和实践结合，注重劳动实践能力和专业创新能力的培养，鼓励学生将劳动实践与专业知识相结合。党校学习从强化培养过程、规范遴选程序、调研学习情况、加强纪律教育四个方面入手，促进学生将所学所悟转化为实践的能力。党员教育通过落实常态化学习、举行微党课教育、参与红色诗文诵读比赛等方式，打造朋辈榜样。（见图2）目前，学院已发展109名入党积极分子、37名预备党员、61名党员，入党积极分子、预备党员、党员人数总和占学院总人数90%。

图2　红色力量金字塔培养链条

（二）学生组织多元联动，多维提升综合素质

综合能力素质提升模块主要以五大学生组织和"党—团—班—科研团队—学习小组—宿舍"六位一体的微观组织构成。通过各学生组织和各微观组织的职能联动，多维提升学生综合素质。

1. 打造"创芯协会—科研团队—学习小组"链条，提升创新能力

创芯协会以集成电路芯片设计为主要方向，是主要承担基础技术普及培训、基础知识研讨以及组织相关学科竞赛的学术科技类社团。协会骨干成员多来自学院科研团队，通过指导各兴趣小组推进知识研讨活动，在深入了解前沿知识之后参与动手实践，自主创造成果，提高学生的创新能力。学院多名学生获得全国大学生数学竞赛、全国大学生数学建模竞赛等多个专业竞赛奖项，获奖人数达 65 人，在学院学生总人数中占比达 40%。（见表1）

表1 学院学生专业竞赛获奖情况

赛事名称	获奖人数
"政务关注"省级社会调研大赛之第四届公共治理数据分析大赛	1
"中大科技园杯"第十四届赢在中大创新创业大赛	1
2020 年 APMCM 亚太地区大学生数学建模比赛	3
2020 年珠海（国家）高新区"菁牛汇"创新创业大赛（高校组）	1
学院"芯·动"劳动实践大赛	28
2021 年第十一届 MathorCup 高校数学建模挑战赛	6
2021 年中国大学生程序设计竞赛 – 广东省大学生程序设计竞赛	4
"华数杯"全国大学生数学建模竞赛	5
美国大学生数学建模竞赛	6
全国大学生集成电路创新创业大赛	3
全国大学生数学建模竞赛	4
"数维杯"大学生数学建模竞赛	3

2. 打造"学生会—班级—宿舍"链条，丰富文化建设

学生会主抓文体建设，丰富学生生活，以文化建设和体育建设为支撑面。在文化建设上，组织各个班级自主设计班名、班旗，学院已有"璨芯""曜芯"等多个以芯为名的班级，形成专业特色。协助学院制定校园安全倡导、学生诚信倡导、学生文明上网倡导等多项倡议，形成良好的学习生活氛围。制定宿舍公约，设置宿舍生活白板，为学生学习提供良好环境。在体育建设上，开展21天"奔跑青春"运动、院运会、运动月等多项活动，提高学生身心素质。学院文体赛事累计获奖 32 人次，在学院学生总人数中占比达 20%。

3. 打造"团委—团支部—团小组"链条，加强思想武装

团委指导规范各团支部建设，举行多样化团日活动。团支部定期召开支部大会、支

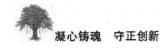

部委员会和团小组会，组织多样化团课。各团支部以团小组为单位推进青年大学习活动、"五四青年节主题学习周"活动等，加强团员思想理论武装，活动参与率达100%。

4. 打造学生发展中心和青年传媒中心，提供整体支撑保障

学生发展中心由学院学工部直接领导，指导各组织建章立制，推动工作体系标准化，工作流程规范化，工作思维创新化。青年传媒中心以官方微信为主要阵地，为学院提供发声平台，为学院品牌推广、学生活动展示提供强有力的保障。累计发布推送2000余条，阅读量10万余次。

（三）发挥党员模范作用，高度贯通党建力量

党建核心模块通过"党总支—党员研修中心—党员与党支部"链条，层层压实党建力量。党总支书记担任党员研修中心主任，党总支委员会成员担任中心成员，同时吸纳优秀师生党员进入组织，组成各党建工作小组指导各党支部开展工作，并以多样化、创新化工作手段丰富党员教育工作，充分发挥优秀党员的先锋模范作用，将党建力量全面覆盖学院各工作体系。

1. 设立党员研修中心，提升党员教育效果

党员研修中心促进党员教育和党建工作的提升，通过党建工作载体、理论学习机制、学习交流模式、组织生活模式、实践锻炼模式五个方面的创新，增加教育培训的感染力。充分发挥党建引领的作用，推动整体党建工作规范化、创新化，通过"思想教育—实践活动—调研反馈—总结调整"的路径，形成党建特色方案，为学院发展保驾护航。党总支在2019年度、2020年度红色诗文诵读比赛中均获得校区一等奖。党总支代表队在学校2021年党史知识竞赛校区预赛中荣获一等奖，在决赛中荣获三等奖。目前已发表6篇党建工作论文，申报3个党建工作项目。

2. 打造党员辐射体系，党建业务相融相促

教师党员联动教学科研体系，从第二课堂回归第一课堂，将立德树人理念贯彻到高校课堂教学全员、全过程、全方位之中，落实课程思政建设。党政管理党员联动行政工作体系，将学习成效转化为工作效能，积极推动学院各项行政工作的高效开展，推动"高效微电"发展。选拔学生党员、入党发展对象、入党积极分子担任学生干部，积极联动各大学生组织。开展"党员先锋岗"创建活动，党员先锋岗设置"党政工作示范岗""教学示范岗""学习示范岗"等六大岗位，鼓励师生亮出承诺，积极为群众做实事。（见图3）学院相关党建创新案例《打造双周期体系，同心同向同行育人》在广东省高校基层党组织党建工作创新案例评选中获得三等奖。

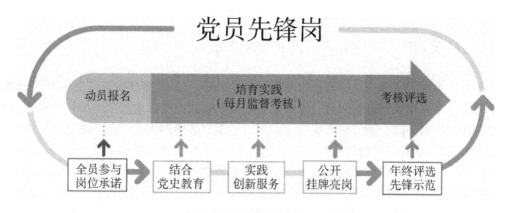

图3 党员先锋岗创建流程

三、经验与启示

学院党建"一心三环"新模式联动了学院各个育人组织，在新学院迅速贯通党建力量，协同党团体系，结合教学科研、行政工作等多个工作体系，成为学院工作的重要堡垒，具备可推广、可复制、可延伸的价值。具体而言，针对组织架构和联动机制的设置可凝练为四点经验。

（一）微观主体有序衔接，宏观板块延伸职能

育人模式将各微观主体按照各自的职责组合成三类宏观组织体系模块，在清晰划分各微观主体职责的同时又注重其职能的衔接性，使其形成一体协同的体系。同时按照育人过程中由浅入深、由点到面循序渐进的过程，在内容维度、覆盖范围上呈现广度深度的依次递进。如红色力量金字塔模块中，构建同一培养体系和五大培养层次，纵向延伸学习内容和横向拓展学习模式形成学习矩阵，并通过有针对性地构建组织形式、制定培养方案、区分培养内容形成红色力量逐级向上的链条。

（二）体系内部互联互通，循环相促形成生态圈

三大模块密切联系，通过"学习—内化—升华—辐射"价值链，红色力量循环形成生态圈。红色力量金字塔为党员培育的主要路径和人才蓄水池，通过分层分类培育筛选，最终选拔优秀党员。党建核心模块为指导力量，以优秀党员为先锋模范，选派党员担任各微观主体的负责人，以思政引领各类组织，发挥党员的榜样引领作用，辐射党建力量至各个体系内。同时，党组织直接指导红色力量金字塔模块和综合素质能力提升模块的育人方案，构建互联互通机制。

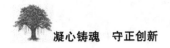

（三）多元体系综合育人，突显专业特色

以思政引领为重点，以综合能力素质提升为抓手，多维提升德智体美劳育人成效。红色力量金字塔模块通过研讨会、党日团日活动及志愿服务活动等多种形式，提升学生的思想政治素质。综合能力素质提升模块则通过丰富多彩的学生活动，如文化宣传、学术沙龙等，针对学生的创新能力、专业技能、文化熏陶、身心健康等进行提升。学院在育人过程中注重融合专业特色，线上以官方微信公众号为主要学习平台，推送专栏，宣传科学发展史、科学家砥砺奋斗故事；线下开展"科学与科学家精神"讲座、"创芯论坛—天琴基地"实践参访活动等，让学生在实践中提升认同感，从而坚定为国铸芯的信仰担当。

（四）多维延伸红色力量，打造红色"微电"生态圈

学院大力开展红色教育活动，打造红色"微电"生态圈。教工党支部联动教学科研体系，行政党支部联动行政工作体系。在教学科研体系和行政工作体系中以政治纪律、政治规矩、党风廉政及师德师风教育等为重点内容，全面考核学院教师的师德师风，并建立学校、教师、学生和社会多方参与的师德监督体系。深入开展党风廉政建设工作，做到讲制度、学制度和用制度三结合，提升制度威慑力。通过党支部的联动贯通，使学院工作紧紧围绕红色教育，教学科研、行政管理、文化制度建设等工作同心同向同行，形成相互促进的生态圈。

院史文化教育对提升学生专业认同感的意义

——以某高校院系沉浸式院史剧为例

中山大学光华口腔医学院本科生兼研究生辅导员　麦志伟
中山大学光华口腔医学院本科生兼研究生辅导员　黎琳
中山大学材料科学与工程学院党委副书记　许俊卿

一、案例概述分析

（一）校园文化建设缺乏与学科专业的深度融合

校园文化建设是大学育人的重要载体，是大学在长期办学过程中积累的价值标准，还是大学生思想政治教育的有效途径。但一直以来，学生将学科专业学习和校园文化进行二维分隔，认为这是"学"和"玩"的区别，一直难以把校园文化建设和学科专业进行深度融合。当专业学习"学"的环节繁重、枯燥的时候，学生往往会倾向泛娱乐化"玩"的取向，甚至把吃喝玩乐等娱乐消遣活动错误地当作校园文化。因此，学校急需探索一个巧妙的平衡点，既能激发学生兴趣，又能将校园文化和学科专业深度融合，帮助学生提升专业认同感，重构校园文化的价值观念。

（二）以院史教育方式创新专业教育手段

院史文化既蕴藏丰富的人文资源，又与学生自身所学专业紧密联系，在学生思想教育和校园文化建设中具有独特且优越的教育价值。本文以某高校"沉浸式"院史剧为例，结合110余年的创院历史，记录中山大学光华口腔医学院围绕学科而形成的创建、发展、壮大的完整历程，内容量大，信息丰富。同时，"院系史"作为一种特殊的学术史，与学生所学专业紧密联系，符合情感认知规律，更易于被接受。院史文化作为教育素材，找准了人文素质教育与专业的连接点，能够有效激发学生兴趣，提高其重视度和参与度，大大增强了思想政治教育的实效性。因此，本案例以"沉浸式"院史剧的活动方式，探索提升学生专业认同感的教育途径。

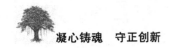

二、案例解决方案

（一）挖掘第一所由中国人自办自教创立的西医院校的历史作为教育素材

1908 年，郑豪等一批留洋归来的西医爱国贤达，本着"兴神农之坠绪，光我华夏"的宗旨，为改变中国西医院校均由教会医院教学的局面，通过争取"中国医权"的方式创立了中国第一所"自办、自教"的西医院校——光华医社。医社下设光华医学堂进行教学，设立光华医院对苦难民众救济医治。

笔者作为本学院辅导员同时也是该院系专业的毕业生，熟悉院史和学科发展历程，也清楚专业的学习过程。因此笔者所在的院系，先行先试，利用"百年光华"这段中国人爱国自立、医学强国的历史作为学生院史教育的素材，巧妙地通过院史起源，引导学生将专业放在国家历史坐标中考量，有利于学生们借此理解社会大势的发展变化如何影响自己所学专业，把握国家命运与专业学科发展紧密相连的规律。借此机会，将校园文化与专业深度融合。

（二）用"国内高校首创"的"沉浸式"舞台剧表演形式呈现教育内容

传统的高校学生表演方式是"台上演台下看"，学生参与感不强，教育无法直达内心深处，因此需要考虑创新院史教育的呈现方式。辅导员发现"沉浸式"舞台剧是一种独特的艺术表演方式，因为其将观众也作为表演的一部分，观众打破时空界限参与到表演剧情中，打破了传统戏剧中"台上演台下看"的模式。因此，通过选取适合"沉浸式"的历史片段，如参与建校捐款、在"开学典礼"宣誓，甚至和小贩交易等多种多样新奇而富有历史感的互动，让学生变成了学院创建的见证人与参与者，通过展现"百年光华"，从艰难创立、抗战几易其址、复建后几起几落的波澜壮阔的历史，为观影学生创设了深刻的互动观剧体验。抗战历史中战火纷飞的场面，很难用实景演出，学生从中国传统文化皮影戏中受到启发，创设了影子戏这一表演形式，用手工制作纸皮坦克、枪炮等道具，用灯影效果沉浸式地展现了抗战期间的艰辛。

这种创新的爱国主义教育形式，赢得了学生的广泛好评，学生看得懂，愿意参与，学院学生自发参与率超过 95%。

（三）学生自编自导自演，完成自我教育

学生的主动性和积极性，决定了思想教育的深度。该案例的最大特色是调动学生的创造性，通过让学生寻找红色文化根源，自编自导自演沉浸式院史剧，进行爱国、爱校、爱院思政教育。首先，以学生为主体进行剧本创作和方案设计。但在该过程中，医科学生碰到了历史学基础薄弱、艺术创作能力差等现实问题。辅导员调动资源，协调历史系学生加入，邀请艺术学院教师指导，帮助学生在实践中解决问题。其次，以学生为主体进行舞台编排，辅导员发挥思政教育能力和专业融合的特点，指导学生将思想教育潜移默化移植到剧中。例如，抗日战争是光华所经历的一个重要历史时期，这样就有了光华救护队参与抗战的剧幕，让学生思考如何通过表演，传达医学救国的奋斗决心。

该剧由近百位医科学生组成，他们利用课余时间进行自编自导自演，打造了一部既严格还原历史，又具有戏剧观赏性的院史剧。在 6 个多月的创作、排练过程中，参与的学生传承了剧中"自立自强"的院史精神，通过自编自导的"沉浸式历史剧"创造了可以跟专业团队比拟的效果。特别是将"本纯粹华人自立之精神，以兴神农之坠绪，光我华夏"的光华精神，通过他们的表演薪火相传，学生们能更加坚定"不忘初心、牢记使命，医学强国，强国有我"的奋斗精神，有效实现了自我教育。

这里的学生自我教育包含三重境界：第一重是演出主体首先受教育，第二重是观剧体验者受教育，第三重是广大医学学生受教育。该剧演出后，南方+媒体、南方都市报和学校公众号相继对此进行报道，起到了"百千万"的传递效应，勉励所有的医学工作者和医科学生："不忘中国医权初心，牢记医学强国使命。"

三、经验与启示

（一）情感激活有利于内化学生思想

学院是大多数教师和学生真正与之直接相关的组织和群体，院史文化教育以其固有的贴近专业的特征和趣味性为优势，符合情感认知规律，易引起学生情感共鸣，有利于激活和培养学生对专业的认同感、对学院的归属感、对祖国的热爱，进而促进学生正确思想的内化。

该沉浸式院史剧致力于历史人物情感的再现与表达，同时，每部戏剧必然都蕴含着创作者深刻的思想感情，他们的深情厚谊蕴藏在戏剧的每一个情节之中。演员作为戏剧艺术的再创作者，对于剧本的主旨必须了解得很透彻，对剧中情节必须揣摩得很纯熟，进而置身剧中，如亲历其境，一言一动，均有真情的流露。能达到如此地步，自能引起听众的共鸣，而且这种情感是有传染性的。

因此，学生的校园文化活动，应该从激活学生情感角度去设计和实施，而且在实施过程中，要考虑学生情感的变化过程，找准思想教育的切入点。在创作过程中学生们面临着学业紧张、创作思路枯竭等各种困难，辅导员应该在这些关键时刻给予学生及时的支持，学生才能走出困难的中心，激活其内心的主动性，促使学生自己解决更多的困难。

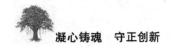

（二）专业认同感增强有利于外化学生行为

专业认同从属于自我认同，是学习者依据自身经验反思构建的，对某一学科专业区别于其他专业的整体性认可，而对所学专业的认同与否又会直接转化为积极或消极的学习动机。

在该案例中，学生们在认知上优化价值观念，提升思想境界，将社会需求内化为个人需求，将为实现国家富强、民族振兴、人民幸福、社会发展而努力奋斗作为自身终极理想与价值追求。

在学院开学典礼上，剧目通过沉浸式体验让新生在"兴神农之坠绪，光我华夏"的横幅上签名，以表决心。陈垣作为学生代表，带领在场的光华人铿锵宣誓，将全场的情感升华推向高潮，观剧的学生们纷纷自觉主动地举起右臂，跟随演员高声宣誓，将医学生"恪守医德，救死扶伤"的崇高使命牢记心间。

通过学习和体验医学百年发展史，学生愈发体会到医权的来之不易，当会更加珍惜现在的成果，珍惜自己从医的宝贵机会，进而自觉进行个人学习生涯规划，端正学习动机，戒骄戒躁，刻苦钻研。

"铸魂＋铸盾"党建育人项目

——学生党支部建设工作案例

中山大学计算机学院本科辅导员　李晓洁

中山大学计算机学院党委副书记　陈凌

一、案例概述分析

学院保密管理本科生党支部成立于2016年，按专业年级纵向建制，党员、入党积极分子覆盖本科四个年级的学生。成立之初，支部存在着党员理论学习意识薄弱、组织生活纪律意识较差、参与支部建设积极性不高，党支部组织生活形式单一、缺乏凝聚力、软弱涣散等问题。为指导党支部解决以上问题，增强党支部凝聚力，学院党委指导党支部以国家安全教育日为契机，打造"铸魂＋铸盾"党建育人项目，推动党支部标准化、规范化、品牌化建设。

二、案例解决方案

（一）找准规范化建设"立足点"，建章立制强基固本

针对支部软弱涣散、党员组织生活纪律意识较弱等问题，指导支部找准"立足点"，促使支部达成共识，明确党支部标准化、规范化建设是解决支部软弱涣散的有力措施，是提高党支部建设质量、发挥党建育人作用的前提保障。因此，党支部通过以下措施强基固本。

1. 制定《保密管理本科生党支部工作和管理条例》

通过明确支委会、支部成员职责，建立组织生活纪律制度、规范发展党员工作，严格执行"三会一课"制度等，指导支部委员会和成员开展日常学习和教育工作，让每一项工作的开展和实施都有据可依。

2. 建立组织生活机制

支部每月固定开展1～2次组织生活，每次组织生活设置固定环节让各年级入党积

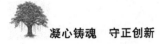

极分子、党员根据学生发展规律、专业或理论学习需要等情况进行交流分享，为学业、生活等方面遇到困难的同学提供帮助，让组织生活成为支部成员成长的重要平台。该活动实施一段时间后，支部组织生活参与率基本达100%。

（二）着力思想建设"关键点"，党建引领铸魂立根

习近平总书记在学校思想政治理论课教师座谈会上强调："青少年阶段是人生的'拔节孕穗期'，这一时期心智逐渐健全，思维进入最活跃状态，最需要精心引导和栽培。"为切实发挥党建育人作用，进一步解决支部存在的问题，学院学生工作办公室指导支部找准"关键点"，着力思想建设，铸魂立根。

1. 抓支部党员、入党积极分子思想建设

一是引导理论学习联系实际，做到入心入脑。在每次集中学习过程中，要求党员、入党积极分子在开展理论学习分享过程中需结合专业学习、生活实际，深入思考，推动支部党员理论学习做到联系实际学、深入思考学、融会贯通学、及时跟进学，学懂弄通，入心入脑；二是创新集中学习形式，有效调动学习积极性。通过组织党员、入党积极分子轮流讲微党课的方式，使所有党员、入党积极分子参与到理论学习中，激发学习动力，既丰富了学习内容，又极大地提高了支部党员、入党积极分子参与集中学习研讨的积极性；三是采用线上线下相结合的方式，推动学习教育常态化。除了定期集中学习，支部通过制定学时考核制度，引导党员、入党积极分子充分利用"学习强国"等线上学习教育平台开展学习、交流，养成每天使用"学习强国"、开展理论学习的习惯。

2. 扎实推进党团班一体化建设，强化在学生群体中的思想引领

一是为增强支部吸引力，强化思想引领，支部在新生入学前，就选派党支部优秀代表参与迎新工作和协助新生做好团支部建设、班级建设，建立牢固的党团联系制度，通过党建带团建、班建，充分发挥党员的先锋模范作用，强化在学生群体中的思想引领；二是采用"预科班"培养模式，从入党积极分子提交入党申请书之日起，就把其编入党小组，跟随支部和党小组学习理论知识；三是根据党支部纵向建制的特点，在各年级入党积极分子中设置主要由班级（年级）团支部委员担任的年级小组长，年级小组长列席支委会会议，共同参与党支部建设、党团班一体化建设的讨论，进一步凝聚共识，促进党团班一体化建设，强化思想引领。

（三）立足党建育人"落脚点"，品牌建设铸盾提效

为进一步增强支部吸引力、凝聚力，提高党支部建设质量，切实发挥支部战斗堡垒作用，支部立足党建育人"落脚点"，自2018年起，利用每年4月15日全民国家安全教育日的契机，立足专业特色，推动党建工作与专业学习深度融合，打造"国家安全

宣传月"党建品牌活动，铸盾提效。该活动从线上到线下，从大学走进中学，从科普讲座到知识竞赛，形式多样、内容丰富，将校园宣传、科普讲座、知识竞赛相结合，有效有力地向广大师生全方位地宣传了国家安全的知识，增强了师生们和群众的总体国家安全观。

1. 国家安全宣传日

国家安全宣传日为"国家安全宣传月"系列党日活动的首个活动，包括国家安全知识展览、国家安全知识竞猜等内容。知识展览现场，多个立型展板依次排开在活动场地两端，生动直观地从各个方面展示了国家安全的相关知识，吸引了众多同学前来观看，在现场同学们与支部成员进一步交流；国家安全知识竞猜环节兼具知识性和趣味性，激发了参与者了解国家安全知识的热情。国家安全宣传日在全民国家安全教育日当日进行，正当其时，活动影响范围广，现场效果佳，反响极好。

2. 国家安全讲座

邀请广东省国家安全厅、广东省国家保密局、学院网络空间安全专业和保密管理专业教师等开展了国家安全相关讲座，系统为学生普及相关知识，全面提高学生的国家安全意识和维护国家安全的责任感。如邀请广东省国家安全厅有关同志介绍当前我国国家安全总体形势；邀请广东省国家保密局有关同志围绕"忠诚履行保密义务，自觉维护国家安全和利益"主题，开展保密管理讲座；邀请学院网络空间安全系 X 副教授以"智能＋网络安全"为主题，从技术层面向大家介绍目前网络空间安全的发展形势。

3. 国家安全知识竞赛

国家安全知识竞赛把"国家安全宣传月"系列党日活动推向高潮环节。竞赛包括线上初赛和决赛两轮，题目内容涉及党史党纪党规、国家安全知识、保密管理知识、网络空间安全知识等，决赛环节分为轮答题、抢答题和案例分析题三轮。自 2018 年举办首届以来，至今已举办三届，吸引了来自全校多数院系 600 多名同学参加。决赛现场各位参赛选手思如泉涌、对答如流，案例分析题讲解思路清晰、内容全面，现场气氛紧张热烈，扣人心弦。国家安全知识竞赛考察了同学们对国家安全知识、基础保密知识的掌握，同时也为各位现场观众普及了相关知识，极大地提高了学生的国家安全意识和维护国家安全的责任感。

4. 国家安全中学行

为扩大科普面，"国家安全宣传月"系列党日活动于 2019 年增加"国家安全中学行"子活动，走进广州大学城某中学，活动包括国家安全科普课堂、国家安全知识展览、知识竞猜等内容。参加活动的同学积极热情、络绎不绝，中学生们在学习到新知识的过程中，在与学长们的有趣互动过程中，在一片片欢声笑语中，记住了知识，明白了道理。

"国家安全宣传月"系列党日活动，通过形式多样、内容丰富的系列子活动，有效

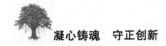

有力地向广大师生全方位地宣传了国家安全的知识，有力地增强了师生们和群众的总体国家安全观，提高了学生国家安全、保守国家秘密的意识。

三、经验与启示

通过"铸魂＋铸盾"党建育人项目的扎实推进，近年来，支部建设取得了良好的成效。

（一）有效增强支部凝聚力，党建育人成效明显

通过本项目的有效推进，本支部各项工作扎实开展，支部凝聚力得到大幅增强。支部在近三年也多次获得荣誉及认可，先后获评学院、学校"先进党支部"称号，入选广东省第三批新时代高校党建"双创"工作培育创建单位。支部工作锻炼了学生的组织协调能力，也促进了许多学生的发展。支部多名党员先后获评院级或校级"优秀共产党员"，支部多名毕业生顺利进入国家、省、市的党政机关工作。

（二）思想引领有成效，申请入党比例逐年上升

党团班一体化的建设，促进了党支部和各年级团支部、班级的交流，高年级和低年级学生之间的互动，并间接促进了支部所在专业的校友工作。2018年以来，各年级的申请入党人数比例不断提升，2019级入党申请率超过60%，2020级入党申请率超过70%。

（三）组织生活品牌获认可，有效服务师生群众

支部在加强自身建设过程中，有意将党日活动的功效辐射更多师生群众，师生党员走出校园，走进社区服务人民群众，取得了良好的社会效果，践行了"为人民服务"的宗旨。2020年的国家安全知识竞赛相关宣传推送，阅读量超过2700次，在校内获得广泛关注。活动宣传到位，覆盖人数比往届增加接近一倍，参加人数超过350人。活动的题库对同学们本专业学习也起到很好的作用。此外，"国家安全宣传月"系列特色党日活动在2019年获评校级"最佳党日活动"称号。

本案例所取得的成效，启示我们在学生党支部建设过程中，要全面贯彻党的教育方针，抓实规范化建设为"立足点"，着力思想建设为"关键点"，立足党建育人为"落脚点"，结合专业特色、学生发展规律，扎实推动政治学习与个人发展需要深度融合、党建工作与专业学习深度融合、党性锻炼和专业实践深度融合、党支部建设与服务群众深度融合，从而推进党支部标准化、规范化、品牌化建设，充分发挥党支部的战斗堡垒和党员的先锋模范作用。

立德树人，传承红色文化

——信息管理学院辅导员工作室思政案例

中山大学信息管理学院研究生辅导员　刘天罡

中山大学信息管理学院党委副书记　李庆双

中山大学信息管理学院研究生兼职辅导员　涂加乐

一、辅导员工作室概况

信息管理学院辅导员工作室深入学习贯彻习近平新时代中国特色社会主义思想，坚持把立德树人作为根本任务，以党建育人为核心，结合图情档学科特点，融合第一课堂和第二课堂，突出红色文化教育特色，培养德智体美劳全面发展的社会主义建设者和接班人。

本工作室建设有完备的学生工作队伍，由党政专职辅导员、青年教师辅导员和学生骨干兼职辅导员共同组成，分工明确、特色突出。分管学生工作的学院党委副书记负责工作室的顶层设计与规划；团委书记负责学院共青团、研究生会、学生会、学生马克思主义学习小组、学生党建和思想政治教育等工作，团委副书记和辅导员协助建设；两位青年教师辅导员分别负责我院学术类社团的指导工作和各类科技创新学术类比赛的指导工作。本工作室以学生党支部牵头，选优配强学生党支部支委队伍，依托图情档专业背景，将党支部与同专业的本科生团支部共同编为一个马克思主义学习小组，实现党建带团建促班建，不断推动党团班一体化进程。

二、辅导员工作室工作开展情况

（一）党建育人，以史育人，抓好思政教育

本工作室坚持把立德树人作为根本任务，抓好学生党建工作、青年马克思主义者培养工程建设、学生马克思主义学习小组建设。学院团委和第四学生党支部围绕"四史"教育，联合开展"红色搜索之星"大赛。该活动聚焦"四史"学习，通过以搜促学、以赛促学的方式，结合红色文化与专业特色，推动党的专题教育和知识学习，鼓励同学们在搜索中了解党和国家的历史，增强对党的热情、坚定对党的信念。该活动充分体现

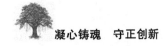

了"以史育人"的思政教育目标，吸引了学院师生广泛参与。我院已将其作为 2021 年广东省"搜索之星"大赛的一个单元，该大赛由我院与广东省情报学会联合举办，吸引了来自省内十余所高校的参与，活动影响力得到进一步扩大。

本工作室积极推动各学生党支部开展红色加专业品牌活动建设。党支部具有强大的凝聚力和基层活力，构建了学生党支部"一支部一品牌"活动，如第一学生党支部坚持十余年的未管所甘露行动、结合图书馆学专业打造的图书馆文化周活动、配合我院图书馆学教研室举办"永恒的图书馆精神：《韦棣华》纪录片学习研讨会"；第二学生党支部以国际档案日为背景举办档案文化节系列活动，包括到学校档案馆开展档案志愿服务活动、进行档案主题文化展览等；第三学生党支部承办了"学林采撷"活动，面向全校学生征集中大校史上的知名学者事迹，汇编成书；第四学生党支部以图书情报专业背景，打造"红色搜索之星"支部特色活动；第五学生党支部发挥博士生专业素养，结合红色文化宣传与学习，筹备红色阅读推广季活动。此外，原学术型硕士研究生党支部以"不忘初心、牢记使命"为主题开展"微党课"活动，创新基层党员教育模式，让红色文化的宣讲掷地有声，让每位党员再溯初心、坚守信仰，成为新时代中国的宣讲者和号召人，主动肩负新时代的青年使命与担当；原专业型硕士研究生党支部开展了"连州柯木湾村精准扶贫"项目，响应国家"精准扶贫"号召和习近平总书记关于打赢脱贫攻坚战的决策部署，倡导扶贫、扶智、扶志相结合，定点帮扶连州柯木湾村。我院将学生党建与学生马克思主义学习小组建设相结合，以党支部带领团支部的形式，利用"专业＋支部"的特色开展活动，推进实现学院"党团班一体化"建设目标。

（二）夯实学生党建，引领学风建设

工作室积极探索建设学习型党组织，引导"学在中大，追求卓越"的优良学风，重视组织建设，以党支部为战斗堡垒，发挥党员先锋模范作用，探索党建引领学风建设新模式；鼓励和支持学生参加学术训练和学术竞赛，并在国际竞赛、全国竞赛和省级竞赛中取得佳绩。在 40 周年院庆之际，学生会承办由学院和国家古籍保护中心联合举办的"首届全国大学生中华典籍文化保护与传承大赛"，共有来自中国人民大学、复旦大学和武汉大学等学校的 24 支队伍入围决赛。

我院团委和学生会在工作室和教研室的指导下，开展了 2020 年暑期"三下乡"暨"围绕乡村振兴开展基层公共文化服务现状调研活动"，该活动结合我院专业特色，帮助同学学以致用、回馈社会，该活动也获得团中央青年发展部"镜头中的三下乡"活动优秀摄影团队奖。

党员队伍聚焦初心使命，主动投身于学风建设，为我院学子营造良好的学风氛围。我院学子参加首届全国大学生中华典籍文化保护与传承大赛，荣获一等奖一项、二等奖三项、三等奖一项；档案学专业学生参加第三届全国高校档案学专业大学生创新性课外科技作品大赛，入选优秀作品展；信息管理与信息系统专业学生获得全国大学生"互联网＋"大赛二等奖一项、三等奖一项，并在第二届"慧源共享"全国高校开放数据创新研究大赛中获三等奖。

（三）以文育人，传承红色基因，厚植爱国情怀

本工作室注重以文育人，传承红色文化，着力打造红色文化系列品牌活动，厚植爱国情怀。我院打造了红色诗文经典诵读比赛活动，师生通过诵读重温红色经典诗文，声情并茂地传达拳拳赤子心与浩浩家国情。我院已连续三年举办学院红色经典诗文诵读比赛，影响力覆盖全校，活动已成为中山大学校级党建品牌项目，形成了用红色文化来感染师生的良好氛围。

同时，为挖掘中山大学校史中的红色内涵，学院还承担了东江纵队与中山大学口述史项目，在学校党委组织部、宣传部的指导和支持下，该项目将视角对准东江纵队革命斗争中的中山大学文脉，通过深度访谈革命亲历者，抢救记忆、传承精神。在寻访过程中，团队征集了诸如战士的学籍资料、生活照、演出照和图文集等珍贵的历史档案资料。同时，该项目以参加东江纵队革命斗争的中山大学师生为对象，挖掘、传承中山大学的红色基因，宣传、弘扬中山大学的优良革命传统，推动新时代中山大学红色文化不断发展。

此外，本工作室把以文育人理念和学院文化品牌活动推广至偏远地区，联合校团委和中山大学研究生支教团，分别以"飞扬青春梦想，抒发家国情怀""五四精神，传承有我"和"爱党心　报国情"为主题，连续三年举办"三行诗"征集活动，在支教学校征集师生们的三行诗作品，并评选优秀作品编制成册。该活动关注了偏远地区的教育现状，提升了中大学子的社会责任感，抒发了中大学子的家国情怀。为培育学生的文化素养和家校情怀、陶冶高尚的道德情操、塑造美好心灵，本工作室积极开展校园文化建设，陆续编辑出版了《印象·中大红楼》《印象·中大草木》《雕塑上的中山大学》《我和我的母校——三行情书集》等书籍，这些书被誉为校园"宝贵的精神财富和文化遗产"，深受中山大学师生和校友喜爱，成为校园畅销书，大大丰富了校园文化。

三、工作室建设成效及展望

本工作室聚焦党建育人，学生思想引领工作取得一定成效。目前，我院共有 419 名本科生，其中党员 60 名，已提交入党申请书的人数为 139 名，本科生申请入党比例为 47.49%，其中 2020 级本科生达到 60%；共有 361 名研究生，其中党员 119 名，研究生党员比例为 32.96%。此外，2020 年度我院发展党员 48 人，预计 2021 年将完成 75 名党员的发展工作。各学生党支部以多种方式综合考察入党积极分子、发展对象及预备党员的组织生活表现，利用量化指标更为公平准确地衡量同学们的入党积极性，并积极发挥团支部的纽带作用，充分实现党团班一体化，有效发挥团推优在入党工作中的重要作用。

本工作室对标新时代高校党建工作的目标，把握党建质量提升的新要求，基层党组织建设取得优秀成果。我院以东江纵队项目为基础编排的《中大红棉颂》获 2018 年广

东省"新时代　新作为——立志·修身·博学·报国"主题教育系列活动一等奖。2019 年，本工作室打造"中大红楼文化，推动校园文化建设""重温红色经典，抒发家国情怀"和"立德树人，知行合一"三个思想政治教育工作案例分别获得广东省高校思想政治工作实践优秀案例评选活动一、二、三等奖。此外，学院党委第一学生党支部被推荐申报了中共广东省委教育工委第三批新时代高校党建"双创"工作样板党支部，第一学生党支部、第三学生党支部为首批中山大学党建工作样板支部。学生党员充分发挥先进模范作用，树立了党员典型，第三学生党支部吴毅被评为 2019—2020 年度广东省优秀共青团员，第五学生党支部苏焕宁被评为 2020 年广东省优秀学生，第二学生党支部郑俭等党员被评为"中山大学优秀党员"。

本工作室在努力做好党建育人核心建设目标的基础上，注重引导追求卓越的优良学风，鼓励和支持学生参加学术训练和学术竞赛，并在国际竞赛、全国竞赛和省级竞赛中取得佳绩。2020 年，我院本科生参与科研训练（含学科竞赛）的比例达 40.84%，选择升学深造的比例达 67.54%，考研成功的比例达 70.3%，学生学业发展得到有效支持。本工作室在面对疫情影响时，全面落实"六保"任务，全力完成毕业生就业任务，积极探索方法，拓宽就业渠道，努力提升就业率。2020 届研究生毕业生就业率为 100%，本科生就业率为 92.67%，就业去向丰富，就业单位类型广泛。我院共有 11 名本科生毕业生、7 名研究生毕业生前往基层就业，其中有 5 名本科生毕业生、6 名研究生毕业生通过选调生项目主动到祖国最需要的地方如甘肃、江西、广西、广东、山西等地建功立业；16 名毕业生投身于西部地区参加工作，有 10 名毕业生到中部地区工作。其中，有 5 名西藏籍本科生通过公务员招考、事业单位招考、"三支一扶"项目回到家乡工作。毕业生在艰苦地区和基层就业，也体现了我院党建育人成效，不仅在思想上引领学生向党组织靠拢，更使学生在行动上努力为人民服务，为建设祖国美好未来作贡献。

今后，本工作室将继续聚焦党建育人核心建设目标，继续坚持立德树人，抓好思政教育。持续抓好学生党建工作，充分发挥党支部战斗堡垒作用，依托党支部建设学生马克思主义学习小组，引领学生思想进步，积极推进党团班一体化进程。将继续创新红色文化与学生工作融合方式，努力把红色基因融入学生日常思想政治教育工作，开拓思想教育渠道，如 2021 年把"红色搜索之星"融入广东省"搜索之星"大赛，以新颖有趣的活动形式推动红色文化走进学生群体。学院指导的学生社团岭南人杂志社正在编写《红色见证——中山大学英雄谱》一书，作为建党一百周年的献礼。

本工作室将继续坚持引导优良学风，鼓励学生积极参与科研训练和学术研究，以树立优秀学生榜样为目标，培养德智体美劳全面发展的优秀学子。继续推动"学林采撷"项目深入开展，将中山大学知名学者的精彩轶事和名言警句汇集成书，以名家大师的风采引导学生，激励师生继承和发扬优良传统和崇高品质，学在中大，追求卓越。

本工作室将不断探索中大文化中的红色基因，积极发挥中山大学丰富的红色基因优势，通过打造红色基因主题教育课堂、打造红色基因教育新平台等渠道，让学生接受相关思政教育，将传承红色文化落实到立德树人的思想自觉上，引导学生树立正确的世界观、人生观、价值观，真正做到为党育人、为国育才。（见图 1～图 4）

图1 红色搜索之星大赛

图2 首届全国大学生中华典籍文化保护与传承大赛

图3 《中大红棉颂》表演

图 4　红色经典诗文诵读比赛现场

多措并举纾困解难，扎实推进学业发展

——计算机类专业学生学业发展支持体系构建案例

中山大学计算机学院本科辅导员　李晓洁

中山大学计算机学院党委副书记　陈凌

一、案例概述分析

笔者所在学院的计算机类专业，由于专业课程难度大、部分学生不适应大学学习方式等方面的原因，出现学业问题的人数比例较高，据笔者不完全统计，2016—2018 年期间，不能按时毕业的学生比例年均超过 10%，甚至有部分学生因学业问题诱发了严重的心理疾病。为有效解决以上问题，促进学生全面发展，笔者通过分析高年级学生相关数据努力探寻出现问题的原因，并在此基础上，结合不同年级学生学业情况特点，充分运用积极心理学等相关专业知识，针对笔者所带的 2018 级计算机类专业学生的学业发展情况，逐步构建相关支持体系，从而有效助力学生成长成才。

二、案例解决方案

笔者在跟进、处理延毕学生学业问题时发现，大部分延迟毕业学生的学业开始出现问题（挂科）的时间是在大一或大二，且出现问题后，由于课程学习的前后连贯性和相关性，学生后续学习难度提高，学业问题愈发严重。通过进一步分析 2017 级计算机类专业学生成绩数据，笔者发现，大一第一学期专业必修课平均学分绩点为 2.0 以下的 27 名学生中，有 20 人未挂科，但到大一第二学期，未挂科的人数降为 11 人，到大二第一学期该人数锐减至 4 人，且有挂科记录的学生，其挂科科目数也呈递增趋势。基于以上数据，结合计算机专业的课程特点及学生的群体特点，笔者认为，强化学生对专业学习的认知，抓好学生在大一、大二的专业基础课程学习可以从源头有效"扼杀"许多学业问题的发生；此外，还要根据不同类型学生的特点，为学生提供有针对性的学业发展支持。

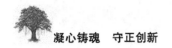

（一）强化专业学习认知教育，从源头"扼杀"学业问题

1."学业导师制"＋专业认知教育，提高学生对专业的认识

学院在 2018 级学生入学之际，就为全体学生配备学业导师，学业导师作为学生专业学习的启蒙者、引导者，为学生搭建起对专业领域的整体认识框架。此外，在整个大一期间，学院通过邀请学院领导、专任教师及高年级学生通过年级大会、班会和座谈会等形式多次为学生开展系统、详细的专业介绍，不断提高学生对专业的认知。

2.每学期一次成绩分析班会，提高学生对专业学习的认知

成绩分析班会通过与高年级学生学业整体情况的纵向对比，提高学生对学业的可能发展趋势的把握，并形成预警和督促；通过与同年级不同专业及班级之间的横向对比，使学生进一步把握自己以及年级、专业及班级内学业情况；通过邀请高年级或同年级学业较为优秀的学生分享学习经验，引导学生在专业学习上进一步查缺补漏，多措并举，提高学生对专业学习的认知。

（二）建立学业预警数据库，全面掌握学生学业情况

从大一开始，学院就及时通过任课教师、各班班委等途径了解、掌握学生作业完成情况、考勤情况、考试情况、成绩情况等，形成完整的学生学业情况数据库。在此基础上，进一步建立学生学业预警数据库，将存在考勤及作业完成情况不佳、考试不及格等情况的学生纳入学业预警库，并通过定期开展谈心谈话，深入了解、跟进学生的学习态度、学习兴趣、学习动力、心理因素等情况，建立完善的学业预警数据库，全面掌握学生的学业情况。

（三）根据不同类型学业预警学生的特点，为学生提供发展型学业辅导

1.学习适应辅导

个别学生从入学开始面临着人际关系、学习、生活自理、环境、心理等多方面的适应问题，能否及时掌握适应大学的学习方法，是影响学业的关键。因此，针对该部分学生，需先进行学习适应辅导。可通过专业及就业方向介绍、心理健康教育和心理咨询、学习方法指导、朋辈互助等措施，及时、科学地给予学生学习和生活指导，使学生尽快地熟悉、适应大学生活，完成学生的角色转变和定位，增强自我调控能力，培养学习目标，从而提高学生的学习适应能力。此项指导一般在低年级开展。

2. 学习规划辅导

缺乏学业目标、学习兴趣以及良好的学习习惯是导致学生学业困难的重要因素。针对该部分学生，笔者通过职业生涯规划指导、升学指导、就业指导、朋辈互助等措施指导学生开发自己的兴趣和技能，寻找自己的学业目标、职业目标，并以此为依据，引导学生选择合适的课程、学习项目，进行接下来整个学期/学年的课程和学习活动安排，以及参加适当的实践活动等，有计划有目标地提升学生的专业技能及综合能力。

3. 学习疑惑和学习能力辅导

在学生整个学习过程中，势必会遇到许多令自己困惑的问题和困难，而问题和困难累积到一定程度，就会引发较为复杂的学业问题。因此，必须对学生开展学习疑惑辅导，针对该项辅导的措施，将在本案例解决方案（五）中深入阐述。此外，疑惑辅导还要求引导学生培养并加强自身必备的各项学习能力，如思考、沟通、合作、写作、解决问题、实践等。通过为学生提供有关学习方法等方面的培训或分享指导等形式，提高学生的自主学习能力。

（四）运用积极心理学知识，进一步帮助学生成长和发展

作为辅导员，我们对存在学业问题的学生的关注不应只停留在学习成绩的提高上，还应关注如何帮助学生增强其应对困境的能力，激发学习动机，提高自我效能，帮助学生有效地学习和发展。

1. 挖掘学业困难学生的个人优势，提高自我效能

在学业支持辅导过程中，笔者通过运用积极心理学等专业知识，一方面帮助学生挖掘其自身的优势，增强其对自身积极力量的认识，引导学生将这些积极力量运用于解决生活、学习上的困难当中，从而提高学习适应能力；另一方面，引导学生提高其自我效能感，使学生能够正确认识困难、积极面对困难、解决困难。

2. 培养学业困难学生积极的人际关系，增强心理韧性

笔者在跟进延迟毕业学生过程中发现，多数学业困难学生不善于主动寻求或接受家人、老师、同学和朋友的帮助，且在学习过程中，经常会遇到各种难题、困境而又无法凭自己的力量去解决，从而导致自己长期处于高压、痛苦或其他不良状态下，更有甚者出现心理疾病。因此，在跟进学业困难学生的过程中，一方面应注意培养学生的人际关系处理能力，指导学生建立积极、正向的人际关系，促进学生与老师、朋辈之间的交流和互助。另一方面，帮助学生更好地应对和适应痛苦经历或压力性事件，提高学生的心理韧性，使学生在困境中能够面对困难，并快速恢复，从而获得成长。

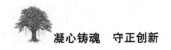

（五）构建"点线面"全覆盖朋辈互助学业发展支持体系，全面助力学生成长成才

根据 2018 级计算机类专业不同学生的学业情况特点，笔者在学院现有制度的基础上，进一步构建"点线面"全覆盖朋辈互助学业发展支持体系，助力学生成长成才。

1. 抓紧学业预警"关注点"，组织开展"一对一、点对点"学业志愿辅导

根据学业预警学生的具体情况，针对其较难的课程，在年级内招募学习优秀的学生志愿者，组织开展线上线下相结合的学业志愿辅导，规定志愿辅导每周线下面对面辅导不低于若干小时，线上答疑按需开展，并按照事先确定的奖励规则，给予志愿者一定公益时奖励。

2. 拉紧班级（专业方向）"互助线"，营造优良的班风学风

在每学期初成绩分析班会的基础上，引导各班/专业方向（大二前以班级为单位，大三分专业方向后以专业方向为单位）结合班级/专业方向实际情况，通过定期分享学习资料、组建不同学习小组（如结对自习小组、××课程答疑小组等）、开展专业课程学术沙龙等方式搭建班级/专业方向内学业互助平台，每种学业互助方式及平台在学期初都制订详细的参与规则和计划以确保不断线、不早产。在此基础上，笔者通过学习委员例会制度定期了解班级/专业方向互助平台开展情况，对出现的问题及时指导并协助解决；对在班级/专业方向互助平台有突出贡献的学生，予以公益时奖励，以此调动其积极性。

3. 拓宽"学习面"，用好学院科研导师制和"攀峰计划"学生科技竞赛制度，扎实促进学生全面发展

学院于 2018 年起开始实施科研导师制和"攀峰计划"学生科技竞赛制度。科研导师制为学生提供直接参与科研项目研究的机会，让学生在导师指导下有计划有目的地开展学习和接受科研训练。科研导师制在大二第一学期初开始实行，由专业教师和学生进行双向选择。"攀峰计划"学生科技竞赛制度整合了学院党政管理人员、专业教师、相关企业导师等资源，组建领队团队、教练团队、企业导师团队共同指导学生科技竞赛队伍。笔者从大一开始，就在班会、年级会等场合不断宣传学院科研导师制和"攀峰计划"学生科技竞赛，鼓励学习较为扎实的学生积极报名科研导师制和参加科技竞赛，进一步拓宽学习面和强化学习深度。

（六）做好毕业设计关键时间节点的情况跟进，把好最后一道关

笔者在跟进往年延迟毕业学生时注意到，有部分延迟毕业学生，大学前 4 年课程整体情况较好，但因为毕业论文未通过而导致不能按时毕业，且有些学生因为毕业设计无

法通过而延迟毕业多年。出现该情况的学生主要原因均为遇到问题或困难时不善于主动寻求帮助。因此，为有效避免该问题，把好最后一道关，笔者在学院组织开展毕业设计期间，及时跟进学生的毕业设计的选题、毕业论文预审和答辩情况，一方面确保全体学生100%完成选题；另一方面，逐一联系毕业论文未提交、预审不通过或答辩不通过的学生，及时了解情况，并针对不同原因提供有针对性的帮助。通过以上措施，2018级计算机类专业学生毕业论文通过率超99%，仅有1人未通过（该生后续已完成毕业论文的写作）。

三、经验与启示

通过以上措施，笔者所带2018级计算机类专业学生学业发展得到有效的改善。一是学生延迟毕业率得到有效控制。据笔者统计，笔者所带2018级计算机类专业学生不能按时毕业的学生比例为3.7%（含降级学生，不含降级学生则为2%），较2017级8.9%（不含降级学生则为5.9%）的延毕率降低50%以上，较2016级及以前降低75%左右或以上。二是学生在科研、科技竞赛等方面取得良好成绩。多名学生在读期间就在知名期刊发表学术论文或获得授权专利，在ASC世界大学生超算竞赛、ACM - ICPC等知名赛事中取得突破。如在2021年全球超级计算大会（SC21）上打败伊利诺伊大学香槟分校等世界级计算机强校，斩获首届IndySCC冠军。据不完全统计，共173人次获省级以上科技竞赛奖项，其中102人次获国际级竞赛奖项。三是学生深造就业前景佳。据统计，笔者所带年级学生升学率为51%，其中，57%的学生为本校升学，其他升学学生升学院校均为国内排名前十的高校或Times世界排名前100的国外高校，包括北京大学、清华大学、复旦大学、浙江大学、南京大学、中国科学院大学、香港大学、香港科技大学、香港中文大学、新加坡国立大学、加利福尼亚大学等国内外知名高校。整体就业率超90%，大部分学生就业单位为互联网行业巨头公司如华为技术有限公司、腾讯科技、今日头条、字节跳动、中国电信等。

本案例所取得的成效启示如下。一是要强化专业及专业学习认知教育。让学生在专业学习之初，就能对专业的历史、内容、整体框架、发展前景等有整体全面的认知，能对专业学习的特点、整体情况、要求等有深入的了解，解决对专业学习的"迷茫"问题和刚进入大学容易忽略学习的问题。二是要善于运用分析同专业高年级学生的学业数据。在本案例中，笔者通过分析同专业高年级学生整体学业数据，从中得到专业学生学业发展的可能趋势，一方面得到要抓实抓好专业学生在大一、大二的专业基础课程的结论，另一方面通过向学生分析这些数据以起到有效的警示和督促作用。三是对存在学业问题的学生做到早预防、早发现、早干预。早预防可以从源头"扼杀"许多学业问题；早发现、早干预可以及时帮助学生把问题在较容易解决的阶段解决，避免造成"滚雪球"的情况。四是学业辅导不仅要有针对性，还应关注如何帮助学生增强其应对困境的能力。导致学生出现学业问题的原因既有共性又有特性，越是严重的学业问题，其原因越是复杂。因此，不仅要根据不同问题给予学生提供有针对性、发展性的学业辅导，

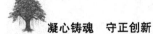

还要关注问题的深层原因，从内在精神层面帮助学生增强其应对困境的能力，提高自我效能。五是要充分发挥朋辈互助作用。朋辈不仅可以在学生学业出现问题后，协助给予对应课程的辅导，而且在互助过程中，所产生的积极、正向的交流和互动的作用，更是能从内在层面给予学生力量。六是在关注学业问题学生的同时，也要注意年级学生整体的学业发展。在本案例中，笔者通过营造优良班风，鼓励学生用好学院科研导师制＋"攀峰计划"学生科技竞赛制度，在扎实促进学生全面发展的同时，也对存在学业问题的学生起到正向的鼓励作用。

聚焦高质量人才培养，助力学生学业发展

——中山大学生命科学学院学生学业发展中心育人实践

中山大学生命科学学院本科生辅导员　何子文

中山大学生命科学学院党委副书记　李庆泉

一、案例概述分析

习近平总书记在党的二十大报告中强调，必须坚持科技是第一生产力、人才是第一资源、创新是第一动力，深入实施科教兴国战略、人才强国战略、创新驱动发展战略，开辟发展新领域新赛道，不断塑造发展新动能新优势。

高等学校承担了培养科技人才生力军的光荣任务。引领大学生树立远大目标，提高大学生的学术兴趣，助力大学生的学业发展是高校学生工作中的重要章节。

如何让大学生在大学期间保持良好的学习兴趣，鼓励他们继续深造，追求学术发展，促进人才高质量发展，是摆在我们学生工作者面前的一个课题。中山大学生命科学学院本科生升学深造比例从 2015 届的 56.5% 提升到 2022 届的 70.2%，多人入读国内外顶尖名校。在这个过程中，学生工作者发挥了重要作用，助力学生学业发展。

二、案例解决方案

为了更好地开展学业发展工作，中山大学生命科学学院于 2020 年初成立了学生学业发展中心（以下简称"中心"），由青年教师专职辅导员担任中心主任，负责全院本科生学业发展工作。经过近三年的发展，中心以提高人才培养质量为核心任务，以培养具有学习力、思想力、行动力的生命科学新时代青年为使命目标，通过"树理想、营氛围、供资源、升质量"的工作思路，组织开展了学业生涯规划讲座、学科竞赛介绍会、未来职业发展经验分享会、学业情况调研、升学统计分析、课程辅导小班等系列活动，在提升学院本科生培养质量和升学深造率方面取得显著成效，为培养未来生命科学领域的创造性人才做出贡献。

（一）注重引领，促进融入大学、做好学业规划

习近平总书记曾叮嘱广大青年学生"人生的扣子从一开始就要扣好"。大学新生入

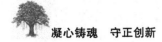

校后迅速适应大学生活，并做好学业生涯规划，对于未来四年的学习生活乃至更长久的人生道路尤为重要。中心主要通过学长团、书面指引、学业规划讲座三个方面来开展新生的教育引领活动。

中心和相应年级学生工作小组在大二、大三学生中特别是党员学生中组织志愿服务，择优选拔德才兼备的优秀学生组成学长团，经培训后，与每个新生宿舍结对子。由师兄或师姐带领一个宿舍的新生熟悉校园环境、了解大学生活、学习学校管理规定，让新生在新环境也有了关心他的熟人，帮助其快速适应大学生活。每位新生都能收到一份由中心制作发放的指引"大学生活和学业遇到问题可以找谁帮助"，里面详尽列明了学籍教务、科创升学、班级班风、党团相关、身心健康、校园生活六大方面可能遇到的问题，以及出现这些问题如何寻找对应辅导员、班主任、教务秘书、本科生导师等的帮助，并列明学校和学院的网络资源，鼓励学生主动掌握信息，做问题的解决者。（见图1）在对新生开展入学教育过程中注意引导学生树立远大理想，做好学业生涯规划，并邀请奖学金获得者和学科竞赛获奖者现身说法，培育勤奋向学的学风。这些举措让新生可以更好地适应大学生活，树立远大理想，做好学业规划，扣好大学生活的第一粒扣子。

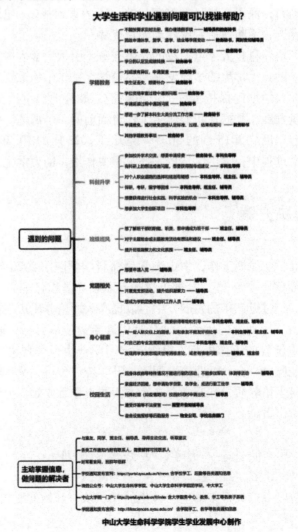

54

图1　中心制作的"大学生活和学业遇到问题可以找谁帮助"指引

（二）聚焦学业，营造向学氛围、做好精准帮扶

课程学习是大学学习生活中的重要一环，课程成绩也是影响学生日后升学和发展的重要因素之一。只有筑牢扎实的学科基础，才能在未来的科研创新中取得优秀成果。中心主要通过优秀学生经验交流会、师生交流会、课程辅导小班、学习问卷信息搜集和编制学生学业发展报告等方法营造良好的学风氛围和做好精准学业帮扶工作。（见图2）

图2　中心联合班级团支部举办党团共建师生交流活动

中心完善了学院的学业预警机制，通过整理考勤、考试等相关大数据，及时发现学业困难学生，与班主任、本科生导师协作联动开展帮扶。针对高等数学等较难科目，中心聘请相关课程教师进行小班辅导活动，帮助学业落后的学生通过课程考核。中心联合班级、团支部等在班会、团日等活动中设置师生交流、学业规划、学业分享等议题，邀请学院教师分享学习和科研经历，促进学院形成优良学风。由于疫情等因素影响，学生的学习生活受到不同程度的干扰，中心联合各年级辅导员共同收集学生的各类诉求和意见，及时向学院反馈。

针对学生的学业情况和毕业规划，中心设计并发放调查问卷，对问卷中发现的具体问题及时反馈给各年级辅导员和班主任。中心进行连续性数据收集和分析，编撰学院学生学业发展报告，为今后相关制度设定提供参考。问卷设计的题目涉及课余时间安排、困难课程的归因、毕业规划设想与实施，让学生对照标准找差距，在做问卷时进行自我审视。问卷收集后进行统计分析，如比较课后学习时间和成绩可以看出，课后学习时间较长者其优秀比例显著提高。这些来自自己学院的调查结果都在学业指导交流会上向所有学生展示，这些直观的大数据结果在学生中产生很大反响，引起学生反思，使学生意识到勤奋学习的重要性。（见图3）

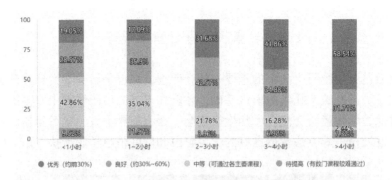

图3　问卷统计分析学业成绩与每日课后学习时间呈现显著正相关

（三）启发兴趣，提供丰富资源、做好以赛促学

兴趣是最好的老师，实践是检验和巩固知识最有效的办法，生命科学研究尤其如此。为激发学生的科研兴趣，鼓励学生带着问题去学习和研究，学以致用，从而不断增强学习力、思想力、行动力，中心积极开展了丰富多样的交流会、社团活动和竞赛活动。（见图4）

图4　中心举办的2021级学科竞赛与学业发展师生交流会

中心邀请学院内外的专家学者为本科生开展前沿进展讲座和学术生涯规划，组织开展科研经验分享、论文写作指导等，提升学生的科研兴趣和能力。中心组织开展院级课题书写大赛等活动，为学生参与全国大学生创新创业大赛等各项学术竞赛做好准备。在导师制、各项讲座和学术活动带来的浓厚学术氛围下，学院各年级本科生100%参与科研训练，在国际基因工程机器设计大赛、全国大学生生命科学创新创业大赛、全国大学

生生命科学竞赛等多项国家级学科竞赛中均获一等奖，多名本科生以第一作者在国际学术期刊发表多篇文章。

由中心主任担任指导老师的中山大学学生科技社团"中大翼境"，以春秋两季自然导赏系列品牌活动引领广大学生深入领略校园动植物的魅力，增强大学生群体保护、爱护鸟类和关注校园生态环境的意识，在学生中发扬传播习近平生态文明思想，为共建地球生命共同体贡献中大力量。社团学生集体编撰的《中山大学南校园鸟类名录v3.0》已于2021年底发布，校园鸟类物种记录突破200种大关，获得在校学生和社会自然爱好者群体的广泛关注，极大地提高了学生对于生命科学的兴趣与热爱。（见图5）

图5　"中大翼境"社团组织的导赏活动和发布的学术报告

（四）助力升学，组织分享交流、做好升学深造

随着生命科学技术和产业的发展，各学校、研究院所和新兴生命科学企业对于高学历人才的需求越来越高。升学深造对于当今的人才培养和学生的长远发展是十分重要的。中心组织多种形式的活动帮助学生在选择保研、留学、考研等方面坚定信心，加强各方面素质能力，提升成功率。

从一年级开始的学业生涯规划到高年级的学业、竞赛交流会，中心都把升学深造作为一个重要的选择方向介绍给学生，让学生意识到继续深入学习的重要性和对个人发展的益处。中心编写的学院学生升学情况统计分析报告也在升学交流会上展示给学生，将学院历年的保研、留学、考研情况展现出来。中心鼓励预期可以取得保研资格的学生积极参加全国顶尖大学和科研院所的夏令营，并联合导师、班主任通过教师的专业认知帮助学生选择对应专业志向的研究院所和科研团队；中心还帮助部分学生联系意向院校中的本院毕业生了解详细情况。针对选择境外留学学生的需求，中心开展优秀毕业生留学经验分享会，分享在准备语言考试、联系意向学校导师等方面的经验。针对学生在升学规划上的需求，中心邀请本院优秀研究生交流升学经验。中心在考试报名、复试调剂等环节组织做好志愿者帮扶工作。（见图6）

图6 中心举办的未来职业发展经验分享会与课程学习经验分享活动

通过组织系列学业规划辅导和经验交流活动，学生选择升学深造率和升学成功率显著提升，应届本科毕业生总升学率逐年上升，2022届超70%。2021届和2022届本科生考研率同比增加5.6和17.1个百分点，首次考研上榜率同比增加19.0和10.8个百分点。2022届本科毕业生境内升学高校包括清华大学（8人）、北京大学（7人）、复旦大学（12人）等，境外留学高校包括耶鲁大学、牛津大学、英属哥伦比亚大学、康奈尔大学、得克萨斯大学、卡耐基梅隆大学、东京大学等世界一流大学。

三、经验与启示

年轻一代的大学生是我国未来科技创新发展的生力军，将他们培养成才至关重要。这既是学生个人发展的需求，更是国家和人民的利益所在。中心把培养具有学习力、思想力、行动力的生命科学新时代青年作为使命目标，在具体开展各项组织活动时，主要是通过"树理想、营氛围、供资源、升质量"的工作思路来进行。

（1）树理想，就是在各项教育活动中要让学生树立远大志向，将个人发展和国家科技发展相联系，增强自信，增加斗志。

（2）营氛围，就是让学生沉浸在优良的学风之中，让优秀的学长、导师言传身教，在耳濡目染间提升学术兴趣并加入主动性学习。

（3）供资源，就是提供各种人力物力保障学生的学习，参加学术科技类竞赛和开展创新科技活动，让学生有机会与世界知名高等学府的学生同场竞技。

（4）升质量，就是加强学生各方面素质能力，在保研、留学、考研准备中提高竞争力，入读最好的和最适合其未来学术发展的高校与科研院所。

目前这些工作在学生培养上已初见成效，为培养未来生命科学领域的创造性人才做出了贡献。

因材施教，用力用心用情做好学业支持

——中山大学心理学系学业支持案例

中山大学心理学系党委副书记　刘妍

一、案例概述分析

2020 年底，在教育部举办的新闻发布会上，高等教育司司长吴岩指出，"十三五"期间，我国高等教育取得突破性进展，进入普及化发展新阶段。高等教育毛入学率已由 2015 年的 40% 提升至 2019 年的 51.6%，在学总人数达到 4002 万，已建成世界规模最大的高等教育体系。随着高等教育普及化程度不断提高，各种学力层次、社会阶层、年龄阶段的学生进入高等教育学府深造的机会日益增加，从一定程度上，导致大学生在学业表现上的差异也日趋明显。部分学生由于学习动力缺乏、学习能力较差、学习基础偏弱等原因，在学业表现上达不到培养要求，甚至出现自暴自弃的情况。部分学生习惯于灌输式、接受式的学习方式，未能主动配置合适的学习资源、建立良好的学习习惯、掌握科学的学习策略，呈现出学习能力不强、学习效率不高的状态。但是，也有部分学有余力、富有志趣的学生期待更具挑战性、拓展性的学业任务指导。因此，大学生学习辅导和学业发展问题已经成为高校教育管理工作者的工作重点之一。

如上情况，在中山大学心理学系亦有突出表现，沉迷网络游戏而退学者、找不到学习状态的挂科者、一味"等靠要"的依赖者，以及徒有聪颖天资的庸碌者都时有出现。针对以上情况，中山大学心理学系于 2019 年成立学习与个人成长中心，积极调动各类资源，开展学业支持、学习辅导、技能提高、生涯规划等方面的工作，为学生提供有针对性的学业辅导，帮助学生发挥学习潜能、完善个人发展。本案例尝试通过介绍中山大学心理学系的学业支持工作，以及开展工作所取得的相关经验和启示，为高等学校学业支持工作提供些许借鉴。

二、案例解决方案

总体而言，中山大学心理学系学习与个人成长中心（以下简称"中心"）秉承有教无类、因材施教的理念，多措并举、精准施策、全力以赴将困难学生"兜住底""扶上马"，为优秀学生"搭平台""送一程"，给全体学生"立规矩""早科研"。中心建立了完善的学情分析制度和机制，每学期初、学期末组织研讨例会，不定期组织学生讨论

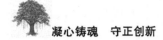

学习状态，具体分析学生学习情况，讨论学习支持方案，精准提供学业辅助。

（一）将困难学生"兜住底""扶上马"

中心根据每学期学情分析结果，针对学业困难学生，认真开展学业预警和学业帮扶工作。

符合未来科研需求的心理学学术型人才需要具备坚实的数理基础。针对部分学生数学、物理基础较差的问题，中心聘请了相关教师，为有需要的学生定期开展高等数学、大学物理等课程辅导。此外，还通过开展朋辈互助的形式，以"一对一"结对子的方式开展学业帮扶。据统计，2020 年心理学系本科生课程不及格人数，较 2019 年降低了20% 以上，较 2018 年降低了近 40%。同时，特别重视"双困生"，即经济困难且学业困难学生，以及港澳台学生、少数民族学生的帮扶工作。中心认真开展摸排工作，确保资助到位、关爱到位。同时，积极帮助受助学生建立自信，感受自身价值与自身力量，教育受助学生传递关爱、锻造自我，实现资助育人的目的。自 2019 年以来，经济困难学生选择升学深造，参加社会实践、志愿服务的比例达 100%。

中心每周定时开放心理学系自习室，为学生创造学习环境，帮助其建立良好的学习习惯；疫情期间，中心还开设了线上自习室活动（见图 1），帮助学生在家中营造良好的学习氛围。中心也举办"最美笔记"评选活动，为学生营造交流学习习惯、互鉴学习方法的良好学习氛围。（见图 2）

图 1　线上自习活动　　　图 2　"最美笔记"评选活动

通过精准的扶助工作，中心力求把每一位困难学生都"兜住底""扶上马"，最终实现"放手"，让学生成就自我的目的。

（二）为优秀学生"搭平台""送一程"

中心积极引领优秀学生不断攀登学业高峰，积极指导学生参与学科竞赛，培养拔尖创新型人才。中心不定期开展学习支持课程，主题包括"如何成为一名自主的高效学习者""找到自己适合的学习策略""我为什么学不会这门学科"等学生常见的学习问题。此外，中心通过开设"心友灵犀"系友分享会，邀请杰出系友返校介绍成长经历，举办"心火相传"学习交流会，邀请高年级优秀学生分享学习经验等形式，帮助学生树立更加远大的理想抱负，规划更加合理的成长路径，掌握更加有效的学习方法。

近年来，心理学系本科生参与科研项目并发表学术论文的情况屡见不鲜，2021年共计14名本科生参加心理学领域国内外重要学术会议，8名本科生在重要学术期刊上发表学术论文。在美国数学/跨学科竞赛（MCM/ICM）等学术竞赛中，也屡屡摘得桂冠。其中，2020年，3名同学荣获MCM－Finalist（特等奖提名奖），获奖比例为0.3%。2019年，1个学生团队荣获首届全国应用心理专业学位实践技能大赛教学/培训组二等奖。（见图3）

图3 学生团队获奖

中心秉承为优秀学生"搭平台""送一程"的理念，积极为优秀学生助推、赋能，帮助学生充分发挥才智，最终实现"放飞"学生追逐梦想的目的。

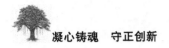

（三）给全体学生"立规矩""早科研"

中心通过定期召开学术道德规范讲座，强调学术活动的基本规范和基本准则，营造严谨踏实的优良学风。（见图4）

图4　学术道德规范讲座

本科生在入学之初，中心即为每位学生配备学业导师，并且要求本科生全部参与教师科研团队。学业导师们根据不同学生的学业背景、学习情况以及发展志向，为其提供有针对性的学业指导。导师们通过与学生定期谈话、鼓励学生参与科研组会等方式，言传与身教相结合，做好学生学业指导、科研引导和人生向导。此外，中心每周定期开展心理学前沿论坛，不定期邀请学界知名教授开设大师论坛，提升学生科研能力，营造浓厚学术氛围。（见图5）

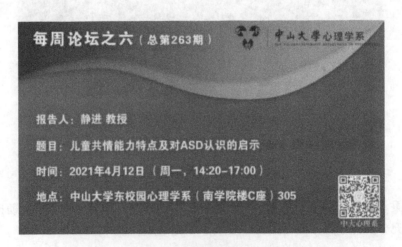

图5　心理学前沿论坛

"心理学是练出来的，不是念出来的。"中心以此教学理念为指导，积极弘扬科学精神，严明学术纪律，强调专业课 8 小时课后训练，将早期科研训练融入学生创新能力培养过程当中，以科研训练巩固课堂所学的理论知识，拓宽研究视野和学术思维，提高学生将基础知识转化应用，以解决实际问题的能力。

"立规矩""早科研"等举措，使绝大多数学生在入学后打消了可以歇歇脚、喘喘气的想法，迅速实现从高中到大学生活的转变，有效保障了心理学系学生的培养质量，达到"不放羊"的目的。

基于上述案例解决方案，可得出中心工作导图。（见图 6）

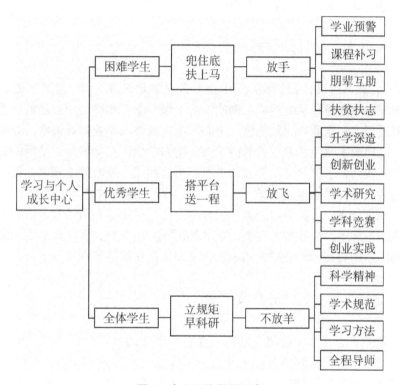

图 6　中心工作导图示意

三、经验与启示

经过中心近年来的具体实践，中山大学心理学系的学业支持工作取得了一定工作成效。总结工作经验与启示，具体有三点。

（一）做好学业支持工作要用对"力"

"力"是力学中的基本概念之一，是事物改变运动状态和形变的根本原因。在开展

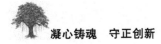

学业支持过程中，使用充分、恰当的"力"，能够改变、提升学生学习状态，使其在更加优化的学习轨道上运行。具体而言，首先，用力要充分。中山大学心理学系学业支持工作队伍由心理学系党委副书记、分管教学的系副主任、辅导员、班主任、教务员组成，动员全系教职员工参与，同时，还聘请系外相关教师资源辅助，可以说是调动了一切可以调动的力量。其次，用力要恰当。千篇一律的学业支持工作，容易陷入"供给失准"的困境，达不到预期效果。针对不同的学生情况，开展不同的学业支持工作，能够更有效地助力学生成长成才。比如，针对学业基础较差的学生，开展基本学业知识的辅导；针对学习动力不足的学生，开展学业发展规划的辅导；针对学习方法不佳的学生，开展改进学习方法、优化学习习惯的辅导，等等。

（二）做好学业支持工作要用点"心"

用"心"，顾名思义，我们需要集中精力做好学业支持工作。但其中更重要的是运用心理学知识科学地指导学生养成正确的学习习惯和学习思维，用心理辅导手段提升学生的心理调适能力和学业自我效能感。中心采用发展性的学业辅导策略，专业化地开展学业辅导，以期激发学生自主成长的内驱力，助力学生多元化发展。导师们需要定期与学生开展沟通谈话，了解学生入学前的学习经历，利用专业心理学知识，帮助学生适应大学学习生活，引导学生树立正确的学习目标，帮助学生做好学业规划及生涯发展规划。同时，积极分享、传授学习经验，引导学生参与科研组会活动和课题研究，在导师和科研团队的指导下，激发学习兴趣，培养科研能力。此外，根据处于不同成长阶段的学生所面临的不同类型的学业冲突和矛盾，给出个性化的指导和支持。

（三）做好学业支持工作用真"情"

"情"，即情感，是一个心理学概念。情感是态度的一部分，是态度在生理上一种较复杂而稳定的生理评价和体验。学业支持工作是一项需要情感投入和情感交流的工作。中山大学心理学系坚持把立德树人作为根本任务，围绕学生、关照学生、服务学生，这也是成立学习与个人成长中心的初衷。参与学业支持工作的教职员工积极承担育人责任，倾情付出，千方百计增强学业支持的针对性。同时，以身作则、言传身教，想方设法培养学生成为德智体美劳全面发展的社会主义建设者和接班人。教师们以成为大先生为目标，努力做学生为学、为事、为人的示范，当好学生成长的引路人。以情为先，做到"以情动人，以行带人；以智教人，以德育人"，故而能够有效开展学业支持工作。

参考文献

［1］我国已建成世界规模最大的高等教育体系［N］. 中国青年报，2020 - 12 - 4.
［2］尹刚，丁梦娇，万圆. 高校大学生发展性学业辅导的探索与实践——以首都师范大学资源环境与旅游学院学业辅导工作为例［J］. 北京教育（德育），2021（9）.

基于口腔医学本科生职业素养提升的临床技能竞赛实践与思考

——以中山大学"光华杯"口腔医学生临床技能展示活动为例

中山大学光华口腔医院　黎琳　洪筠　杨博

一、所要解决的主要问题

口腔医学是一门实践性非常强的学科，对口腔医生的职业素养要求包括口腔医学理念、临床思辨能力与技术、自身心理素质、人文情怀以及团队协作。而全球医学教育最低基本要求中，明确了"医学科学基础和临床基本能力是培养医学生的最基础和最根本的要求"。高等院校担负着发展科学技术文化、培养专门人才、促进国家现代化发展的重要任务。因此，引导口腔医学生进行临床操作能力培养，提升学生临床实践和综合知识运用能力，是促进学生职业素养提升的重要途径。

近年来，为对接国家健康中国战略需求，提升育人质量，各高校以专业竞赛形式开展的临床技能的提升与交流的活动日益频繁，竞赛成为提升医学生职业素养培养和人才培养质量的重要方式。但比赛对于职业素养质量的影响仍不明确。本文以中山大学"光华杯"口腔医学生临床技能展示活动为例，从参赛选手、其他同学和赛会志愿者角度切入，分析专业竞赛对提升口腔医学本科生职业素养的作用。

二、工作过程和工作方法

举办技能大赛不仅是对举办高校的竞赛组织能力的考验，也是对参赛选手临床能力的检验，是赛会志愿者们提升综合素质和专业思维的难得机遇，更是提升人才培养质量的重要举措。中山大学光华口腔医学院从 2017 年开始连续三年举办的口腔医学生临床技能展示活动，为现阶段参加院校最多、影响最广泛的口腔医学生技能竞赛之一。本案例通过采用访谈法对历届参加比赛的选手、未入选的其他同学以及赛会志愿者进行调研，探究举办专业竞赛对提升职业素养的影响。

（一）参赛选手层面

"光华杯"口腔医学生临床技能展示活动具有统一标准。在技能操作环节要求参赛学生用 25 分钟赢得每站专家评委及数字化评分系统的肯定，其标准高、强度大，是对参赛选手的严峻挑战。因此，中山大学对于参赛选手的培训侧重于临床技能培训。每年组织 4～5 名参赛学生选手由 10 个教研室 20 余名教师进行密集、高强度临床技能培训，训练过程运用最优质的教学资源，达到"练规范""练速度"以及"练精致"的三大目标。三大目标的达成并非独立存在，需要两两配合，在对口腔医学临床操作规范了然于心的情况下保持良好的熟悉度和准确度，同时可以应对专家评委和数字化评分系统的要求，做到标准和完美。这要求参赛选手对理论知识具有优秀的序惯性，把人文关怀、团队协作、心理素质、临床思维等融会贯通。

在对学生的访谈中发现，学生感觉收获最为丰富的环节为教师在培训过程中的实训点评环节，以练促学。每次练习均参照正式比赛的内容和时间进行，培训老师对选手进行点评结果—分析原因—示范操作—纠正错误—拓宽知识面—再练习，直到选手充分掌握该项考站的知识内容和操作要点。而中山大学参加"光华杯"三届参赛学生选手的临床实习平均分为 88.7（总分 100 分），占据全年级前 10 名。这证明分阶段逐步提升的训练方法有利于提高学生的临床决策和操作能力。

竞赛中的"知识竞答"环节为各高校自行出题且答题回避本校题目，而中山大学此部分为学生选手自行复习准备。在此部分的备赛过程中，选手们不但选择了以分工合作的方式"地毯式"复习相关考点，还对历次竞赛的考题进行了分析和借鉴，有效强化自身理论知识水平。

因此，从参赛选手层面来说，虽每年参赛人数较少，但接受的训练最为系统以及知识强化最为有效，能显著提升口腔医学生的实际临床专业技能、临床思辨技能、人文素养、团队协作能力以及总结能力。

（二）参加院内选拔赛的其他同学层面

每年迎接比赛前，学院对自愿报名参加竞赛选拔的应届毕业实习生进行基本操作的考核，包括上颌中切牙全瓷冠预备、牙周缝合、磨牙二类洞制备以及雕牙四个部分，择优选拔具有突出特长或综合素质较好的同学进入选手队伍，亦相当于院系选拔赛。

对 2019 年 10 名参加选拔的学生的访谈结果显示，第一，80% 的学生认为，本阶段是对个人能力全面的考察。在准备考核前，学生会尽快掌握各式操作基本流程，有助于在大三、大四口腔专业理论学习的基础上，将各项操作技能融会于临床情况的处置过程。第二，100% 的学生认为，学院通过前期的宣传以及前两届"光华杯"中积累的"好口碑"，让大家对参加竞赛"能提升基本技能和基础知识"和"对未来执业有很大好处"两项有很高认同度，在学生群体中形成"学而优则赛"的氛围。

在准备院内选拔赛的过程和反馈结果中，学生倾向于主动获取知识和主动审视自我。100% 的受访学生认为通过选拔赛能意识到自身不足，并对未来职业发展规划更为明确，决心努力实现自我超越。这证明对于参加院内选拔赛的同学来说，竞赛活动把教师对学生的"要我学"成功转化成"我要学"，并通过学生自我总结、自我磨炼的方式进行知识的消化和提高，有利于培养学生的临床思辨能力，提升综合素质。

（三）学生志愿者层面

高校志愿者服务是以青年大学生为主体开展的一种比较特殊并在志愿活动中占主体地位的活动形式。"光华杯"口腔医学生临床技能展示活动从 2019 年开始引入"学生志愿者"模式，由学院教学管理部门主导，学院共青团担任桥梁和纽带，提供制度保障、激励政策和培训支持。本次活动共有 46 名学生担任志愿者，分别负责接机与接待、站点介绍与指引、同声传译、中英文主持、标准患者模拟、会务工作等。经过访谈得知，大部分受访志愿者的参与积极性较高，他们参与本次活动主要动机包括：为学院大型活动出力、丰富人生经历、结交朋友、展现个人才能、满足参与乐趣、为日后执业及升学考试做准备。其他动机包括：学院老师安排、同学推荐以及时间充裕希望赚取劳务费等因素。可以看出大学生参与此类志愿活动的初衷主要是出于利他动机，兼有满足自我需求和成就动机。

由于本次活动的大部分志愿者未有参与此类专业竞赛的经历，为了让活动顺利进行，主办方在活动前通过开展专业知识培训，如"志愿者礼仪训练""赛事专业训练"以及"主持人英语水平提升训练"，在短时间内提升了志愿者的专业知识和综合素质。结合访谈可见，专业培训是提升职业素养的重要途径，不仅能利用大学生可塑性强的特点让他们掌握相关技能知识，还能提升学生服务社会的能力以及与他人共情的能力，使学生在未来的职业生涯中能站在他人角度思考，热情冷静、善于谅解。

三、工作效果及反思

临床技能竞赛是以帮助学生将理论知识转化为临床应用能力为主要目的而举办的，是与专业学习、临床实践紧密结合的知识运用与实践平台，对于提升本科生的职业素养具有以下作用。

（一）提高学生的临床工作能力

通过口腔医学临床多站考的模式，在提升竞赛内容标准化和内容效度的基础上，锻炼参赛选手和参加院内选拔赛的其他同学的临床思维，促使学生根据患者情况独立分析和处理问题，促进学生知识、能力、素质协调发展，增强临床实践能力。

（二）提高学生的医学人文素质

中山大学口腔医学专业的人才培养目标是卓越的口腔医学人才，而非简单的"牙匠"，不仅要求学生能正确判断疾病与开展诊疗，还要求他们具备高尚的医德医风和优秀的医患沟通能力。通过技能竞赛，参赛选手对标准化病人进行基本问诊、基本检查，

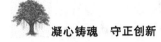

在这过程中关注病人的感受以及备赛中的医患沟通技巧培训，有助于锻炼学生的医学人文素质。

（三）提高学生的团队协作能力

临床和科研中许多操作都不是独立完成；同样，一个国际性的专业竞赛的成功组织也需要各个团队间配合默契。参赛选手对于临床复杂情况的处理，赛会志愿者们对于竞赛各个环节的衔接，都离不开团队协作。无论是参赛选手还是志愿者都能在竞赛中提高团队协作能力。

（四）提高学生的应变能力和跨文化交流能力

在集体荣誉感的驱动下，具有领导力的学生往往可以对某些突发事件进行正确判断，合理安排其他学生分工负责各个事项。活动引入国际院校学生参赛，使参赛选手与国际院校学生同台竞技，志愿者进行同声传译、会场双语主持、日常接待等，提升了学生的英语水平、双语转换能力，增加了学生对于国际口腔医学生综合情况的了解。

（五）提高学生的总结概括能力

口腔医学是一门实践性、综合性、交叉性、操作性很强的临床医学学科。因此，学生若要把基础理论、基本知识和基本技能很好地消化和吸收，就必须具备总结概括能力。参赛选手和参加院内选拔赛的其他同学可以通过选拔赛、日常训练，在正式比赛中不断学习，发现自身不足、与他人的差距，从而制定计划，落实行动，反馈提升，形成良性循环，提升总结概括能力。

综上所述，口腔医学生临床技能竞赛可以有效提升各个层次的口腔医学本科学生的职业素养。今后提升方向亦较为明确：第一，提前引入竞赛训练内容和模式，将培养学生的临床思维、医学人文素养和总结概括能力贯穿于大学本科阶段学习全过程。第二，"早选拔、全覆盖"模式，把选拔赛由自愿参与改为100%全覆盖参与，有意识地加大学生统一选拔赛前辅导与训练，强化"以赛促学"对学生理论知识学习的促进作用。第三，对赛事志愿者进行制度化培养，营造大学生竞赛育人的良好氛围，构建学生领袖力培养的良好平台。

经过此类高水平临床技能大赛的洗礼，各院校的参赛选手们、在选拔中被淘汰的同学们以及赛场上的志愿者们通过备赛、参赛以及服务领悟到的向上、严谨、精益求精的思维和理念，以及掌握的临床技能都会伴随他们一生。竞赛也引领学生领悟更深层次的职业和发展定位，使新时代医学生的精神风貌焕然一新。"以赛促学、以赛促教"，真正实现培养人才的目标，提升口腔医学本科生的职业素养。

深入推进"三全育人"，助力学生成长成才

——以"物理学院本科生学业成长助力计划"为例

中山大学物理学院党委副书记　黄婧

中山大学物理学院本科生辅导员　徐述腾

中山大学物理学院研究生辅导员　雷世菁

一、案例主题

物理学院本科生学业成长助力计划。

二、案例背景

物理学科作为一门基础学科，相对于部分比较热门的应用型学科，对学生的理论知识掌握和逻辑推理能力要求很高。对于刚刚进入大学的新生，如果没有正确的专业引导和有力的学业支持，很可能会使部分学生在巨大的学业压力下失去对物理的兴趣，所以如何引导学生做好学业成长发展规划和培养学生对于物理学科的兴趣显得尤为关键。

物理学院的课程相对比较繁重，低年级学生平均一周有 35 节以上的课程，且作业量较大。学生如果没有掌握正确的学习方法，往往要花费大量的时间应对课程和作业，没有精力参与文体、社团等学生活动，不利于学生综合能力的提升。如何把学生培养成德智体美劳全面发展的社会主义合格建设者和接班人，需要学院进行更深入的思考和实践。

为深入贯彻落实中共中央、国务院印发的《关于加强和改进新形势下高校思想政治工作的意见》提出的坚持全员、全过程、全方位育人的要求，物理学院秉承"以人为本，以学生为主体，培养科学精神，塑造健全人格"的工作理念，开展物理学院本科生学业成长助力计划。

三、工作理念

物理学院本科生学业成长助力计划贯穿于学生整个大学期间，全方位覆盖学生的科研能力、身体素质、心理素质、文化素养、政治素质等各个方面。

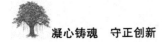
学院牢牢把握"全员育人"理念，充分发挥青年教师、辅导员、学业导师、卓越朋辈、优秀校友等力量，从学生成长的各个角度给予指导和帮助。

学院学业成长助力计划贯穿于学生在校的"全过程"中，从新生刚入大学开始，就为同学们树立身边优秀榜样，引导同学们见贤思齐。对于综合发展较好的高年级本科生，学院引导学生传承爱心，加入"卓越学长团"或留任学院团学、在学术社团担任骨干，发挥传帮带作用，在奉献中实现自我价值。

学院注重人才"全方位培养"，通过第一课堂和第二课堂的深度融合，依托学院三大学术社团，通过以赛促学、以学促用等社会实践和科研竞赛，重点培养学生的科研和实践能力。

四、案例简介

"物理学院本科生学业成长助力计划"包含卓越学长团、SLAC 学业成长计划、科研能力育苗计划。

（一）卓越学长团

通过选拔高年级优秀学生，组建物理学院"卓越学长团"队伍，为刚入学的大一新生答疑解惑，进行学业、生活辅导等帮助，旨在引导新生建立专业自信，树立积极的学习态度，掌握正确的学习方法，从而更好地适应大学生活。（见图1）

图1 卓越学长团成员为大一新生分享大学生活经验

1. **工作方法**

（1）队伍组建。物理学院卓越学长团成立于2020年6月，面向物理学院本科大二至大四年级的学生，通过自愿报名、材料筛选、组织面试等环节，选拔招募了33名有爱心、有情怀、能够在学习和生活中为其他学生起到榜样作用的优秀学生。

（2）组织培训。学院学工办每月组织一次学长团培训和脑力风暴，并组织学长团和班主任、学业导师对接交流，给学长团队伍提供有力指导。

（3）工作总结。辅导员指导学长团定期进行工作总结，梳理和反思工作中取得的成绩以及遇到的困难与问题，从而及时做出调整和改进。

（4）展示分享。通过开展各小组的展示分享，促进组内成员之间的交流，引导同学们取长补短、见贤思齐。

（5）考核评比。通过评选"卓越学长"，树立优秀榜样，传递正确的价值观和工作理念，吸引更多的学生加入卓越学长团。

2. **工作过程**

待新生录取公布之后，采用随机分配的方式，将我院2020级新生分成33个组，每位学长团成员负责本小组的5名新生。分组之后，各个学长团成员添加自己负责小组学生的微信，建立小组微信群，为新生们入学准备工作提供指引和帮助，同时传达学院的工作通知，协助学院做好新生家庭经济困难认定与新生绿色通道等工作，帮助新生提前了解学校和学院，为接下来的大学生活打好基础。

在新生入学之后，学长团优秀学生代表为同学们进行大学生活分享，带领新生了解大学生活，引导同学们做好大学生活规划。同时，针对新生在学习中出现的普遍问题，学长团成员通过线上与线下结合的方式为新生们进行指导，已开展过的培训包括新生选课系统、统一门户系统操作指引，实验数据画图与拟合方法经验分享、力学热学重难点解析等。

在每学期期中和期末考试之后，学长团成员通过谈话、问卷等形式与每一位同学交流，了解组内成员的学习成绩及生活状态，并形成文字总结，及时发现学生的问题，并给予指导帮助。

学长团内部定期开展工作分享会，每个小组轮流进行工作总结展示，各组学长团成员互相交流经验，取长补短。

学年末在学院学工办老师的指导下，组织开展工作总结和成果展示会，通过考核评比、问卷调查等方式评选出物理学院"卓越学长"，颁发荣誉证书。

3. **工作效果及反思**

通过近一年的工作实践，卓越学长团在两方面取得了较明显的效果：一方面，激发了受助学生的内在学习动力，有效发挥了朋辈榜样作用，引导受助者见贤思齐，由被动学习逐渐转变为主动学习；另一方面，帮扶者给予别人帮助的同时，也提升了自己的领导力和沟通协调能力，有利于培养学生的合作能力、奉献精神和家国情怀。

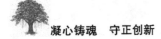

（1）受助新生。在卓越学长团的优秀学长学姐的带领下，2020级新生们展现了良好的精神风貌，也取得了较好的成绩。在军训期间，我院新生团结协作、积极进取，在军训合唱比赛中荣获冠军；在入学三个月内，新生提交入党申请书的比例达到62%；在期中及期末考试中，2020级挂科学生人数都比往年较明显下降。

（2）学长团成员。通过一年的带领新生的经验和锻炼，培养了学长团成员们助人为乐的奉献精神，锻炼了同学们的沟通能力，让同学们在付出与给予中收获肯定和满足。

（二）SLAC 学业成长计划

结合物理学院实际情况，在源自松原达哉的生活分析心理咨询法（LAC）基础上适度调整，设计物理学院SLAC学业生活分析量表，要求大学生对自己的学习、生活行为进行详细分析和反省。通过此方法，推动学生个体自我思考和科学分析，形成积极的学业（生活）规划，并付诸实践。（见图2）

图2　青年教师辅导员为2020级新生们讲解SLAC（积极的学业生活规划）

1. 工作方法

学院青年教师辅导员通过指导学生使用SLAC学业生活分析法，引导学生在每学期初进行学业生活分析与规划，并与学生进行一对一谈话。借助SLAC分析过程的谈心谈话和对学业（生活）分析图的解读，辅导员可以及时了解学生的学业规划情况，并给予其指导意见，同时掌握学生的身心状况。

2．工作过程

（1）SLAC 学业生活分析法背景与实施方式宣讲。通过年级大会的形式，向同学们强调学业生活规划的重要性，带领同学们学习 SLAC 学业生活分析法的操作方法和背景知识。

（2）SLAC 制订规划。同学们在相应的标签上一一列出自己一学期内该做的和想做的事情、主干课程以及辅修课程。然后给小组排序，并根据子标签的不同要求进行打分。把得分按照从高到低的顺序排列，制作出生活行动分析计划图，选择最重要的几项目标，制订学业生活分析表。

（3）实践评估和学业生活规划指导。学生每半个学期按照自己的学业（生活）分析表进行实践评估，并根据评估结果，在新的标签中增加内容，并再次粘贴在自己的学业生活分析图中。学院青年教师辅导员会安排与学生的一对一谈话，通过对学生学业生活分析规划的指导，了解学生情况，并给予针对性的指导。

（4）年终总结。青年教师辅导员根据每年学生学业进展情况，进行全面评估，并给予学业规划指导意见。对其中有其他特殊情况的学生，如心理状况异常、发展目标与所学专业不匹配等，进一步做个案处理。

3．工作效果及反思

SLAC 学业生活分析法能够引导学生主动规划自己的学业生活，建立目标并提高行动力。同时，青年教师辅导员对学生们的一对一指导能够拉近学生与老师之间的距离，掌握学生身心状况，了解和发现学生存在的问题，及时给予有针对性的指导和帮助。

（三）科研能力育苗计划

科研能力育苗计划依托我院物理学社、SPS 社团和家电义务维修小组三大学术社团，通过加强学生学术社团建设、拓展学生学术视野、提升学生科研能力，让学术型社团成为课堂教学的延伸，成为消化第一课堂所学知识的第二课堂，着力打造物理学子的学术基地与交流平台。

引导学生参加 CUPT 中国大学生物理学术竞赛、全国大学生物理实验竞赛等，帮助同学们以赛促学，以学促用；通过开展家电义务维修等活动引导同学们学以致用，奉献进取。（见图 3）

图 3 物理学院家电义务维修小组在家电大维修活动现场

1. 工作方法

学院依托 SPS 社团、Torchwood 物理学社和家电义务维修小组三大学术社团培养学生们的综合科研能力，通过参加物理学术竞赛、社会实践等工作，引导同学们走进实验室，了解科研内容，培养科研兴趣。

2. 工作过程

（1）学术社团建设。物理学院 SPS 社团和 Torchwood 物理学社为广大学生提供物理学相关竞赛指导，引导同学们参加 CUPT 中国大学生物理学术竞赛和全国大学生物理实验竞赛等。通过对比赛的准备参与，让学生们将平时所学知识放到比赛中得到实践。

家电义务维修小组成立距今已有 27 年历史，一代代家电人通过免费为师生以及需要帮助的人们维修电器来提高家电人学以致用的能力。

（2）培训与指导。各学术社团会定期邀请学院老师以及优秀朋辈为同学们进行培训，培训内容涵盖科研课题、参赛指导、家电维修技术、宣传文案等各个方面的内容。同学们通过参加培训，了解学术比赛形式，学习课本以外的知识。

（3）参与学术竞赛及社会实践活动。学院老师每年会带队组织学生们参加学术竞赛，首先通过院内赛及校赛来锻炼和提高学生们的综合能力，带领同学们感受比赛，对于表现优异的队伍会推荐至省赛和国赛，代表学院参与学生比赛，为学院争得荣誉。

学院家电义务维修小组每学期都会组织家电大维修活动，并且作为学校"科技下乡"的主力军，积极参与学校各类"三下乡"活动和扶贫项目，足迹遍布广东各地市，还曾赴广西百色等革命老区开展实践，践行脱贫攻坚精神，展现中大学子的青年力量。

3. 工作成效与反思

学院依托学术社团积极参与各项学术竞赛活动，2020 年学院代表队获得 CUPT 全国大学生物理竞赛中南赛区一等奖（见图4）、国赛二等奖，以及在第21届广东大学生物理实验设计大赛中斩获一等奖，在第六届全国大学生物理实验竞赛中取得二等奖的好成绩。

图4　物理学院获得CUPT中国大学生物理学术竞赛中南赛区第一名

融合学科特色与思政教育的第二课堂建设

——"国家战略与地理学"第二课堂脸谱化思政课

中山大学地理科学与规划学院青年教师专职辅导员　黄耿志　陈梓烽

一、案例概述分析

重视和加强第二课堂建设是习近平总书记在全国高等学校思想政治工作会议上作出的重要指示。第二课堂是实施"三全育人"的重要平台,是落实立德树人根本任务的重要一环,对促进新时代高校思想政治教育工作改革、培养德智体美劳全面发展的人才具有重要意义。2018 年,共青团中央、教育部联合印发《关于在高校实施共青团"第二课堂成绩单"制度的意见》,第二课堂在高校人才培养体系中的作用日益凸显。但目前的第二课堂建设存在缺乏学科特色、育人效果有限的问题,主要表现在以下三方面。

(一)急需促进第二课堂思政课与学科特色的有机融合

思政教育与专业教育相融合是落实立德树人根本任务的重要机制。2020 年,教育部发布的《高等学校课程思政建设指导纲要》指出,要把思想政治教育贯穿人才培养体系,大力推进高校课程思政建设,课程思政建设成为全面提高人才培养质量的重要任务。目前,课程思政以第一课堂为主渠道,主要做法是根据每一门专业课的授课内容融入一定的思政元素,形成了专业课与思政课协同育人的基本格局。但是仍存在思政元素与学科理论知识联系不紧密,甚至脱节的问题,未能很好起到"润物细无声"的育人效果。由于一些专业课教科书内容较为陈旧,以第一课堂为依托的课程思政元素难以得到及时更新,不能适应当今迅速变化的时代。因此,急需建立专业知识与思政元素有机融合、教育内容与时俱进的第二课堂课程思政模式。

(二)急需增强第二课堂与第一课堂专业知识的有机联系

目前,第二课堂的形式和内容多样,包括社团组织、科研训练、社会实践等,基本与第一课堂形成相互补充的关系。但是仍存在缺乏学科特色、与第一课堂所授知识联系不紧密的问题。多数第二课堂只是办个活动、看个展览、听个讲座、开个会,缺乏系统性、规范性,形式看似丰富多彩,内容却千篇一律,与学科专业知识脱节,与专业实践能力训练脱节,育人效果有限。我们急需探索建设结合学科特色、与专业知识有机融合、真正起到立德树人作用的第二课堂。

（三）急需探索增强学生自主性创造性的学习和教育方式

培养学生的自主性、创造性是新时代高校人才培养的重要要求，也是高等教育的根本任务。目前，多数第二课堂的教育方式主要沿用第一课堂中教师在台上教、学生在台下学的传统模式，不仅难以提起学生的兴趣，而且无法激发学生的自主性、创造性。第二课堂既要与第一课堂相辅相成，同时要发挥不同于第一课堂的广泛性、灵活性、多样性优势，以学生成长为中心，以提高教育效果为目的，不断创新组织方式，为学生创造一种真正高度参与性的、个性化的学习体验，从而起到补充、延伸和拓展第一课堂的作用。

二、案例解决方案

"国家战略与地理学"是中山大学地理科学与规划学院于 2021 年 5 月开始，根据高校人才培养和思想政治教育工作的最新要求而建设的一门基于学科特色、融合思政教育与专业教育、突出学生自主性创造性培养的学院青马学堂思政课程。它以落实立德树人根本任务为指导，充分发挥青年教师专职辅导员具备专业知识的优势，以国家战略和学科知识的联系为主线，通过创新的教学组织方式，不仅有效巩固和拓展了第一课堂知识，而且强化了学生服务国家发展的意识，达到了坚定理想信念、强化专业技能、激发创新意识、增强实践能力的立德树人效果。

（一）建立融合国家战略与地理学知识的脸谱化课程内容体系

第二课堂与专业知识脱节、思政元素与专业知识融合不足的原因在于没有充分挖掘学科特色并准确找到学科与思政教育的结合点。"国家战略与地理学"第二课堂建设发挥了青年教师专职辅导员具备专业知识的优势，充分挖掘了地理学的应用性特征与中国地理学服务国家发展战略的学科传统，实现了第二课堂与第一课堂融合、思政与专业教育融合的目标。具体而言，将国家战略作为思政元素，将地理学知识作为专业要素，将地理学服务国家战略的研究和实践工作作为思政与专业要素相融合的纽带，设计了脸谱化的课程内容体系。以紧跟时事政治、紧密联系学科为原则，目前已经完成九期课程内容建设和实施，包括"'一带一路'与地理学""粤港澳大湾区与地理学""乡村振兴与地理学""新型城镇化与地理学""生态文明与地理学""双碳目标与地理学""美丽中国与地理学""国土空间规划与地理学""共同富裕与地理学"等。每一期课程学习内容包含四部分：①国家战略：具体包含国家战略的背景、内涵和目标，以增强学生对国家重大发展需求的认知，引导学生将个人发展与国家命运相联系，坚定为社会主义建设事业服务的理想信念；②学科研究：地理学服务此项国家战略的研究工作和实践，以

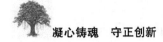

增强学生对本学科的社会价值认知，从而提高学生的实践能力，培养学生的家国情怀；③知识凝练：对上述研究与实践工作运用到的地理学理论进行总结，以巩固、补充和拓展第一课堂所学知识；④未来展望：面向此项国家战略，未来地理学应该做出什么贡献，以激发学生的创造性思维，引导学生运用所学知识为国家发展服务。

（二）建立学生主导、辅导员引导的互馈式学习模式

第二课堂学生自主性、创造性训练不足的原因在于沿用了第一课堂传统的老师教、学生学的被动式学习方式。青年教师专职辅导员充分发挥其具备教学经验的优势，将课堂翻转的教育新理念应用于"国家战略与地理学"第二课堂，构建了以学生为主、辅导员为辅的互馈式学习模式，大大增强了学生的参与性、自主性和创造性。具体而言，每一期国家战略主题，参与学生被分成报告组、讨论组和参与组，辅导员主要发挥任务设定、方法指导、思路纠偏、疑难解答的作用。报告组由若干名学生组成，在辅导员指导下自主收集和分析资料，完成指定国家战略主题的学习内容，形成该主题的资料库、文字报告和汇报 PPT，并在课堂上做引导性发言。讨论组由来自地理学三个不同专业的本科学生代表组成，在辅导员指导下提前学习指定国家战略主题，并在报告组完成引导性发言后，从各自专业视角发表观点。其余参与学生为参与组，课前在辅导员指导下学习主题内容，并在课堂上针对报告组、讨论组的发言开展自由讨论。这种学习模式将传统教学中的知识习得和理解体会环节转到学生—学生之间，充分发挥了学生的自主性、创造性，有效促使学生将第一课堂所学知识转化应用到第二课堂。每个主题学习结束后，辅导员在所有参与学生中开展学习效果调查，根据调查结果和学生意见不断改进"国家战略与地理学"第二课堂的组织方式。

（三）建立室外课堂与室内课堂联动的多样化教育方式

课程思政教育难以深入学生心灵、第二课堂与专业知识脱节的另一个主要原因在于教育过程中社会实践环节的缺失。与文字相比，具体的、真实的场景和事件更能打动学生。青年教师专职辅导员充分发挥其社会实践的能力，挖掘地理学注重野外调查的特色，建立了室外课堂＋室内课堂联动的教育方式。具体而言，在指定国家战略主题下，在学生已经开展了自主学习的基础上，组织学生前往与该主题相关的参观点、考察点，开展室外的情境式教育，使学生在进入室内课堂之前获得深刻的感官体验。以第三期"乡村振兴与地理学"主题学习为例，辅导员组织学生前往广州增城城乡研究院，首先听取专业人员介绍增城乡村振兴建设的整体情况，进而前往两种典型的乡村振兴模式的案例点进行实地考察：一是朱村万亩稻田，为依托现代农业基地的乡村振兴模式；一是瓜岭古村，为依托历史文化旅游资源的乡村振兴模式。通过针对性的实地考察，不仅加强了学生对乡村地理理论知识的掌握，而且使学生以亲身体验的方式感受到乡村振兴战略的意义，进而激发学生投身服务国家战略的理想信念，起到"润物细无声"的思政教育效果。室外课堂教育结束后，辅导员组织学生到室内课堂开展进一步学习和讨论，

并邀请相关领域的专家和学者参与点评和答疑。室内课堂学习环节包括报告组的引导性发言—讨论组的专业视角发言—参与组的自由发言和讨论—特邀专家点评—辅导员总结五个环节。总结环节充分发挥了青年教师专职辅导员在学科专业和政治思想方面的知识，点明当前国家战略在中华民族伟大复兴和第二个百年奋斗目标的历史地位，呼吁学生学好学科知识，担当起学科使命，肩负起时代责任，为服务国家发展、建设社会主义而不懈奋斗。

三、经验与启示

"国家战略与地理学"是中山大学地理科学与规划学院辅导员为落实立德树人根本任务、探索实施"三全育人"工作而建设的融合学科特色与思政教育的学院青马学堂思政课程，具有规范化、模块化、动态化的特征，不仅作为第一课堂的延伸，拓展了学生的专业知识和素养，而且强化了学生为国家和社会发展做贡献的责任感、使命感。实施一年半以来，组织了九期活动，受益学生达到 425 人次，覆盖了大一至大四的本科生，受到学生的广泛好评。辅导员黄耿志受邀在 2022 年"全国高等学校人文地理学及野外实习课程建设研讨会"分享相关经验，受到国内高校地理教育同行的广泛关注。归结起来，有如下经验与启示。

（一）挖掘学科特色，准确找到专业教育与思政教育的融合点

避免第二课堂思政教育生硬的关键在于充分挖掘所属学科特色，挖掘所属学科在中国背景下的历史传统和特点，根据我国思想政治教育的内涵和目的，准确找到专业知识教育与思想政治教育的融合点。"国家战略与地理学"正是充分挖掘了地理学的应用性学科特征，将国家战略作为思政元素，将地理知识作为专业要素，将地理学服务国家战略的实践作为两者的融合点。

（二）串联第一课堂，准确找到第二课堂与专业知识的联系点

避免第二课堂千篇一律、缺乏学科特色的关键在于串联第一课堂，将专业知识应用融入第二课堂活动框架中，设计有利于学生在第二课堂进行专业知识的延伸、拓展和应用的学习和活动环节。"国家战略与地理学"第二课堂在自主学习阶段，设计了针对国家战略的学科研究和知识凝练的训练环节；在室外课堂环节，设计了与专业知识紧密相关的考察实践环节；在集体学习和讨论阶段，设计了依托专业视角的发言，均实现了第一课堂与第二课堂的有机联系。

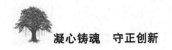

（三）引入课堂翻转，创造培养学生自主性创造性的学习环境

避免第二课堂形式化、提高第二课堂育人效果的关键在于引入课堂翻转教育新理念，赋予学生更多的自主性，激发学生的创造性，辅导员主要发挥指导、引导、纠偏的作用。"国家战略与地理学"第二课堂将学生分成了报告组、讨论组、参与组，学生自主完成学习任务并开展集体交流和讨论，辅导员则承担设定任务、提供指导、组织活动、答疑、总结等任务，并在全过程中保持与学生的互动和交流。

参考文献

冯晓英，王瑞雪，吴怡君. 国内外混合式教学研究现状述评——基于混合式教学的分析框架 ［J］. 远程教育杂志，2018，36（3）.

工商管理学科科研育人实践探索

——中山大学管理学院 RAE（research ability enhancement）火箭提升计划项目

中山大学管理学院党委副书记　周晶
中山大学管理学院青年教师专职辅导员　李炜文
中山大学管理学院青年教师专职辅导员　孔祥婷
中山大学管理学院本科生辅导员　牟欣

一、案例概述分析

（一）目标引领：构建"五个融合"的卓越人才培养体系

中山大学管理学院始终围绕落实立德树人的根本任务，坚持"三全育人"，构建德育与智育、学科与专业、科研与教学、本科生培养与研究生培养、第二课堂与第一课堂相融合（即"五个融合"）的卓越人才培养体系。自 2017 年起，在本科生中开展 RAE（research ability enhancement）火箭提升计划，该计划面向全体本科学生，贯穿本科四年培养全过程。（见图1）

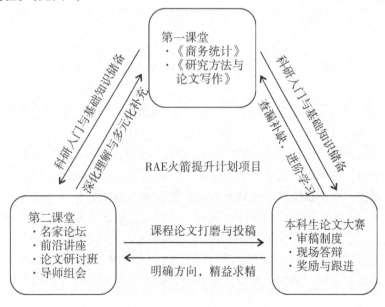

图1　RAE 火箭提升计划项目

81

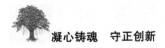

RAE 火箭提升计划以开展科研小助理项目为核心内容，将第一课堂与第二课堂、思政教育与学术研究紧密联系在一起。通过第一课堂的教学，挖掘出一部分学有余力的、对参与科研有着强烈的意愿和好奇心的本科生，让这部分同学通过"科研小助手"参与到不同老师的研究团队，近距离地与导师交流，从中了解科学研究的基本思路和方法。在培养的过程中，学院通过第二课堂的学术前沿讲座、研究方法研讨班、组织本科生参加教师组会等活动，为本科生提供自由、多元化的进阶选择，满足多元的科研需求，进一步提升本科生的学术能力。为了检验培养成果，学院从 2020 年起举办全院本科生论文大赛，阶段性地检验项目成果。学院通过以学促研、以研促学、以赛促研的培养路径，在学生中营造人心向学的浓厚学术氛围。

（二）思政引领：科研思政相融合，构建"三全育人"工作体系

在院党委的指导下，将思政工作充分融入 RAE 火箭提升计划项目中，充分激发教师在全方位全过程中的育人积极性和主动性，将思政工作的内容，如学术诚信教育、学术道德规范、学术纪律要求、社会责任、人生规划、心理健康等融入项目中，发挥教师育人的积极引导与正面示范的作用，充分发挥科研育人的功能。

随着 RAE 火箭提升计划持续完善，该项目逐渐成了衔接第一课堂与第二课堂的重要桥梁，学生参与率逐年提升。开展科研小助理项目，能够有效帮助本科生和教师之间实现双向匹配，在满足本科生科研需求、培养本科生的学术思维、提升本科生的学术能力、发掘本科生科研人才的同时，也帮助教师解决科研人手不足的问题，从而为增强师生间的交流互动，为科研导师组注入新鲜血液，提升教师指导学生的主动性，起到双促进的效果。

二、案例解决方案

（一）以研促学：以科研小助理项目为核心，开启学术征程

RAE 火箭提升计划项目的核心围绕科研小助理展开，学院旨在选拔具备强烈的学术研究兴趣，具有坚韧不拔、认真工作等特质，并恪守学术规范、有良好的学术道德的本科生，参与到 RAE 火箭提升计划项目中，协助科研老师（导师）开展学术研究，参与导师项目组的科研设计、技术方案讨论及文本编辑等工作。在此过程中，要求参与导师认真履行职责，在文献阅读、软件学习、数据处理、论文选题与写作等方面给予科研小助理耐心指导，并根据学生的实际情况制定个性化的科研方案，最终指导学生完成一篇科研论文。

此外，RAE 火箭提升计划项目涵盖了多个内容作为支撑体系，为提升科研小助理的全方位能力提供支持。例如，开设学术训练营：由学院知名博导担任主讲人，带领同

学们深入阅读商科名著，加深对学科发展的理解。前沿讲座、管理学院名家论坛：先后邀请了 L 教授、T 教授等管理学院知名学者高屋建瓴、深入浅出地与本科生同学分享学术前沿，使得本科生有机会在课堂之外与学术名家进行深入交流，领略大家智慧，从而对学术前沿及学科发展有更为系统的了解。导师组会：参与科研小助理项目的每位导师都有自己的科研团队，这使得参加科研小助理项目的同学能够参与到导师的科研团队中，有机会向导师及导师团队的硕博生请教、交流，增进对于科研的了解。

（二）以学促研：第一课堂与第二课堂相互融合，注重全面发展

在第一课堂上，为了更好地帮助本科生同学了解学术研究规范，掌握学术论文写作的一般过程及基础研究方法，根据会计学科和工商学科所涉及的研究方法差异，针对性地为大二本科生设计了适合不同专业的"研究方法与论文写作"必修课。"研究方法与论文写作"课程起到承上启下的作用，从短期来看，该课程顺利地衔接了大一本科生的"商务统计"课程，在本科生掌握了基本的统计数理知识后，再进行研究方法与论文写作方面的进阶提升；从中期来看，课程要求运用所学完成一篇完整且规范的课程论文，课程论文可以作为科研成果，参加每年 10 月份举办的管理学院本科生论文大赛，并通过参赛获取评审的专业审稿意见，促使本科生更好地修改打磨论文，不断提高论文质量，为日后发表及毕业论文选题、规范写作奠定良好的基础；从长期来看，通过授课老师的言传身教与同学们在课程上进行的各种实战演练，培养学生的科研学术意识，发掘和培养自身的学术潜力，强化本科生的学术研究能力。

在第二课堂上，为了更好地衔接并延伸第一课堂，通过 RAE 火箭提升计划，学院鼓励老师向本科生开放论文阅读、文本写作、研究方法指导等学术活动，本科生同学可以根据自己的研究兴趣与意愿选择不同的导师团队，进一步地围绕到老师身边，近距离观摩与请教。比如，会计专业开设的论文研讨班，由会计教研室的教师团队结合自己的研究领域和方向，围绕财务或会计研究中的重点话题，精选文献，既有理论奠基之作又涵盖前沿发表，通过文献研读、汇报、讨论以及教师总结点拨，让同学们掌握某一话题的研究框架和最新进展，并进一步加深对于相关领域的理解。

第一课堂以"研究方法与论文写作"为依托，通过必修课的形式为本科生开展研究奠定了坚实的理论与实践基础；第二课堂以名家论坛等前沿讲座、各系的研讨班、导师组会，围绕 RAE 火箭提升计划项目，以全方位提升本科生学术创新能力为核心，为本科生提供自由、多元化的进阶选择。第一课堂与第二课堂相互配合、相互衔接、相得益彰，共同助力于提升本科生的学术研究与创新能力。

（三）以赛促研：本科生学术论文大赛，助力升学深造

作为科研小助理项目的成果检验，学院每年 10 月都会举办本科生论文大赛。该比赛面向全体本科生开放，希望能通过比赛，鼓励科研小助理及其他本科生同学勇敢迈出学术第一步，实现从零到一的科研突破。论文大赛根据专业划分为不同的小组，由专业

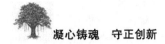

的导师团队进行匿名评审，不论是否通过初审，每组的评委老师都会给予论文详细的修改意见和写作指导，尽最大可能帮助投稿同学完善论文，进一步提升论文质量。本科生论文大赛最终进行现场论文答辩，由学院科研经验丰富的导师组成评委进行现场点评与问答互动，并根据得分评选出论文的一、二、三等奖及"优秀指导老师奖"。

对本科生同学而言，论文大赛通过比赛的形式以及奖励，促使科研小助理及其他本科生积极参与导师的科研活动，在"做"中"学"，不怕困难，勇于打破舒适圈，在老师及团队的指导下迈出科研之路的第一步。本项目具有较长的准备周期，学生能够全程体验论文选题、逻辑框架构建、数据收集与处理、初稿撰写及修改完善等学术研究的完整过程，并通过论文大赛的方式将自己努力的成果展示出来，尝试以一名科研人员的身份与老师交流，在师生思想碰撞之间逐步完善论文，为日后的升学与深造夯实基础、积累经验。

三、经验与启示

（一）取得的成绩

自 2017 年开展第一届科研小助理以来，五年时间里，火箭计划项目积累经验、不断改建，现已经逐渐成熟，具备规范有效的流程与管理体系。2017 年项目伊始，科研小助理项目仅有 44 位本科生和 10 余名科研专职人员参与，虽然人数较少，但是却获得了参与者的一致好评。随着项目人气的不断积累，2019 年第三届科研小助理项目共有 153 位同学投递了简历，其中有 94 位同学获聘，到 2020 年第四届科研小助理项目共有 275 位本科生投递简历，最终有 173 位本科生获聘科研小助理，说明项目真正获得了师生的广泛认可和一致好评。

2020 年举办第一届本科生论文大赛，并根据我院的学科设置和文章内容将大赛划分为工商管理组和会计金融组，收到投稿 35 篇，共有 16 篇进入决赛。2021 年第二届本科生论文大赛如期举办，收到投稿 31 篇，共有 18 篇进入决赛，论文质量较第一届有了大幅提升，不仅内容完整、格式规范，而且在研究设计方面更是充分考虑了内生性问题，更有同学利用前沿的机器学习等方法完成研究。决赛现场，同学们精彩纷呈的答辩获得了各位评委的一致肯定，进一步凸显出本科生参与科研小助理项目后，通过系统的培训与锻炼，能够在学术上稳扎稳打、厚积薄发。同时，部分同学也展现出了较高的科研潜质。本项目也有助于进一步挖掘科研人才，并为其未来从事科研奠定了良好的基础。

通过对以往四届参与项目的本科生展开调研，参与过第一届、第二届科研小助理项目的本科生现在大多正在攻读研究生，并已保研到北大光华学院、北大汇丰学院、上交安泰学院、复旦大学、中国人民大学、新加坡国立大学等国内外知名院校继续深造。2019 年参与第三届科研小助理项目的同学近期也纷纷传来捷报，多位小助理获得保研资格。在论文发表方面，参加过第一届论文大赛的同学中已经有同学完成了论文的修改并实现了发表，有的同学的论文在国内知名会议上报告并获得优秀论文奖，其他多位同学仍在继续围绕导师及评委提出的建设性意见完善论文，精益求精。

（二）经验总结

1. 加强师生匹配

师生之间有效的双向选择能够进一步促进计划的开展，并提高双方的满意度。对老师而言，每位老师的研究方向、对学生的培养模式及要求都有差异，为了更好地实现师生匹配，项目开展需要充分了解教师的招募需求，在充分了解导师的招募需求之后将其详细整理，发布给学生；对于学生而言，详细的导师信息能够使学生充分了解并参考各位老师的招募需求，再结合自身的定位与未来发展，选择意向导师并通过邮件、面谈等方式进一步沟通。在此基础上，如果师生达成一致则完成匹配，并在未来开展为期一年及以上的学术合作；如果在初步沟通之后，双方未达成一致，则师生可以再自行选择。该过程能最大限度降低师生之间的信息不对称，避免因为前期沟通不到位导致的"错配"，提高匹配的容错率，从而增强科研小助理项目的积极作用。

2. 做好项目管理

由于老师们往往承担教学、科研、党建、行政等多方面工作，自身业务非常繁忙，因此在火箭计划推行过程中要精简流程，力求避免繁文缛节给老师们造成的负担。项目的开展只需要做出基本的管理规定，如工作量要求、师生匹配起点报备、任期结束考核等基本要求，涉及具体学生培养、学术指导等均由师生自由沟通决定，在最大限度上减少外部的干预，给予师生充分的自由度和灵活性，以便其发挥主观能动性。项目配备一名兼职辅导员协助日常事务管理，主要通过微信通知的方式给科研小助理传达重要的信息并接收学生的反馈，及时听取学生的意见并整理反馈给项目负责人。同时，项目助理也应积极通过邮件传达重要信息给各位导师，便于老师了解项目的基本管理制度并及时听取导师们的意见，便于后期不断改进。

3. 注意各活动之间的衔接

为了更好地举办比赛，实现以赛促研的目标，调动参赛师生的积极性，论文大赛的宣传及举办工作应该与科研小助理的启动项目同时进行，这样有助于学生们初步了解上一年科研助理的学术成果，并对自己未来的学术研究内容有所预期，在此基础上，学生在联系导师的时候目标得以更加明确。在论文大赛决赛阶段，应及时发布比赛信息，通过年级辅导员转发、公众号推送等多种形式进行传播，广泛邀请感兴趣的低年级同学旁听答辩，让还没有参与项目或想参与项目的同学能够进一步了解，并在学院中形成人心向学的浓厚学术氛围。

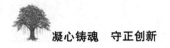

4. 做好宣传工作

有计划有组织地开展优秀指导老师与科研小助理经验分享活动，让项目之间可以通过经验分享的方式来提高衔接的有效性。经了解，许多本科生出于畏难情绪，不敢迈出第一步，想参加科研项目但又有很多顾虑，担心自己无法胜任。因此，为了更好地帮助新一届的本科生参与项目，在项目启动的过程中可以邀请优秀指导老师和科研小助理分享自己的参与过程，比如邀请大赛的一等奖获奖学生分享自己在参与项目或论文写作中遇到的困难、自己是如何克服的，以及如何获得成长等。同时，可以通过公众号推送、视频直播等多种形式，让更多的未能到场的师生了解项目，积极参与，充分发挥出学院搭建学术交流平台的价值与意义。

参考文献

［1］习近平在全国高校思想政治工作会议上强调　把思想政治工作贯穿教育教学全过程　开创我国高等教育事业发展新局面［N］. 人民日报，2016 – 12 – 09（1）.

［2］习近平主持召开哲学社会科学工作座谈会强调　结合中国特色社会主义伟大实践加快构建中国特色哲学社会科学［N］. 人民日报，2016 – 05 – 18（1）.

［3］中共中央国务院印发《关于加强和改进新形势下高校思想政治工作的意见》［N］. 人民日报，2017 – 02 – 28（1）.

［4］王文文，郭宁，王扬. 硕士研究生导学关系现状及影响因素研究［J］. 研究生教育研究，2018（6）：76 – 82.

［5］胡守强，涂俊才，范金凤，等. 发挥导师在研究生思想政治教育中作用的长效机制探索［J］. 研究生教育研究，2017（2）：24 – 27.

［6］董社英. 以科研项目为依托构建多层次学生科研创新能力培养模式［J］. 西安建筑科技大学学报（社会科学版），2006，25（2）：4.

［7］王林桂，尹绍武，林琛. 本科生科研训练模式的实践探索［J］. 实验技术与管理，2008，25（6）：4.

［8］郭卉，韩婷. 大学生科研学习投入对学习收获影响的实证研究［J］. 教育研究，2018，39（6）：10.

以学科为依托开展国防教育的探索研究

——中山大学国防教育辅导员工作室

中山大学地理科学与规划学院党委副书记　许粤

中山大学地理科学与规划学院本科生辅导员　孔碧云

中山大学中山医学院本科生辅导员　刘少静

一、工作室概述

当今时代，随着我国综合国力明显增强，国际地位和国际影响力明显提高，国际环境对于我国有利的总体趋势没有改变。但是，应该清醒地看到，当前国家安全问题的综合性、复杂性、多变性进一步增强，我国的安全与发展面临现实和潜在的威胁。表现在：我国在传统国家安全领域上，周边安全的不稳定、不确定因素明显增多；在非传统国家安全领域威胁呈现上升趋势，意识形态斗争形势严峻。因此，加强国防教育、培养全民国防意识的工作具有现实的迫切性。

《中华人民共和国国防教育法》（以下简称《国防教育法》）规定，普及和加强国防教育是全社会的共同责任。学校国防教育是全民国防教育的基础，是实施素质教育的重要内容。高等学校可以在学生中开展形式多样的国防教育活动。

国防教育是高校人才培养的重要内容，对树立"四个意识"、增强"四个自信"、做到"两个维护"具有十分重要和不可替代的作用，国防教育不仅是一个教育教学的过程，也是一个思想政治教育、心理品质教育、作风纪律养成、身体素质锻炼的全过程，它有利于培养学生的思想政治素质，唤起紧迫感、责任感和忧患意识，增强国防观念和国家安全意识，培养革命英雄主义思想，激发爱国主义热情；有利于大学生心理素质的提高，能培养学生不怕苦累，勇于拼搏、勇敢顽强、坚韧不拔的良好心理品质；有利于提高学生的作风养成，集体形式的国防教育活动可以培养大学生的集体主义精神、团队精神和协作精神；有利于学生身体素质的提高，使大学生的身体素质得到进一步锻炼和巩固。开展国防教育，可以使学生掌握基本军事理论和技能，强化爱国主义、集体主义观念，加强组织纪律性，促进大学生综合素质的提高，为人民军队提供高质量的兵源，具有重要的现实意义。习近平总书记在党的十九大报告中指出："我们的军队是人民军队，我们的国防是全民国防。我们要加强全民国防教育，巩固军政军民团结，为实现中国梦强军梦凝聚强大力量！"

在高校探索以学科为依托开展的国防教育，将国家安全与学生个人成长发展需求相结合，让国防教育有机融入每个学生的学习和生活当中，促进学生对国家安全的全面认

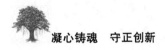

识和理解，强化感性认知、提升理性认识，引导学生深刻认识到关心、支持和投身国防建设，增强依法履行国防义务的荣誉感和责任感是每个公民义不容辞的法律责任。

二、工作室开展工作的具体方法

工作室遵循高校思想政治工作质量提升的四个基本原则，以学科为依托，探索构建集课程育人、实践育人、文化育人、网络育人和管理育人为一体的国防教育育人体系，拓宽教育渠道，创新教育手段，把思想引导、舆论宣传、活动培养、军事实践、文艺熏陶、环境渲染等方法有机结合起来，不断增强国防教育的时代感和吸引力、感染力，让国防教育落细落地落实。

（一）课程育人探索

围绕以"课程思政"为目标的课堂教学改革，挖掘、梳理专业课程所蕴含的思想政治教育元素和所承载的思想政治教育功能，融入课堂教学各环节，实现思想政治教育与知识体系教育的有机统一。如地理科学认知综合考察实习课程赴云南考察，重走抗战路和追寻中国地理科学先驱的足迹，引导学生深刻认识革命史、新中国发展史，缅怀先烈，增强爱国情感，将专业学习与个人、社会发展紧密联系起来。（见表1）

表1　地理科学认知综合考察实习课程思政

实习地点	主要考察点	主要知识点
昆明	昆明规划院、西山	1. 了解昆明城市规划建设历史与现状； 2. 了解滇池湿地生态保护与建设、水资源环境整治； 3. 昆明发展规划与"一带一路"（政策与国家安全）
大理	大理古城	1. 古城规划布局； 2. 古城旅游开发与保护； 3. 民族团结教育（民族与国家安全）
	苍山	1. 植被、气候、土壤的垂直地带、冰川遗迹（生物多样性与生态安全）； 2. 院史（大理冰期的发现与科学价值）
	洱海	1. 水资源与水环境调查； 2. 生态文明建设（水资源利用保护与生态安全）

续上表

实习地点	主要考察点	主要知识点
腾冲	松山抗战遗址	1. 滇西抗战史； 2. 地理与国防、军事； 3. 院史（《军事地理学》与国防教育）
	滇西抗战纪念馆、和顺古镇	1. 滇西抗战史； 2. 中华文化与东南亚文化； 3. 和顺古镇的旅游开发与保护； 4. 马克思主义在中国的传播（艾思奇故居）
	地质公园	1. 火山地貌、腾冲城区规划建设、地热产业的发展规划； 2. 能源开发与生态保护（能源利用保护与国家安全）

（二）实践育人探索

坚持理论教育与实践养成相结合，整合各类实践资源，丰富国防教育实践内容，创新实践教育形式，引导学生在亲身参与中增强实践能力、树立家国情怀。

1. 开展港澳台学生专项教育，筑牢统一战线

组织"重温历史，峥嵘岁月多壮志；再看今朝，改革开放添新象——从地理看桂林城乡变迁""'医起抗疫'——粤港澳高校联盟医学生论坛"等专项教育活动，提升港澳台学生的国情认知水平，引导青年学生胸怀"两个大局"，勇担时代使命。（见图1）

图1　"医起抗疫"——粤港澳高校联盟医学生论坛

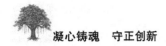
2. 开展应急求生训练营，构筑平安中国

联合广东省健康管理学会、蓝天救援队等专业机构和团队，开展应急求生训练营，面向师生开展生命基础支持课程、灾害应急第一响应人等培训，普及急救知识和提升急救技能，增强师生自救和应急互助能力。

（三）文化育人探索

深入开展中华优秀传统文化、革命文化、社会主义先进文化教育，发挥英雄、楷模的榜样作用，引导学生坚定理想信念，践行和弘扬社会主义核心价值观。组织"弘扬抗美援朝精神，汇聚磅礴青春力量""重走丹霞路，传承彭华教授精神"（见图2）和"听榜样故事，明大学规划——退役复学校友及参与支教校友交流讲座"等主题教育活动，讲好革命故事、时代楷模奋斗故事和青年奉献故事，以文化人，以文育人，厚植家国情怀。

图2　师生致敬"南粤楷模"彭华教授

（四）网络育人探索

大力推进网络教育，丰富国防教育网络内容，推动思想政治工作传统优势同信息技术高度融合，传播主旋律、弘扬正能量。梳理国防教育时间表，把握重要时间节点，发挥专业优势开展专题宣传教育。如推出"智斗疫情，测绘在行动""心系家国"等系列专栏，解读学科专业与国家安全的关系，引导学生铭记历史，缅怀英烈，培育爱国情感和激发国家、民族认同，提升国家安全意识。（见图3）

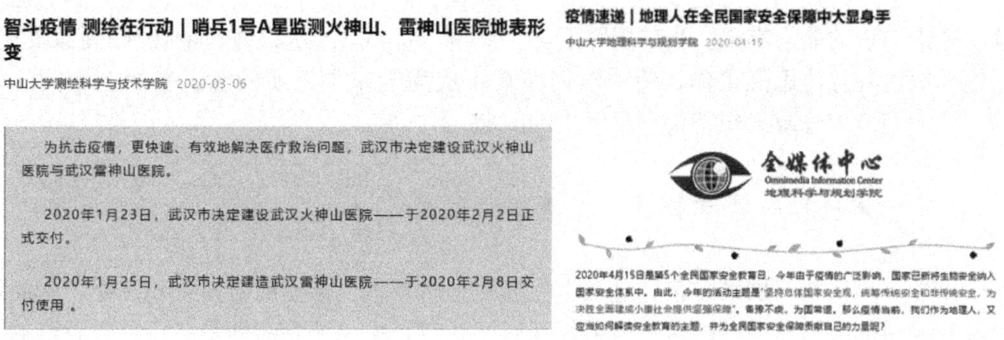

智斗疫情 测绘在行动｜哨兵1号A星监测火神山、雷神山医院地表形变

中山大学测绘科学与技术学院 2020-03-06

为抗击疫情，更快速、有效地解决医疗救治问题，武汉市决定建设武汉火神山医院与武汉雷神山医院。

2020年1月23日，武汉市决定建设武汉火神山医院——于2020年2月2日正式交付。

2020年1月25日，武汉市决定建造武汉雷神山医院——于2020年2月8日交付使用。

疫情速递｜地理人在全民国家安全保障中大显身手

中山大学地理科学与规划学院 2020-04-15

2020年4月15日是第5个全民国家安全教育日，今年由于疫情的广泛影响，国家已新将生物安全纳入国家安全体系中。由此，今年的活动主题是"坚持总体国家安全观，统筹传统安全和非传统安全，为决战全面建成小康社会提供坚强保障"。春暖花来，为国奋斗，那么疫情当前，我们一地理人，又应该如何解读安全教育的主题，并为全民国家安全贡献自己的力量呢？

图3　国防教育系列推送节选

（五）管理育人探索

把规范管理的严格要求和春风化雨、润物无声的教育方式结合起来，加强法治教育，积极推动线上线下结合开展宪法、国家安全法律法规及征兵政策等宣传教育。（见图4）

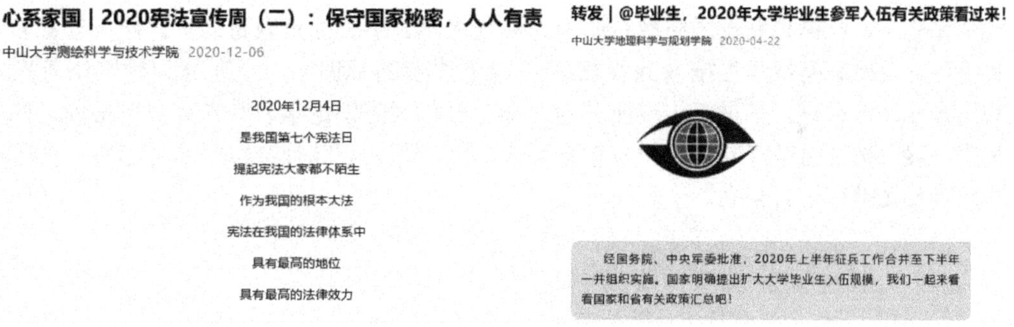

心系家国｜2020宪法宣传周（二）：保守国家秘密，人人有责

中山大学测绘科学与技术学院 2020-12-06

2020年12月4日
是我国第七个宪法日
提起宪法大家都不陌生
作为我国的根本大法
宪法在我国的法律体系中
具有最高的地位
具有最高的法律效力

转发｜@毕业生，2020年大学毕业生参军入伍有关政策看过来！

中山大学地理科学与规划学院 2020-04-22

经国务院、中央军委批准，2020年上半年征兵工作合并至下半年一并组织实施，国家明确提出扩大高校毕业生入伍规模，我们一起来看看国家和省有关政策汇总吧！

图4　国防安全法制教育节选

三、工作室解决的问题

（一）解决理论和实践接轨问题

国防教育在当代大学生心中，一直是可触不可及的学科，目前中山大学入党申请率基本已经过半，但是党在我心中、我为党育人、我为国效力的渠道和途径并不明显。军事理论课、马克思主义、毛泽东思想、邓小平理论、"三个代表"重要思想、科学发展

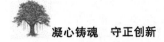

观和习近平新时代中国特色社会主义思想等课程在高校已经得到普及，但是同学们运用这些理论知识的能力有限。当前国际形势错综复杂，我们到底要如何维护好国家安全，接地气地做好宣传思想工作，使同学们在真正成为国家主人翁的意识层面上为国家效力，是我们高校思政工作需要马上解决的问题。

（二）解决第一课堂和第二课堂联动问题

以学科为依托开展国防教育是大学生增强国防意识、接受国防知识和技能、全面提高综合素质的有力抓手，以学科为依托开展国防教育第二课堂活动是高校国防教育的重要组成部分，也是国防教育的重要阵地。以学科为依托开展国防教育的根本目的，就是要利用丰富多彩的第二课堂活动，使大学生牢固掌握国防文化精神、军事理论、国防历史、国家安全知识，使当代大学生具有强烈的爱国主义精神，提高爱国意识，增强建设国防、服务国防、保卫国防的能力。

（三）解决国防教育形式单一问题

青年学生是国防教育的重点对象，在校期间和向社会输送人才的过程中，做好国防教育工作，意义重大且深远。以往的国防教育形式比较单一，限制在军训、队列操等传统固有模式。要提高高校国防教育质量，必须多管齐下，注重教育的多样性，丰富教育途径。一是组织高校学生按《兵役法》规定依法参加军训；二是充分利用网络等舆论工具进行宣传教育；三是组织专业教师、学生进行国防理论学习和专业骨干培训；四是寓教于乐，把国防教育同通识教育结合起来，把国防教育和社会实践结合起来，把国防教育和人文教育结合起来。

（四）解决国防教育师资薄弱问题

国防教育以往基本由学校武装部等专门部门负责开展，难以与高校其他学科或类型师资形成教育合力。《关于加强和改进新形势下高校思想政治工作的意见》提出，高校育人要坚持全员全过程全方位育人的要求。以学科为依托开展国防教育，有助于整合高校不同学科、类型的师资力量，促进不同学科、不同类型师资力量在国防教育中的优势互补和强强联合，有效提升育人效果。

四、工作室工作成效和建设水平反思与展望

（一）建设成效

1. 多学科联动，深化对学科与国防教育的理解

依托测绘学科，组织国防教育专题讲座，邀请专家讲述国土测量与国界勘定的相关知识，让学生了解和认识测量学理论和技术是如何在维护领土完整、避免国土争端和维护国防安全上发挥作用的，增强学生维护国家安全的使命感。

依托地理学科，开展课程思政建设和第二课堂红色主题调研，考察云南、广东梅州、广西桂林等地，发挥地理学综合优势，走访红色教育基地，调动学生学习"四史"的主观能动性，规划红色教育路线，为红色资源活化和可持续发展建言献策，引导学生树立国家安全观，培养学生维护国家安全的责任感。（见图5）

图5　"乡村有约——梅州行"调研成果节选

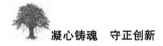
依托医学学科，面向地理科学与规划学院师生开展应急求生训练营，组织 AHA、灾害应急响应、野外求生训练等培训 20 余次，该学院本科生培训教育覆盖率达 70%，同时覆盖部分研究生和教职工，参训者 100% 通过急救资格考核，学生切实掌握基础急救和应急处置方法，学生安全意识和灾害或公共事件应对处理能力大幅提升。（见图 6）

图 6　师生参加基础生命支持课程培训

2. 多方面创新，拓展国防实践教育的认知和范围

其一，育人体系创新，坚持党对国防教育的领导，由基层党组织牵头，推动教师队伍、学生工作教师队伍和行政管理教师队伍在国防教育中形成合力，分工合作、协同组织，构建国防教育的"三全育人"体系。

其二，育人理念创新，跳出传统国防教育思维定式，以总体国家安全观为指引，坚持问题导向，将国防教育的认知和范围拓展到国家安全领域，既关注传统安全，也关注非传统安全；既重视外部安全，又重视内部安全。

其三，育人形式创新，在稳固传统国防实践教育——军训的同时，积极拓展定向越野、社会调查等新兴的国防实践教育形式，用青年学生喜闻乐见的形式开展国防教育，提升学生国家安全意识和国防技能水平。

3. 多层次提升，突显国防教育育人成效

一是国防教育的时效性大幅提升。以学科为依托开展国防教育，有效推动国防教育从以往集中在新生军训一个时间点，延伸至高校学生培养的全过程，实现国防教育常态化。

二是国防教育的实效性明显加强。通过课程思政建设和第二课堂实践教育探索，地理信息安全、保密法等内容与专业教育有机融合，师生的国家安全意识得到极大的强化，在地理信息保密方面实现零事故率。

三是国防教育的延展性初步显现。经过大学阶段全过程的国防教育，学生牢固树立"两个意识"，增强"四个自信"，对自身的社会责任和时代使命有更清楚的认识，毕业

生投身基层服务、西部计划等积极性显著增强。以地理科学与规划学院为例，2018—2020 年期间赴西部和基层就业毕业生超过 35 人，另有 9 人参加研究生支教团赴西藏和云南支教。

（二）展望

以学科为依托开展国防教育，是一种以提升学生国家安全意识和技能为目的，构建开放式、多学科融合的教育平台的创新尝试，在充分利用高校学科资源的同时，又能将国家安全与学业发展相结合，理论与实践教育相结合，充分调动学生自我教育的积极性和主动性。

在技能提升方面，安全技能培训的优质资源，可以再进一步推广，还能延伸应用于师生生命健康教育和校园公共安全管理工作。

在教育实践方面，同一实践教育路线为国防教育的社会资源最大程度活化利用提供了可能，体现在：一方面，在教育内容上，不仅可以兼容不同学科专业的知识和研究方法，还能与校史、院史教育交叉融合；另一方面，在应用领域上，可以与第一课堂或第二课堂教学有效结合，除了国防教育之外，还能延伸应用于思政课程建设或课程思政建设。

后疫情时代大学生社会服务的探索与实践

——中山大学人工智能学院"DFD少年科学营"项目

中山大学人工智能学院团委书记、辅导员　蒋滔

中山大学人工智能学院直属党支部副书记　李茂

中山大学人工智能学院学生辅导员　郑立彬

一、案例概述分析

疫情的暴发给青年大学生的学习与生活带来了巨大的影响，在后疫情时代（本案例特指2020年6月—2022年11月这段时间），"外防输入，内防反弹"的方针使得以传统形式开展的大学生第二课堂、"三下乡"等实践活动面临着诸多挑战，青年大学生的心理也遭受了一定程度的冲击。在这一背景下，创新社会服务内容和形式对于后疫情时代下高校人才培养具有积极意义。鉴于此，中山大学人工智能学院（以下简称"学院"）从学生成长需求出发，于2021年9月同广州市东风东路小学达成合作，成立"DFD少年科学营"，以东风东路小学学生为对象，以时事热点中的科技元素为切入点，以线上交流为主要形式，共同打造兼具科学性和趣味性的科普大讲堂，帮助东风东路小学学生在学习科技知识的同时培养创新思维、增强动手能力、提高学习兴趣、激发爱国报国志向。

二、案例解决方案

中国特色社会主义教育最根本的问题是"培养什么人，怎样培养人，为谁培养人"；同样，从辅导员这一角色定位来看，开展学生工作也是要弄明白三个问题，即"为什么，是什么，怎么做"。而在该案例中，则可以延伸为"为什么要做，谁来做，怎么做"这三个问题，从这个思路去解决该案例中遇到的问题，可以充分体现问题解决的逻辑性、专业性和有效性。

（一）案例背景：为什么要做

在该案例中，固有条件的限制和学院人才培养需求之间的冲突是主要矛盾。其中的固有条件主要有疫情的原因导致社会实践活动变少，以及对青年大学生产生的包括心理

问题在内的一系列影响。对于高校辅导员来说，传统的活动形式难以开展，必须要探索新的适合学生发展需要的、能够提高学生教育管理水平的方法。

1. 学院人才培养的需要

习近平总书记在全国教育大会上指出，要努力构建德智体美劳全面培养的教育体系，形成更高水平的人才培养体系。德智体美劳全面发展已成为时代新人培育的重要标准，青年大学生在学校里面接受全面的思想政治教育和良好的专业知识教育、获得足够的体育锻炼，但在疫情的大背景下缺乏走出校园服务社会的实践机会。另外，2020 年中共中央、国务院和教育部先后印发了《关于全面加强新时代大中小学劳动教育的意见》《大中小学劳动教育指导纲要（试行）》（以下简称《意见》和《纲要》）两份文件，《意见》指出，要将劳动教育纳入高校人才培养，设立劳动教育必修课，并且要以体力劳动为主，强化实践体验，更体现了知行合一、理论指导实践、增强动手能力和社会服务意识对于青年大学生的重要性。人工智能专业领域的青年大学生是典型的工科学生，引导其心怀"国之大者"，利用所学知识走出校园、服务社会需要是提高人才培养质量的重要举措。

2. 学院"我为群众办实事"的需要

2021 年 4 月，在党中央召开党史学习教育动员大会后，党史学习教育领导小组印发了《关于〈"我为群众办实事"实践活动工作方案〉的通知》；同年 9 月，党史学习教育领导小组再次印发了《关于深入推进"我为群众办实事"实践活动的通知》，对"我为群众办实事"实践活动提出了明确要求。学院成立于 2020 年 6 月，在 2021 年 3 月召开学院党史学习教育动员大会时只有 4 名党员，因此要强化"党团班一体化"建设的作用发挥，增强党组织的政治性、先进性、群众性，努力将党史学习教育、"我为群众办实事"实践活动覆盖面拓展到全体师生，形成全员学党史、全员办实事的良好氛围。学院青年大学生是充满朝气与活力的青年群体，他们思维灵活、反应迅速、善于接受新事物、价值观可塑性很强，是学院党组织开展党史学习教育、落实"我为群众办实事"的骨干力量和先锋分子。

3. 后疫情时代学生心理调节的需要

学院成立于疫情暴发后的半年，从 2020 年开始，青年大学生的生活发生了时代性变化，他们是首当其冲的对象，国家、学校各层面均在为适应新的社会特征而做出相应改变，这期间促进了很多新生事物的产生及发展，也导致很多传统事物在发生着改变。在这样一种时代背景下，青年大学生的心理健康也成了辅导员必须严阵以待的问题。从学生方面来看，"非必要不出校""非必要不出市"的防疫政策以及各地零星暴发的本土疫情让学生外出交流实践变得困难，从而使青年大学生的大学生活相比疫情暴发前变得更单调，加上学业、人际关系、职业发展上的一些压力，学生心理问题更容易滋生。从辅导员方面来看，疫情暴发后，疫情防控工作成了辅导员日常学生教育管理工作的主要内容之一，提醒监督学生完成每日健康申报、按时完成核酸检测、落实出校返校审批

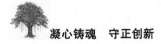

制度等，工作量较大、工作时间较长。因此需要平衡后疫情时代学生和辅导员二者之间的关系，在有限的条件下起到对学生良好的教育管理作用。

结合以上三个"需要"，学院面向广州东风东路小学的"DFD 少年科学营"项目应运而生。

（二）案例主角：谁来做

该案例是学院在后疫情时代学生工作的一次探索，在经验不足的情况下我们只能"摸着石头过河"。尽可能让学院青年大学生参与其中，并有针对性地提高学生教育管理水平，让学生能够在活动中同步提高思想政治素养和专业能力。

1. 扩大覆盖面

学院成立于 2020 年 6 月，截至 2021 年 9 月，已招收 2 届本科生和 2 届研究生，共249 人。为了在人数有限的情况下充分扩大学生群体的覆盖面，学院按照一定比例将活动人数分散到不同层次的学生群体中，涵盖了不同学生类型（本科生/研究生）、年级、班级、性别、政治面貌、是否学生干部等各方面，重点体现"传帮带"和"全覆盖"的双重作用。

2. 提高针对性

学生存在个体性差异，个人需求和个人情况均不相同，学院在尊重学生个人选择的同时，尽量让此次活动的育人效果发挥到最好。在考虑扩大覆盖面的基础上，学院重点关注了两类学生人群：第一类是高关怀学生，第二类是党员（包括预备党员）和入党积极分子。第一类学生，主要包括因为疫情的影响而产生一些心理问题的学生，以及学习成绩比较靠后且缺乏学习积极性的学生，对学院来说，该类学生的数量不多，可以由辅导员进行有针对性的动员，目的是想通过此次活动调节他们的心理状态、缓解压抑情绪、提高生活乐趣和学习主动性。第二类学生，主要包括学院研究生党员和本科生入党积极分子，其中，学院研究生党员主要在其本科阶段发展，他们具有较高的思想政治觉悟和党性修养，参与此次活动能体现党员的先锋模范带头作用；同时，根据《中国共产党发展党员工作细则》，学院正值学生入党积极分子培养的重要环节，此次活动能成为他们重要的实践教育载体。

（三）案例解决：怎么做

结合实际情况，学院组织了 20 名学生参与了此次面向广州东风东路小学的"DFD少年科学营"项目。学院积极探索完善项目实施方案，在保障项目顺利开展的基础上努力提升育人实效。

1. 坚决落实底线思维

在项目实施过程中，共有三个点值得重点关注，第一是学生生命健康，第二是疫情防控要求，第三是网络舆情风险。因此，在项目活动的落实过程中，学院严格遵守学校和属地的疫情防控政策要求，并且考虑到跨城市大规模线下交流可能带来的风险，活动最终决定以线上形式进行。同时，在活动开展之前，学院对 20 位学生进行了专门教育，提醒他们要提高站位，努力展现新时代青年大学生的风采活力。另外，在活动期间的授课主题、课程 PPT、录制的课程视频等材料均需要经过学院团委以及党委审核，严格把控活动质量。

2. 充分发挥专业特色

学院指导学生结合时事热点和小学生感兴趣的内容进行科技元素发掘，尤其是人工智能原理和技术在其中的应用。在 2022 年寒假期间，学生以北京冬奥会为主题，成立 6 个科研云社群进行科普授课，每个科研云社群有 60 ~ 80 位小学生参与，6 个主题分别为"冬奥会三维动作捕捉技术""冬奥会中的 AR 技术""冬奥会中的智能语音技术""冬奥会中的 5G + 8K 技术""冬奥会中 5G + 车联网技术""冬奥会中的云转播平台"。其中，"冬奥会三维动作捕捉技术""冬奥会中的 AR 技术"两个主题额外面向广州东风东路小学全体学生进行线上科普并制作了微课。6 个科研云社群负责学生将大量晦涩难懂的科技原理梳理、设计、整合成小学生可以理解的知识点，在整个寒假期间共进行 3 次线上授课，分别覆盖"科技原理""在冬奥会的应用""扩展到其他领域的应用"，由浅及深、层层递进。在 2022 年暑假期间，学生以《雄狮少年》动漫为主题，带领广州东风东路小学学生研究动漫、"非遗"中的科学技术，以线上授课的方式对动漫制作的过程、技术与方法进行科普，并指导小学生进行实践操作，提高动手能力。

3. 深入挖掘思政元素

习近平总书记在全国高校思想政治工作会议上指出，要坚持把思想政治工作贯穿教育教学全过程，实现全程育人、全方位育人，努力开创我国高等教育事业发展新局面。由此可以看出，构建"大思政"育人格局是时代新人培育的基本要求。本项目中活动思政建设是提高育人效果的重要抓手。在冬奥会的主题中，"爱国主义精神""人民至上理念""奥林匹克精神""青年强则国强""心怀国之大者""人类命运共同体"等精神理念均属于思政元素，科研云社群的负责学生在"为什么北京被称为双奥之城""冬奥会中的中国技术"等问题中融入思政元素，做到春风化雨、润物无声的效果，激发起小学生的爱国主义情怀和奋斗精神。在《雄狮少年》动漫的主题中，学院学生从"非物质文化遗产""民族精神""文化自信""拼搏奋斗"等思政元素入手，融入科技科普教育，鼓励小学生从小自立自强，坚定文化自信。

4. 努力丰富活动内容

活动对象是广州东风东路小学的学生，教育的本质一样，但针对小学生的教育方式

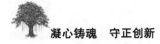

方法跟大学生是不一样的。为了提高活动效果，提高广州东风东路小学学生的接受度和兴趣度，学院指导学生做了几点针对性改进。一是增加了课程 PPT 的活泼性、教学方式的趣味性、课堂教学的互动性，以一种生动活泼的方式拉近与小学生的距离；二是布置课后作业并进行批改，让小学生自己动手描绘心目中的人工智能世界，增强小学生的动手能力以及主人翁意识；三是指导小学生进行微课创作，指定主题，让小学生自行组队收集素材制作 PPT，并在科研云社群中进行展示，锻炼小学生的团队协作能力以及表达能力，加深自身对知识的理解；四是组织 2 位学院学生代表前往参加广州东风东路小学的开学典礼，在 "DFD 少年科学营" 汇报表演上 2 位学生代表同 4 位小学生一起展示了说唱与朗诵，以表演的形式生动地将人工智能专业的术语科普给小学生。

三、经验与启示

此次 "DFD 少年科学营" 项目，让学院 20 位学生当了一次 "老师"，在这个过程中，他们经历了可行性研究、团队分工合作、资料收集整理、备课、讲课、课程思政建设、课堂交流互动、课后作业辅导等一系列过程，领会了 "教育" 二字的真正含义，育人者自育，对于他们在思想政治素质提高、价值观体系建设、专业知识巩固拓展、个人能力培养锻炼等方面均有着重要意义。这是一次在后疫情时代下的社会服务探索实践，在之后的项目过程中，学院也会选出更多的学生参与其中，同时也会将社会服务范围拓宽，让社会服务、实践育人贯穿学院学生培养全过程。

高校辅导员作为青年大学生成长成才的重要 "引路人"，在深入推动 "三全育人" 和 "五育" 并举工作中均发挥着重要作用。因此，我们要时刻牢记责任艰巨、使命光荣，坚持以立德树人为根本，加强自身修养，提高斗争本领，创新方式方法，努力为党和国家培养时代新人。

以"党建—团建—志愿服务"一体化模式
为学生讲好伟大抗疫精神的"大思政课"
——中山大学公共卫生学院流调志愿服务队育人实践

中山大学公共卫生学院团委书记、本科生辅导员　陈霞
中山大学公共卫生学院党委副书记　王燕芳
中山大学公共卫生学院本科生辅导员　蓝丹红

一、案例概述分析

2020年9月8日，习近平总书记在全国抗击新冠肺炎疫情表彰大会上指出，"在这场同严重疫情的殊死较量中，中国人民和中华民族以敢于斗争、敢于胜利的大无畏气概，铸就了生命至上、举国同心、舍生忘死、尊重科学、命运与共的伟大抗疫精神"。疫情防控是最生动的爱国主义教材。2020年疫情以来，无数的公共卫生学院（以下简称"公卫"）人在这场疫情大考中，发扬伟大的抗疫精神，逆行而上，奋战在疫情防控的第一线，为打赢疫情防控阻击战奉献自己的青春和力量。新时代公卫学子在这场抗疫斗争中加深了对社会主义制度的理解与认同，涵养家国情怀，激发爱党爱国的热情。汲取伟大抗疫精神的育人养分，让新时代公卫人铭记自身的使命和担当，加深职业认同感和价值感，点燃学生把小我融入大我、把青春献给公共卫生事业的决心，为党和国家的健康事业提供源源不断的新生力量，为实现中华民族的伟大复兴保驾护航。

2020年1月以来，学院组织公卫学子召必应、来能战，共计开展抗疫志愿服务36批次，累计派出流调队员883人次，公益时长25241小时，为广州市各区及周边城市疾控流调工作贡献中大公卫青春力量，以实际行动弘扬伟大的抗疫精神。例如，2021年6月，协助佛山市南海区疾控专班处理911份函件，涉及2850多人次，电话流调8000多人。2022年9月支援广州市越秀区疾控电话流调5047人次，2022年10—11月支援广州市海珠区疾控电话流调10106人次，全力支援广州市疫情流调工作。2022年11月支援中山大学广州校区和中大社区流调工作，共计拨打422人次电话，开展约277小时电话流调，查阅约396小时视频监控资料、约700条消费记录及核酸检测记录，完成了538个潜在风险点的环境采样、661小时气溶胶监测，有力支持了学校疫情精准防控。志愿服务队员也在服务中体悟公卫的专业魅力和价值，深植家国情怀。如何在志愿服务中讲好伟大抗疫精神的"大思政课"成为学院一直努力思考和探索的重要课题。

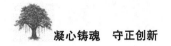

二、案例解决方案

疫情引发了全社会对公共卫生和疾病防控的空前重视，也为公共卫生人才培养指明了发展方向和提供了实践机会。2020 年 6 月 2 日，习近平总书记主持召开专家学者座谈会时指出"要建设一批高水平公共卫生学院，着力培养能解决疫情形势研判、现场流行病学调查等实际问题的人才"。为了将这种"战时"的应急志愿服务与公共卫生学院"一锤定音"的高水平公共卫生人才培养相结合，形成"战时"与"平时"相结合的长效机制，学院与广州市疾病预防控制中心联合成立"中山大学—广州市流调志愿服务队"，在实践中锻炼学生的专业技能，讲好伟大抗疫精神的"大思政课"。

（一）强组织，构建一体化育人机制

"中山大学—广州市流调志愿服务队"（以下简称"服务队"）主要是协助各级疾控开展流调与信息管理、分析工作，在"黄金 24 小时"内迅速精准地为疾控流调指挥中心及时采取相应的管控措施提供依据，以迅速遏制住疫情的扩散。服务队成立以后，在人员和技术方面，以学院的公共卫生硕士（MPH）为主体，同时向博士研究生和本科生开放，将流调志愿服务与 MPH 研究生的社会实践课以及本科生的劳动教育课相结合，在"平时"与卫生行政部门合作让队员有充足的知识和技术储备，"战时"拉出来稍加培训就可以投入到一线，在一线的真实世界中检验学生的学习成效，提高学生解决实际问题的能力，体悟专业的魅力；在思想政治教育方面，建立"党建—团建—志愿服务"一体化育人机制，以党建带动团建，在实战一线发挥党员、团员的先锋模范带头作用，培养学生的家国情怀，锤炼学生的品质意志，提升学生的学习力、思想力、行动力。

（二）广宣传，传播公卫人的担当精神

为强化示范效应、在学生中宣传"公卫人"的担当精神，学院整合资源、优化内容、创新形式，向广大青年学子讲授伟大抗疫精神这堂"大思政课"。在 2022 年师生见面会上，"全国卫生应急技能标兵"、全国"人民满意的公务员"称号获得者、我院 2000 级预防医学本科生、2008 级流行病与卫生统计学专业研究生 A 校友以"勇敢的人、无私的事业"为题为同学们讲授了开学第一课。他以自身丰富的经历经验、生动形象的抗疫工作内容让同学们深刻明晰了公共卫生的内核和公卫人的使命，让现场师生深受触动。

此外，党团组织邀请参与过抗疫志愿服务的师生、校友走上讲台，讲述亲身经历的故事，在宣讲中传递深入人心、感人至深的力量。我们还在学院官网和官方微信推送"战疫"一线之校友故事及师生的抗疫先进事迹，让学院充盈着学习先进、争当先进、

服务社会的浓厚氛围。

我院的抗疫志愿服务队自 2020 年成立以来，受到各级卫健委、疾控中心的肯定，多次收到了广州市卫健委、广州市疾病预防控制中心、广州市白云区疾控中心、广州市花都区疾控中心、佛山市南海区疾控中心等单位的感谢信；也受到学校和社会的广泛认可，获评"中山大学 2021 年大学生十大年度人物（团队）"，相关事迹被人民日报、光明日报、"学习强国"、广州日报、羊城晚报、南方日报、广东广播电视台、中山大学新闻网、中大党建、中大学工等 10 余家主流媒体报道和采访，中大视频单片点击量达 312.4 万，受到了社会各界的广泛认可，起到良好的示范带动作用。

（三）善总结，推广先进抗疫经验

志愿服务队志愿者们认真梳理流调志愿服务中的工作流程、工作内容和技术要求，在公共卫生学院老师和广州市疾病预防控制中心的指导下，执笔编写了《中山大学公共卫生学院抗疫志愿服务队技术指南》，该指南在流调志愿服务培训中发挥了重要作用，拟出版用于指导今后的抗疫志愿服务。

另外，学院团委已经组织力量将志愿者的心得体会和工作日记汇编成《我的抗疫志愿手记》，准备出版用于学生思想政治教育，让"党建—团建—志愿服务"一体化育人机制在"三全育人"中发挥更好的作用。

三、经验与启示

（一）建好学生思想政治工作的"制"

2020 年 4 月，教育部等八部门发布《关于加快构建高校思想政治工作体系的意见》，这标志着学生思想政治工作迈入以整体、系统、协同为重要着力点的体系化构建阶段。学院在政策体系中找准工作定位，结合学院情况，找准学生思想政治工作重点任务、重要发力点，牢牢把握中国特色社会主义大学红色基因这一鲜明底色，坚持"三全育人"、推动"五个融合"，用好宝贵的校史院史及校友资源，发挥专业优势，建立适合学院发展特色的体制机制。

在服务队的组建和志愿活动开展过程中，学院将抗疫志愿活动与思想教育相结合，建立"党建—团建—志愿服务"一体化育人机制，通过建"制"使志愿活动确立为学生思想政治工作的有力抓手。

二、把握好学生思想政治工作的"度"

1. 学生思想政治工作要有高度

疫情是百年来全球发生的最严重的传染病大流行，是新中国成立以来我国遭遇的传播速度最快、感染范围最广、防控难度最大的重大突发公共卫生事件。疫情防控阻击战是在党中央和国家的指挥下，开展的关乎人民生命安全和身体健康的保卫战。这个时候，组织公共卫生学院学生发挥专业优势，学以致用，亲身参与到这场保卫战中，让同学们在志愿服务中加深对党和国家抗疫政策的认同；让同学们深切感受到党中央统揽全局、果断决策、科学防控，坚持人民至上、生命至上，坚定果敢的勇气和坚韧不拔的决心；深切感受到公卫人在疫情防控和健康中国建设中的使命和担当；深切感受到抗疫中的中国精神、中国力量、中国担当。通过组织学生参与这场抗疫攻坚战，有效引导了青年一代与国家同心同德同向同行，有效引导青年一代感党恩、听党话、跟党走，有效引导学生树立为民族伟大复兴而贡献自己青春力量的职业理想和报国情怀。

2. 学生思想政治工作要有深度

学生工作队伍要深入学生，及时掌握学生的思想动态，深入分析问题原因。在学院组织的多次抗疫志愿活动中，全院一盘棋，精心组织，以党委总领，以团委、学生会和研究生会为组织载体，制订实施方案、发布招募启事、成立临时党团组织、制定管理流程和规范，使每次志愿服务组织都行云流水、规范有序，志愿服务队做到有组织、有规范、有培训、有总结，科学、专业、高效地完成每一次的志愿服务，出征前有动员，凯旋有欢迎，其间有鼓励和指导，志愿服务队管理常态化和系统化，同学们在实践中体悟到成长的快乐。

3. 学生思想政治工作要有温度

思想政治教育是对人的教育，要使学生思想政治教育具有针对性、亲和力与实效性，就必须坚持以学生成长为中心，让思想政治教育"有温度"。"有温度"的学生思想政治教育要将大学生视为具有主体地位的教育参与者，充分调动他们参与思想政治教育的主动性、积极性和创新性，使被动受教育转变为自我教育。在抗疫志愿活动中，学院充分调动学生志愿者的主动性，组建临时党支部和团支部、培养学生内训师、组织学生编写技术指南等，使学生在主动参与的过程中收获成就感，体会到被尊重和认可的"温度"。每一次的志愿服务，学院党政领导、团委书记、辅导员和专业老师冲锋指挥在前，深入学生志愿者当中，或动员鼓劲，或送别出征，或陪伴指导，或走访慰问，或答疑解惑，让同学们感受到来自学院坚强后盾的"温度"。

（三）注重学生思想政治工作的"效"

1. 发挥实践育人功效

实践育人是思想政治教育体系的一个重要环节，是落实立德树人根本任务的重要抓手。学院通过流调志愿服务活动，在真实的"一线"战场中讲授伟大抗疫精神的"大思政课"，使学生将课堂所学的理论知识切实运用到实践当中，推动了理论教学和实践教学深度融合及校内外育人资源的融会贯通，在"实践课堂"中讲好伟大的抗疫精神。

2. 发挥示范引领功效

充分发挥先进典型的"酵母"和辐射作用，需要经历一个从推动到让学生感动再到促进学生行动的过程。在抗疫志愿活动中，学院的党员和团员充分发挥先锋模范作用、闻令而动、迅速集结，在防疫攻坚战中展现新时代青年的担当。通过志愿活动系列宣传、优秀校友及志愿者讲座使先进典型走进学生，使学生真切感受到榜样的真实性和感染力，让榜样的个例逐渐成为学院育人中的普遍效应，引领学生主动学习榜样、效仿标杆，通过示范引领收获思政育人功效。

参考文献

［1］尹冬梅. 高校学生思想政治工作体系构建的理论逻辑与实践路径［J］. 中国高等教育，2021（21）.

［2］陈迪明. 以学生为中心让思政教育"有温度"［N］. 中国教育报，2022 - 11 - 21（6）.

加强引导投身基层建设，追求卓越展现家国情怀

——中山大学计算机学院就业质量提升"五个一"工程实践

中山大学计算机学院辅导员　茹春平
中山大学计算机学院党委副书记　陈凌

一、案例概述分析

（一）基本理念

深入贯彻落实党中央、国务院"稳就业""保就业"决策部署，根据《关于进一步引导和鼓励高校毕业生到基层工作的意见》精神，深入实施人才强国战略和就业优先战略，紧紧围绕立德树人根本任务，积极培育和弘扬社会主义核心价值观，促进毕业生实现更加充分更高质量就业。

根据《中山大学 2021 年就业创业工作要点》（中大学生〔2021〕122 号）文件精神，坚持"四个面向"，加强毕业生思想引领，深化家国情怀，引导毕业生把个人的理想追求融入党和国家事业之中，鼓励和支持毕业生参军及服务基层和去中西部地区就业，在国家重点行业和关键领域就业，千方百计促进毕业生更加充分、更高质量就业。中山大学计算机学院组织开展就业质量提升"五个一"工程，多层次全方位加强对学生的基层就业引导，结合计算机学院的专业特点，为就业工作赋能增效，在保障学生高质量就业的同时，展示计算机学子的家国情怀。

（二）背景和目标

学院建院以来就以培养具有国际视野的应用型、复合型和创新型的高素质计算机人才为目标，重点发展高性能计算、大数据与人工智能、云边协同计算、量子计算与新型计算、信息安全等研究方向，聚焦"卡脖子"问题和关键领域，培养了一大批高素质的计算机人才，"十三五"期间为社会培养高级 IT 人才 4500 多人，最终就业率本科生稳定在 90% 以上，研究生稳定在 95% 以上。学院毕业生在保持较高就业率的同时也明显存在以下的问题：由于广州、深圳等大城市优越的薪资和发展环境，IT 行业的精英企业和新兴科技公司相对集中，学院毕业生中平均每年超过 80% 的学生选择在粤港澳大湾区就业；超过 70% 的毕业生选择信息和计算机软件服务业，就业去向过于单一和

集中。

基于上面的情况，学院重点开展就业质量提升"五个一"工程，组织毕业生基层就业系列活动，主要目标有：

（1）调结构，引导毕业生们多元化就业。鼓励学生不局限于选择互联网企业，而可以选择到更多的重点行业关键岗位上去发挥自己的专业特长，为社会各行业的数字化转型贡献力量。

（2）提质量，助力培养基层建设的核心骨干。基层是高校毕业生熟悉当代中国社会、了解国情的最好课堂，计算机学子作为高级人才大有可为，也能进一步提升就业质量。

（3）守初心，培养当代大学生的家国情怀和社会责任感。鼓励毕业生积极服务于经济社会的快速发展，服务乡村振兴，到祖国最需要的地方去建功立业。

二、案例解决方案

（一）组织保障

学院党委高度重视，对就业创业工作主动谋划，提前布局，在组织上给予保障：学生工作部门成立职业发展与校友工作办公室，安排专人统筹就业专项工作，负责本科生、硕士研究生和博士研究生的职业发展与就业相关工作。由年级辅导员负责开展职业发展规划和指导课程，建立了内外联动的"学生就业—校友发展—单位对接"的服务体系。

（二）主要内容

在加强基层就业引导方面，学院积极配合主管部门做好"选调优秀高校毕业生到基层任职""选聘高校毕业生到村任职""大学生志愿服务西部计划""三支一扶计划"等项目，在助力乡村振兴方面，鼓励学生到农村投身扶贫开发、技术推广、电子商务等事业。一是大力营造良好的舆论氛围，做好政策宣讲工作；二是组织开展形式多样的活动，鼓励毕业生到中西部地区、东北地区和艰苦偏远地区以及人才短缺的行业就业，引导毕业生到基层和中小微企业就业、到国家最需要的岗位上去发挥作用；三是做好保障和持续跟进，对选择基层就业学生建立台账，作为校友工作重要组成部分，持续跟进毕业生的发展，并注重发挥他们的典型示范作用，为在校学生开展答疑和经验分享等。

（三）具体方案

开展重点面向毕业年级，同时覆盖各个低年级学生的多层次就业引导方案，具体做

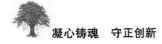

好基层就业"五个一"工程。

1. 基层就业政策宣讲

每学年开展不少于一次的基层就业政策宣讲。主要安排在每年4—5月，面向第二年毕业的学生，一般包括大三、硕士二年级（学制三年）、博士三年级以及其他预毕业年级的学生。重点向学生介绍国家基层就业政策、学校基层就业整体概况，以及对具体项目进行详细的解读，并根据学院就业的具体情况进行分析，总结计算机专业毕业生基层就业的优势，并有针对性地为同学们提出报考建议。（见图1）

通过开展政策宣讲，学院同时向学生说明毕业生基层就业学费补偿和助学贷款代偿、考研加分等政策，使学生提前做好报名准备和提早投入备考工作。

图1　计算机学院组织2021学年基层就业政策宣讲

2. 基层就业经验分享会

每学年组织不少于一次的基层就业毕业生经验分享会。一是通过邀请已经成功被基层单位录取的应届毕业生，在离校前开展经验分享。开展时间主要在每年5—6月。主要面向下一年度的预毕业学生，分享的主要内容是：报考注意事项、考试难度、考前准备、面试技巧心得体会，提醒同学们要注意自己综合能力的提升、积极参与社团活动及学生工作，并鼓励低年级同学们积极向党组织靠拢，尽早提交入党申请书，等等。二是邀请已经在基层单位工作的师兄师姐回到学校，向低年级学生讲解基层岗位的工作性质和主要内容，分享自己在工作中遇到的挑战和收获，用自身经历、经验为学弟学妹们答疑解惑，起到言传身教的作用，一般开展的时间安排在每年10—12月。（见图2）

图 2　基层就业毕业生经验分享会

3. 基层就业学子风采展示

每学年推送不少于一篇基层就业毕业生的风采展示。充分发挥学院官方微信公众号和网站等宣传平台的作用：一是组织征集基层就业毕业生简介，时间为每年 11—12 月，对当年已经在基层岗位就业的学生，组织他们报送个人情况介绍，并提交学校统一汇编成《家国情怀——中大学子在基层》专刊。内容包括基本情况和工作感悟（或给在校生寄语）两个部分，并附上个人工作或生活照片。二是对在基层工作岗位工作一年以上的表现出色的毕业生进行专题采访，对毕业生的工作成果和工作感悟进行深度报道，充分发掘和发挥学院毕业生在基层工作的优秀典型示范作用。

4. 基层就业单位专场招聘会

每学年配合一批基层单位在学院开展专场招聘和政策宣讲会。主动对接上级有关部门，积极联系用人单位，充分发挥校友资源优势，多方式多渠道拓宽适合计算机学子的优质岗位资源。协助开展线上、线下宣讲会和某些重点行业特招会等，包括完成会议报备、场地申请、入校引导、宣传以及现场协助等工作。（见图3）

为做好选调生政策宣讲和组织报考工作，每年建立有意向投身党政机关学生就业工作群，2022 届群人数达到 402 人，覆盖有意向报考国家公务员和事业等相关单位的2022 届应届学生及部分 2023 届学生。2021 学年已协助有关部门开展基层选调生招录宣讲会 5 场。

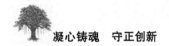

图3　某基层单位在计算机学院开展专场宣讲会

5. 基层就业毕业生座谈会

每学年组织不少于一次基层就业毕业生座谈会。开展时间为每年4—6月。主要邀请当年已报考基层就业项目的同学参加，座谈会的主要内容有：一是请毕业生代表结合自身经历，对选择基层就业的初衷和感悟展开分享。二是学院领导和老师寄语，学院对基层就业毕业生们的选择给予充分肯定和支持，勉励大家在砥砺奋进中坚守初心，在求真务实中提高本领，在攻坚克难中做出贡献。三是赠送毕业纪念册，鼓励大家在各自的岗位上努力工作，不负韶华。

（四）实施效果

计算机学院开展就业质量提升"五个一"工程，积极组织倡导毕业生投身基层建设系列活动，在广大学生中营造了良好的氛围，同学们对不同行业的就业岗位有了更全面的认识，在低年级学生的职业规划中洒下了基层就业的种子，使毕业年级学生进一步提升了报考的积极性。

1. 参加高校选调生项目的学生数量大幅提升

2021学年秋季学期共办理各省市的高校选调生项目26个，完成相关项目的通知挂网及发送、宣传、报名材料收集和提交工作，共计报名学生228人次，2021届进入基层单位工作的学生人数是2020届的2倍，较往年有较大的提升。

2. 有意向选择国家机关和事业单位、国企的毕业生人数显著提升

在2018届开展的毕业生就业意向调研中，希望选择在国家机关和事业单位和国企的毕业生占比为23.22%，在2022届开展的毕业生就业意向调研中，就业单位性质选择该项的占比为35.17%，较2018届提升了11.95%。

3. 大学生志愿服务西部计划等项目得到了更多同学的认可

由于计算机技术及产业更新换代快，毕业生市场需求更迫切等专业特点，以往选择

和关注服务西部计划的学生非常少，近两年计算机学院持续有学生选择到西藏林芝等地支教，实现零的突破。"用一年不长的时间，做一件终生难忘的事情"成为同学们的青春梦想。

三、经验与启示

2020 年疫情发生以来，全球的经济都受到了巨大的冲击。在疫情防控常态化前提下，就业形势复杂严峻，就业工作任务更加艰巨。计算机学院开展就业质量提升"五个一"工程在拓展学生就业渠道、促进学生就业多元化和培养学生家国情怀等方面发挥了较好的作用。

（一）提前规划部署

学生的职业规划指导需要提前规划、整体部署。从覆盖面上来看，学院做到了从低年级入手，构建覆盖各个年级的多层次的就业指导体系。如在 2021 级学生第一学年上学期即安排到行业内的大型企业参观。在每年的工作安排上，注重在关键时间节点上给学生提醒和辅导，保证了活动的实效。

（二）注重调查研究

为做好每一届学生的就业方案，注重提前做好调查，坚持每年完成学生的毕业去向意向调研和学生需要学院提供的就业指导调研。这样能了解到每年学生的就业趋势，从而有针对性地加强对学生的思想引导。同时也为了解行业发展和用人需求，进一步加强学生人才培养工作提供量化决策参考。

（三）做好宣传总结

在每项活动前期，通过采用学生喜闻乐见的微信推送、在线报名等形式对活动进行线上宣传，另一方面有针对性地面向毕业班学生进行线下讲解。同时，分类建立相应活动的咨询群，解答学生对活动的疑问，使学生能够最大限度地了解基层就业"五个一"工程的具体安排，并积极参与其中。活动结束后及时总结反馈，并定期对学生的就业去向做记录和分析。

（四）不足之处

学院就业质量提升"五个一"工程在院内安排的活动多，在学生走出校园、通过实践的方式深入基层方面的实践教育还不够。同学们的认识主要来源于学院的政策介绍

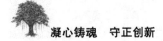

和师兄师姐的经验分享，今后可以策划组织学生到更多重点行业、重点领域进行专业实践，进一步加深同学们的认识和体验。另一方面，参与国家选调优秀毕业生项目的学生人数越来越多，相应岗位对学生的要求也越来越高，由于计算机专业学生在文字组织、语言表达等方面相比文科类专业学生较弱，学院还应注重提升学生在岗位竞聘上的能力和技巧，开展一系列有针对性的培训和辅导。

扎根校园服务社会，学以致用勇于担当

——以中山大学物理学院家电义务维修小组为例

中山大学物理学院党委副书记　黄靖
中山大学物理学院团委书记、研究生辅导员　雷世菁
中山大学物理学院本科生辅导员　徐述腾

一、案例概述分析

作为自然科学中的一门偏基础的学科，相对于其他应用性较强的工科而言，物理专业的课堂学习会更偏重于学生理论知识的储备和逻辑思维能力的培养。同时，物理学知识在日常生活和社会生活中都有着非常广泛的应用，如何能够让书本和课堂上的力、热、光、电等物理学知识真正应用于日常生活，让学生能够通过社会实践的方式将第一课堂知识予以延伸，并用于解决生活中的实际问题，做到学以致用、惠之于民，对于学生专业兴趣的养成、实际问题的解决能力和家国情怀的培养都有着至关重要的作用。

学生社团是高校育人的重要阵地，也是大学生实现自我教育、自我管理和自我服务的重要阵地，如何通过学生社团来引导同学们优化自身知识结构，发掘自身潜能，培养知识应用能力，将第一课堂与第二课堂融合，将所学知识实践于服务群众当中，让学生们在奉献中收获成长，是中山大学物理学院一直在探索和思考的问题。

二、案例解决方案

物理学院家电义务维修小组（以下简称"家电小组"）就是从一件件家用电器的维修中开启了志愿服务与专业实践相结合的道路。自1994年物理学院家电义务维修小组成立至今，一届届家电人始终秉承着"服务、团结、奉献"的宗旨，通过多年来的积淀和创新，坚持做好了家电义务维修这一件小事，让服务师生、回馈社会的观念根植于每一位家电人的心中。

家电小组也从最初只有几个人的维修小队成长为集电器维修、电脑维修、科研创新、内外联络、宣传等各项功能齐备的校级学生社团，形成了以维修电器为基础、传播科学知识为己任、深挖科研创新为发展点的学术社团工作新格局。如今的家电义务维修小组将进一步扎根校园、走进社区、深入乡村，服务师生、回馈社会，助力国家脱贫攻坚。

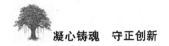

（一）校内维修、学以致用，践行公益精神服务师生所需

校内大维修活动是家电小组的品牌活动之一，家电小组每个学期都会定期前往各个校区开展家电大维修活动。成员们通过摆台的方式在固定时间和地点来接修师生们的家电器件，从最初几十人到上百人，甚至到排不上队，通过预约登记由家电成员上门维修；从最初的收音机、电风扇到后来的手机、电脑、电磁炉等多种多样的家用电器，家电小组的成员们从师生的实际需求出发，不断提升自己，在一次次组培中钻研家用电器的构造，学习应用电路分析等技术，始终保持对维修的初心和态度，将家电维修这件小事做到极致。（见图1）

为了更好地服务师生，在家电大维修活动之外，家电小组还在中山大学南校园的学生宿舍区设立了固定的"家电工作室"，安排成员轮流值班，对外开放接修，真正做到服务师生所需。

在授人以鱼的同时，家电小组还会定期邀请到有经验的学员或老师来为社团内外的同学们提供技术培训与支持，家电小组结合学院自身物理学科特色开展社团技术培训，将一些简单实用的家电维修方法和经验手把手教给感兴趣的同学们，做到共同进步。

图1   物理学院家电义务大维修活动现场

（二）科技下乡、惠之于民，助力脱贫攻坚传播知识技术

作为"科技下乡"的主力军，家电小组积极参与学校各类"三下乡"、扶贫项目，足迹遍布广东各地市，曾到过广西百色、连州柯木湾村等地。在"三下乡"社会服务中，家电小组帮助当地居民维修家用电器和农具，解决生活所需，获得了良好的口碑，因此也成了中山大学最受欢迎的扶贫项目之一。（见图2）

为了更好地服务当地群众，家电小组成员会在行前做好充分调研，并根据活动主题

和目的地情况，在校内进行预演培训，普及农用工具知识，了解其构造，从理论层面做足准备。同时每次大维修活动都会由新老成员结合组队，如果现场碰上日常不是很熟悉的农用工具，或者村民带来一些较为老旧款式的家电，会安排经验丰富的成员进行接修。家电小组的每一位成员都努力做到从群众利益出发，为了不耽误群众的时间，及时把维修好的电器归还给物主，同学们有时候忙到没时间吃饭，甚至需要熬夜赶工，深夜的招待所里还能听到隔壁装卸电风扇试转的声音，偶尔还有拆开电磁炉蹦出蟑螂时年轻成员的惊呼声。

家电小组在修完家电之后，担心物主会因为不规范操作和不会保养导致其他问题，还编写了一本《电器、电脑简单维修保养手册》，在返还维修好的电器时还会附送物主一本维修保养手册，并安排同学进行现场讲解，将家电维修的知识传播出去，惠之于民，将知识、技术和服务带给更多有需要的人们，践行志愿精神和脱贫攻坚精神，展现中大学子的青年力量。

图2　家电义务维修小组参加暑期"三下乡"社会实践活动

（三）科研创新、提升自我，促进产学融合提高实践能力

在服务群众、践行公益之外，家电义务维修小组还注重科研能力的提升和创新精神的培养，家电小组社团下设科研创新小组，由学院专业老师引领，通过课题调研、小组培训、技术讲座等产学融合、研学融合的方式，组织社团成员参与各类科研项目和课题，对科技前沿方向进行探索和研究，通过及时的创新研究来解决学生在实践操作中所遇到的问题，为后续的实践提供指导方向，综合提升学生的动手能力与应用技术。

同时，家电小组还是一支基础扎实、素质过硬的学生队伍，家电小组坚持以赛促学，学以致用，积极组织社团内成员参与校内外的各项学术、科研及创新创业等比赛，形成了通过课堂所学去收集问题、通过公益实践来解决问题、通过学术竞赛去验证问题的全方位钻研和实践，让物理学的知识在实践和钻研中更加生动有趣，易于接收。通过组队参加专业性的学术和科研竞赛，也增强了社团内同学们的集体荣誉感，使广大同学

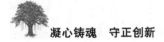

优化了知识结构，开阔了学术视野，助力学生成长成才。

近年来，家电义务维修小组在广东省物理实验设计竞赛、全国大学生物理实验大赛、全国大学生光电设计大赛等赛事中多次获奖，在第十届大学生服务外包创新创业大赛中斩获了一等奖的好成绩。（见图3）

图3　家电义务维修小组获得第十届大学生服务外包创新创业大赛一等奖

三、经验与启示

青年学生有热情、求知欲和创造力，也渴望实现自己的价值，学生社团应当有针对性地开展积极向上和丰富多彩的社团实践活动，满足学生求知识、强技能、渴望被认可的心理需求，为学生提供走出校门、认识社会的实践机会，让学生在自我奉献的同时能够获得社会的认可和尊重，促进学生的全面发展。

有意义的社团活动可以充分激发和调动学生的热情，发挥学生特长，让学生在社团活动中获得成就感和认同感，是助力学生成长成才的关键。物理学院旨在强化社团建设，形成积极向上的社团文化，实现社团"团结人""教育人""锻炼人""培养人"的目标。

家电义务维修小组坚持通过校内定期举行大维修活动，真正做到为师生群众办实事，日均服务超百人，接修电器上百件；家电小组还走进基层和社区，开展社区大维修服务，为当地居民免费维修家用电器，日均服务时间超过8小时；同时，家电小组每周固定举办组培活动，面向社团内外的学生，提升学生们的专业技能，每年培养"维修人才"近百人，每届成员均参与制作和更新维修知识相关手册以便民利民，年均印发近千册。

家电义务维修小组曾多次获得校级优秀社团的荣誉，2011年获中山大学第一批大学生思想政治教育育人精品实践活动第一名，还获得教育部思政司颁发的全国高校校园文化建设优秀成果二等奖。

一代代的家电人通过义务维修服务、参与学科竞赛，提高自身本领、磨炼意志，培养社会责任感，积极响应国家政策，做到走出校园接轨社会，成为一名有社会责任意识、有科技实践能力，德智体美劳全面发展的大学生。未来家电人将继续紧紧围绕立德树人的根本任务，不断提高技术水平和创新能力，发挥社团育人的重要作用，做到学以致用、服务社会，将家电人"服务、团结、奉献"的精神薪火相传！

志愿服务团队建设三连 up，学生综合素养提升加 buff

——记学院学生志愿服务队团队建设

中山大学计算机学院团委书记、研究生辅导员　黄玲娟

一、案例概述分析

在 2019 年以前，作者所在学院的学生课外科技实践类活动一为学业辅导类，辅导效率低、覆盖面窄；一为暑期"三下乡"社会实践活动，未能长期坚持定点定向地开展工作，实践成效不突出。究其根源，存在以下几点问题：第一，活动中的思想引领作用式微，与学院、学校乃至国家的发展核心事业链接性差，未能充分服务中心、服务大局，无法有效地引导学生立大志明大德做大事；第二，活动专业契合度低，内容形式无创新，缺乏专业教师指导，专业素养提升效能有限；第三，活动开展以"游击战"形式呈点状散开，无法形成合力，无团队建设意识，活动经验传承不足。

因此，经过上述现状和问题的梳理，作者整合学院多方资源，成立学院学生志愿服务队，明确志愿服务队服务他人、服务社会、服务大局的主任务，通过开展计算机科普、辅助教学和科技实践（即"三下乡"社会实践）的三个主要活动，实现志愿服务培养学生主人翁意识、奉献精神，提高学生的思想政治素养，提升学生专业实践能力的主目标。

目前服务队建设成效初显，计算机科普团队已推送科普文章 19 篇，组织超算科普交流活动近 200 场，服务超过 8000 人，年度服务时长超过 1000 小时；辅助教学团队完成 4 门专业必修基础课程的慕课建设，线上推送 20 期，观看人次超过 6000 人次，带动团支部深入开展线上课程建设，团队成员参与学院专业课程教改；科技实践（即"三下乡"社会实践）定点于学校对接帮扶的连州市丰阳镇开展线上支教和电商平台建设技术支持，其间获得学校暑期"三下乡"社会实践优秀个人，以及中国大学生知行促进计划 2020 年立邦"为爱上色"中国大学生农村支教项目校级优秀奖。

二、案例解决方案

（一）提升思想引领力，明确队伍建设主任务

学生课外科技实践活动的建设作为"三全育人"的重要环节，不仅需要作为"第一课堂"的补充，实现学生实践能力提升，更重要的是应当充分体现思想引领的作用，让学生在实践中培养立大志明大德做大事的人生观与价值观。

既往的课外科技实践活动中具备一定实践能力提升作用，但组织团队未能在工作中明确工作重点，未能将科技实践服务与社会发展进入新时代，面临的新形势和新要求结合起来考虑，未能与国家的重点领域或者重点事业相结合，导致在引导学生树立远大理想，将个人青春梦与中国梦结合进行人生规划的方面有所缺失。

因此，在拟定学生志愿服务队的建设方向上，学院明确队伍建设的主要目标就是要通过志愿服务的项目使学生能充分利用自身的科学技术知识参与"惠民、利民、富民、改善民生"的科技创新工作，确定工作方向分别以科普、辅助教学和技术"三下乡"为着力点，形成体系化的设计，全方位覆盖技术实践的各方面。

1. 计算机科普——为技术实践插上创新发展的羽翼

2016 年，习近平总书记在中国科协第九次全国代表大会上强调，科技创新、科学普及是实现创新发展的两翼，要把科学普及放在与科技创新同等重要的位置。

大学生作为科学技术的学习者不仅承担着科技创新的重任，亦当承担起科学普及的责任。因此，在服务队建设规划中我们将计算机科普作为其中一个团队进行独立运营。

2. "慕课"辅助教学——"互联网＋"思维提升效能

在"三全育人"背景下，学业辅导是在本科生全程导师系统之外学生自我教育和自我服务能力发挥增进的重要平台。而随着互联网技术的发展，教育形式和内容都在不断创新变化，为适应新时代学生思维方式的新变化，学院团委引入"慕课"的形式创新学业辅导形式，将"慕课"教学作为独立的志愿服务团队来建设推进，一方面通过助人形式的创新继续发挥学生在大学知识传承和传播方面的重要作用，另一方面"互联网＋"思维方式的引入在既往"一对一"帮扶的基础上提高帮扶效率。

3. 科学技术下乡——投身脱贫攻坚和乡村振兴

2014 年 10 月 17 日，习近平总书记对扶贫工作作出批示："消除贫困、改善民生、逐步实现共同富裕，是社会主义的本质要求，是我们党的重要使命。"要让学生走进农村，走进脱贫攻坚，亲身实践技术扶贫、技术提升农村现代化，才能加深学生对中国特色社会主义共同理想和共产主义远大理想的理性和感性认识。因此，暑期"三下乡"

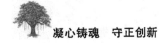

社会实践活动纳入服务队进行管理，将以往"活动式"的组织形式改为常态化运行，并确定将定点在学校对接帮扶的村镇开展技术下乡相关工作。

（二）提升专业实践力，项目建设有序高效

1. 针对不同受众合理设计，让计算机科普"平易近人"

计算机科普工作相较其他学科知识的科普具有两重壁垒：第一，相较其他学科，技术性的内容难以通过历史故事、名人轶事或者科学幻想将知识"符号化"，其概念原理、设计思路、操作环环相扣，注重知识理解和消化。第二，计算机作为一个近几十年才发展起来的工程学科，故事和历史都很短，但新的概念和体系层出不穷，无论是介绍新的概念和未来的发展趋势，抑或是介绍设计原理或实现技术方法，都具有较强的逻辑性。因此，计算机的科普创作相比知识性内容要更"费脑筋"，也更枯燥、缺乏吸引力。

所以，我们针对不同的受众，确定了两个不同的科普工作方向。一方面，团队面向在校学生进行计算机前沿知识的普及。在校生具备较强的专业知识、阅读能力和理解能力，部分同学也具备一定计算机专业的基础，因此可以开展前沿知识的科普。在文章数量保障上，一方面面向全体在校师生征稿，扩大供稿来源，一方面联合学术类学生社团进行供稿，保证供稿的持续性；在文章质量保障上，一方面邀请学院专业教师审核文章的科学性、前沿性，一方面选拔一批学生作为读者先行验证科普文章的易读性，最后由行政指导老师审核用词用语。目前团队已推送科普文章19篇，内容涉及计算机发展史、具体算法的运用、区块链等前沿技术应用等。

另一方面，服务队充分运用国家超算广州中心的平台优势，将超算知识的大众科普作为重点建设内容。服务队主要承担项目撰写推送、计划开展讲座，同时在国家超级计算广州中心为来访者提供志愿讲解。2019年下半年，志愿者们负责组织来自粤港澳大湾区乃至全国各界人士的超算科普交流活动近200场，服务超过8000人，年度服务时长超过1000小时。为了应对疫情影响，2020年后的线下活动转为云上科普活动，志愿者们开展讲座、VR参观天河二号主机系统机房、有奖互动等活动内容更加丰富。超算科普让公众普遍感受到超算科学带来的福祉。

2. 助人自助，辅助教学让学业辅导走出广阔空间

辅助教学课程定位为专业基础课程的课外补充，因此在课程选择上囊括了高等数学、程序设计、数学分析、高等代数等同学们反映较难的基础课。志愿者团队不仅需要拟定课程大纲，选定重点讲授知识点、有代表性的习题，还需要完成课件制作、"慕课"录制及剪辑，并且对课程进行质量管控。相较既往的"一对一"帮扶，"慕课"制作将系统性提升学生对专业知识的融会贯通的能力，增强对课程的全方位掌握，授课能力的培养以及对项目运营管理的经验积累。

为保证课程与教学内容的适应性，教学团队均由完成了课程学习的学生组成，并每

年根据相应课程教学大纲拟定"慕课"的课程大纲，提前完成课程制作，在课程进行时同步进行推送，第一时间将"慕课"提供给正在学习的同学。并且团队邀请相应的任课老师作为课程指导老师对课程内容进行指导和审核，保证课程质量。再者，为持续性改进课程，设立课程反馈机制，并在课程改进制作中进行完善。

团队目前已完成了 4 门专业必修基础课程的"慕课"建设，线上推送 20 期，观看人次超过 6000 人次。"慕课"教学不仅扩大了学业辅导"随手可及"性，同时拓展了辅助教学对象的适用面。团队核心成员带领团支部深入开展线上的计算机软硬件知识科普讲座、量子技术深度学习等高新技术科普讲座，内容涵盖计算机语言、计算机算法等相关知识，同时开设习题讲解课程、习题解答群等，目前全网各平台累计播放量 10 万以上，收到数千条留言称赞，帮助数百人进行知识的分享和解答、科普与收获。团队成员还参与了学院"程序设计"专业课程的教学改革和课程思政的建设，目前该门课程教学改革获评中山大学第十届教学成果二等奖，被广东省 2021 年度本科高校课程思政改革示范项目认定为课程思政示范课堂。

3. 走进乡村振兴，在农村广阔大地试可为

我院既往暑期"三下乡"社会实践活动分别走访了广西防城港，海南白沙，广东河源、茂名、清远等地，分别开展过电脑基本使用技能培训、特色农产品和农业发展状况调研、农村电商调研等，具备一定的农村科技实践的基础。为增强社会实践的连续性，深耕一处力打一处，使技术帮扶的效果显现，服务队确定以学校定点帮扶的清远市连州市丰阳镇及其周边为重点地区开展调研和活动。

在前期，团队成员经常性地前往帮扶地开展基础调研。不仅与连南瑶族自治县教育局进行座谈，走访县各中小学开展信息技术课程建设调查，同时走访多家农企，包括瑶山特农发展有限公司、连州市荣记农业发展有限公司等，与连州农商银行相关负责人进行座谈，到柯木湾村进行实地考察等，充分摸查农村农业"互联网＋"发展情况。基于调研成果团队的优势，将针对农村教师信息技术培训、农村学生计算机教学、特色农产品互联网平台建设作为项目实施重点。

其间，针对连南县中小学电脑办公软件基础使用问题，项目组录制相关微课，寻找相关学习资源，及时接收教学反馈；针对柯木湾村电商发展需求，成员协助搭建网上商城，运营公众号，教授抖音直播等现代化的产品推广方式以扩大农产品销售渠道。同时，学院专任教师亦与学生一同前往柯木湾进行技术开发研讨。团队负责人获得学校暑期"三下乡"社会实践优秀个人表彰，暑期支教项目获评中国大学生知行促进计划2020 年立邦"为爱上色"中国大学生农村支教项目校级优秀奖。

（三）提升规范建设力，为团队发展赋能

1. 制定队伍管理办法，规划队伍建设方案

为保障队伍建设在方向上正确、在管理上运转高效、在传承上接连有序、在后勤上

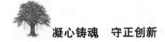

保障稳妥，在建立团队初期，学院首先拟定了学生志愿服务队管理办法，通过制度建设的方式为组织建设和项目建设提供有力保障。管理办法的制定过程即为队伍建设的规划过程，其中不仅凝练了队伍建设的主要目标、主要方向、主要任务，同时对队伍职能、人员管理、项目激励、条件保障进行了明确规定，使队伍从成立即进入有序建设的状态。

2. 阶梯式培养核心成员，为成长保驾护航

项目建设的核心为团队建设，队伍成员经过严格的遴选，学院综合思想政治素养、学习情况、志愿服务经验等多方考察后方纳入团队管理，并不定期吸收优秀学生，保证队伍成员覆盖各个年级，具有持续发展的能力。服务队的服务经历不仅纳入评优"推优"的考量，服务队亦为成员提供多方面的成长福利，例如参与科普供稿的同学可以获得专任教师对文章的修改指导，参加超算中心科普志愿服务的同学可以获得超算中心实习的优先机会，参与辅助教学的同学可以被推荐参与课程改革项目，这些都使成员获得更高层次能力发展的机会。

三、经验与启示

（一）思想政治工作贯穿全程

中共中央、国务院《关于加强和改进新形势下高校思想政治工作的意见》提出，高校要把立德树人作为根本任务，坚持全员全过程全方位育人（以下简称"三全育人"）。学生课外科技实践活动是辅导员开展思想政治工作的重要抓手，是思想价值引领的重要环节，是实践育人的重要体现。因此，学院在活动设计中要抓牢思想引领的根本目标进行规划，活动内容要跟进新时代发展要求，活动全程要坚持服务中心大局的方向。

（二）学生活动体系化设计

学生课外科技实践活动主要目的在于提升学生专业实践能力，因此活动必须充分体现学科特色，始终围绕学术创新进行设计思考。相较既往活动开展的"游击战""单兵作战"模式，现有的志愿者团队各有侧重，又互相辅助，计算机科普及辅助教学内容互为关联，可用于科普亦可用于教学，而两者较为成熟的内容亦可供"三下乡"团队服务地区使用，"三下乡"实践中发现的问题亦能提供其他团队进行研发解决，通过体系化的设计思维让项目间互为补充、互相推进。

（三）规范化、科学化建设团队

　　活动建设成效高低、持续发展潜能高低的核心均在于团队建设，团队建设的核心在于人，而辅导员擅长的正是做"人"的工作。活动中思想政治教育工作不仅要体现在活动的设计中，更要运用党的指导思想指导团队建设的实践，加强团队的思想建设、政治建设、组织建设、作风建设、纪律建设，将制度建设贯穿其中，规范而科学地推进团队建设，使团队获得"1＋1＞2"的效能。

以"四大纽带"为抓手，打造"宽口径、广覆盖"的公共卫生课外科研活动指导新模式

——以社区慢性病防治科研活动为例

中山大学公共卫生学院研究生辅导员　王皓翔
中山大学公共卫生学院党委副书记　王燕芳

一、案例概述分析

公共卫生作为以预防疾病、延长寿命、促进身心健康为使命的应用型学科，是"健康中国"战略的重要基石。随着社会发展需求的不断变化和服务体系升级，大学生在公共卫生理论知识学习的同时，急需丰富的课外科研实践活动作为课堂教学的关键补充和重要延伸。"健康中国2030"规划纲要提出以基层为重点，以改革创新为动力，以预防为主，把健康融入所有政策。以慢性非传染性疾病（简称"慢病"）这一重大公共卫生与健康问题为例，多层次、多学科的社区立体干预是慢病防治的发展趋势。然而，在传统的分学科类别教学培养模式下，课堂教学与实践环节往往缺少交叉与融合，学生的创新能力培养与发挥难以充分实现。

针对这一问题，公共卫生学院青年教师辅导员发挥自身的学科优势，将第一课堂与第二课堂相融合，以卫生管理学系开设的社区慢病管理相关课程内容作为切入点，依托粤珠三角地区社区卫生服务机构协同创新实践基地等资源，将基于校园的课堂教学与社区导向的实践应用密切结合，提供了学生课外科研活动指导的平台。在这一过程中，以辅导员在学生工作中发挥的"四大纽带"作用为关键抓手，即"家校共育"的人文纽带、"传道授业解惑"的学术纽带、"专业知识与红色文化"的思政纽带、"学生个人追求与社会需求"的精神价值观纽带，借助公共卫生与预防医学大背景下健康管理"宽口径、广覆盖"的交叉学科特点，探索培养面向"健康中国"重大战略需求的，有"大卫生、大健康"观念的复合型公共卫生健康管理创新人才。

二、案例解决方案

（一）"家校共育"的人文纽带抓手

《中国防治慢性病中长期规划（2017—2025年）》指出，预防为主是慢性病防治基本原则之一，应推动由疾病治疗向健康管理转变，建立预防、治疗、康复、健康促进等一体化慢性病防治体系。慢病具有普遍性，且会带来巨大的家庭负担。家庭是社区的基本单位，也是慢病管理的重要依托。在健康管理过程中，通过家庭成员的督促配合和心理支持形成合力，提高糖尿病患者的饮食、身体活动及药物治疗的依从性，减少疾病对情绪的影响和提高生活质量，尤为关键。社区慢病人群健康管理课外科研活动注重引导学生了解社区的人口学特征、疾病家族史、药物服用与健康生活方式依从性、卫生服务利用情况；在社区家庭医生签约服务团队的实地调研中，引导学生重点了解社区如何开展持续性、综合性、个性化的服务，如何早期发现并处理疾患，如何强调预防疾病和维持健康，如何协调利用社区内外的各种资源，从而实现以习近平同志为核心的党中央提出的"公共卫生服务和医疗服务有效衔接"。这一实践过程亦是高校青年教师辅导员对学生"家国"情怀的熏陶教育过程和中华优秀传统文化的传承过程，能够引导学生践行使命担当，成为德才兼备和祖国需要的公共卫生与预防医学卓越人才。

（二）"传道授业解惑"的学术纽带抓手

1. 多学科课外科研活动指导团队的构建

在"大卫生、大健康"的新时期背景下，社区慢病健康管理的学科门类覆盖面广、综合性强，具有鲜明的"宽口径、广覆盖"的交叉学科特点。例如社区糖尿病健康管理既涉及对高血糖和代谢紊乱的控制，也需通过健康教育和系统管理，预防眼、肾、心脏、血管、神经的慢性损害与功能障碍等并发症，并通过流行病学研究提供循证依据。青年教师辅导员作为健康管理课外科研活动的"引路人"，主持组建了具有不同学科背景、学术水平较高、富有改革创新意识，有志于培养宽口径、广覆盖的健康管理课外科研活动指导团队，这有助于提升课外科研活动的学术前沿水平。目前，团队核心成员有9人，来自5个不同的二级单位，8人具有公共卫生或医学相关博士学位，并有英国、美国、澳大利亚、中国香港等海（境）外学习和工作背景。部分团队成员有参与国家双语示范课程、省级网络精品课程等教学改革项目建设的丰富经验。在多学科辐射面基础上，指导团队成员能多角度开展教学指导、科研设计、实践基地临床现场带教指导等工作，符合实践教学要求。

2. 课外科研活动实践指导的"三驾马车"

（1）实地调研。青年教师辅导员发挥统筹协调作用，带领课外科研活动指导团队，作为广东省卫生健康委省城乡家庭医生式服务专家指导组专家成员，在主持的省、校级教学改革项目实施过程中打造的覆盖广东省珠三角及粤东西两翼地区基层医疗卫生机构科研协作网络基础上，建立了社区多重慢病防治实践教学基地，为学生提供了调研现场和丰富的提早接触社区、接触人群的机会。在慢病初级卫生保健技术与方法的传授基础上，通过实地调研社区卫生服务的提供者和使用者，学生可从不同角度了解社区慢病人群的健康管理，身临其境理解在我国推进以基层医疗卫生服务为核心的医疗改革背景下，社区全科医生团队如何利用社区平台开展慢病人群的健康管理。

（2）创新实践。青年教师辅导员运用学科专业知识积累，结合主持的国家自然科学基金项目等多项研究内容，与课外科研活动指导团队重点引导从首诊性、持续性、统筹协调、综合性、以患者及家庭为中心、社区健康需要为导向、与文化相匹配服务等初级卫生保健的七个关键环节入手，设计多样化、多层次、多学科的立体干预方案。课外科研活动指导团队开展的"传、帮、带"，为学生提供了可自主设计多重慢病现患人群及高风险人群的健康管理计划的机会，并借助社区家庭医生签约服务实施干预和定期随访，探索全科医生、公卫医师、护士、康复师、心理咨询师、营养师、药剂师、健康管理员、社会工作者等"心往一处想、智往一处谋、劲往一处使"的建设，探索作为家庭医生服务团队的重要组成发挥的协同创新作用。

（3）科研训练。在定性评价中，团队注重指导学生采用专题讨论及访谈形式，从政策管理、财政激励、资源筹组等角度，结合学生自身研究兴趣，对服务提供过程及实施效果进行分析。在定量评价中，临床一线骨干人员具体指导学生学习如何通过临床实验检查法结合问卷询问，对体格检查指标及生活方式信息进行定量采集。在课外科研活动指导团队设计的一系列流行病学调查、资料统计分析等初级卫生保健研究方案基础上，学生可对创新实践模块开展的"干预—随访—评价"思路下的健康管理实施效果进行定性及定量评价，将研究结果和发现以学术论文的形式发表，并通过青年教师辅导员在中华医学会全科医学分会、中国医师协会全科医师分会等作为青年委员的国家级社会兼职，参与和同行专家的学术交流。

（三）"专业知识与红色文化"的思政纽带抓手

在健康管理课外科研活动过程中，学生在专业理论知识学习的基础上，可进一步理解通过慢病管理模式的探索与创新，提高大众对疾病谱以及慢病的认知，促进健康管理和预防疾病水平的提升，对落实医药卫生体制改革具有关键意义。通过对健康信息采集、健康检测、健康评估、个性化照管、健康干预等重要手段的综合运用，以及对生活方式相关健康危险因素的持续改善和全面管理，也可帮助学生进一步打通健康管理相关学科的知识壁垒，并对医学、人文、经济及社会发展等不同学科专业知识进行融会贯通和孵化拓展。学生通过走进社区、走进基层，可切身实地感受我国基层医疗卫生体系的不断发展和完善，及其为人民群众带来的巨大变化；感受习近平新时代中国特色社会主义思想转化为推进改革发展稳定和党的建设各项工作的实际行动；感受红色文化的党性力量、感悟红色精神的信仰力量和共产党人精神追求的信念力量，以及实现预防疾病、增进居民健康、延长居民寿命、提高居民生命质量的决心力量；进而加强高校学生作为社会主义建设者和接班人，坚定对中国特色社会主义理论体系的理想信念，坚守共产党人的精神追求，坚固红色支柱和动力源泉。

（四）"学生个人追求与社会需求"的价值观纽带抓手

长期以来，高校医科学生群体往往将三甲医院作为就业的首选目标，而对基层医疗卫生机构缺乏重视，基层卫生的优秀人才短缺现象尤为严重。在"健康中国2030"的战略需求下，基层医疗卫生机构不仅扮演社区居民的健康守门人这一重要角色，还发挥着实现全民健康覆盖、促进社会公平的重要作用。青年教师辅导员发挥与学生密切接触的天然优势，结合自身作为国家级全科医学师资的教学与科研培训经历，鼓励学生在多学科团队背景下围绕慢病防治主题，结合个人兴趣追求自拟研究方向进行科研实践，从而促进改变学生群体长期以来对慢病管理的误解，即认为仅需要掌握临床医科知识，而未深刻意识到普及健康知识、开展健康促进、增强个人健康责任意识需要健康管理多个相关学科的共同努力。社区慢病人群健康管理课外科研活动的开展，有助于促进学生理解社区在应对慢病挑战中的长远重要作用，在潜移默化中引导学生树立科学的就业观与成才观，面向人民健康，践行公共卫生与预防医学理念；有助于引导高校毕业生服务国家重大战略需求、服务国家和区域经济社会发展；有助于推动毕业生到重点地区、重要领域就业；有助于鼓励毕业生到西部和基层就业创业，到祖国最需要的地方建功立业。

三、经验与启示

过去五年间，社区慢病人群健康管理课外科研活动先后吸引了近40名学生参与，在科研实践中发表论文29篇，其中SSCI/SCI论文11篇、中文核心期刊10篇；部分研究生还参与了广东省优秀科技专著及人民卫生出版社6部全科医学教材和教辅参考书的文献检索与资料收集，以及由陈竺院士主审、曾益新院士主译《全科医学》（第九版中文版）等国外经典教材的翻译，展现了"健康中国"建设背景下的慢病健康管理人才培养及应用转化潜力，打造了课外科研活动指导新模式。

针对高校学生培养过程中存在的短板，以青年教师辅导员在学生工作中发挥的"四大纽带"作用为关键抓手，通过探索与开展"宽口径、广覆盖"的社区慢病人群健康管理课外科研活动，借助多层次、宽口径、广覆盖的交叉学科优势，将校园课堂教学与社区实践应用相结合，既强调跨学科理论知识的掌握，又突出实践能力与思维的创新。这一创新指导模式的意义具体体现在三个领域：①在知识领域，通过传授全民健康的理念，帮助学生理解健康管理原理和方法，了解慢病特别是多重慢病带来的挑战，提高对疾病谱及慢病相关内容的认知；②在能力领域，帮助学生掌握慢病健康管理的思维方法和基本技能，培养逻辑思考能力、情景思维能力、想象力、交流表达和团队协作能力；③在情感领域，引导学生了解社区常见慢病的健康管理模式，了解如何通过初级卫生保健，开展社区生活方式综合干预以及进行评价，培养对社区慢病人群健康管理的兴趣与热情，助推"健康中国2030"与"中国梦"通过不同学科在卫生健康领域的实现。慢性病防治重在社区，重在预防，重在社区人群健康管理。在我国大力发展全科医学的背景下，通过打造有公共卫生与预防医学特色的社区慢病人群健康管理课外科研活动指导新模式，有助于全科（家庭）医学理念的深度延伸与拓展，夯实"宽口径、广覆盖"的初级卫生保健基础，促进具有"大卫生""大健康"观念的高校"复合型创新型人才"的培养，展现了"健康中国"建设背景下公共卫生健康管理人才培养及应用转化潜力。

参考文献

［1］"健康中国2030"规划纲要［EB/OL］.新华社，［2016–10–25］.https://www.gov.cn/xinwen/2016–10/25/content_5124174.htm.

［2］吴小亚，王皓翔，罗汀，等.我国社区全科医生团队签约服务下的慢性病防治与实践模式分析［J］.中国慢性病预防与控制，2018，26（11）：877–880.

［3］胡秀静，吴小亚，王家骥，等.慢性病防治视角下的我国医养结合与健康管理发展回顾［J］.中国慢性病预防与控制，2019，27（8）：561–564.

［4］王皓翔，黎宇婷，王怡，等.基于社区多重慢病防治教学与实践的初级卫生保健人才培养探索［J］.中国慢性病预防与控制，2019，27（11）：879–881.

［5］施榕，郭爱民.全科医生科研方法［M］.2版.北京：人民卫生出版社，2017：270–284，311–329.

［6］Campos-Outcalt D.全科医学［M］.曾益新，主译.9版.北京：人民卫生出版社，2018：97–117.

创新实践出成效，科研育人显特色

——以中山大学微电子科学与技术学院"专业微电金字塔"为例

中山大学微电子科学与技术学院直属党支部书记　靳祥鹏
中山大学微电子科学与技术学院团委书记　庞伟
中山大学国际金融学院本科生　陈泽曼

一、工作室名称

大学生学业和科技学术实践指导工作室。

二、工作理念

深入贯彻中共中央、国务院印发的《关于加强和改进新形势下高校思想政治工作的意见》（中发〔2016〕31 号）和教育部《普通高等学校辅导员队伍建设规定》（教育部令 43 号）精神，加强辅导员队伍建设，发挥团队作用。通过搭建大学生学业和科技学术实践指导工作室组织化、制度化、科学化平台，坚持全面覆盖、突出重点、分类指导和协同发展四大原则，提供专业化的引导、辅导、指导、督导和咨询、支持服务，全面提高学生学业质量，服务学生的发展与成长成才。

三、工作方法

本工作室以主持人为中心，打造高效辅导员工作团队。团队成员由本校不同院系的辅导员组成，探讨与学科专业特色紧密结合的辅导员工作方式，不断提升工作室的专业化、职业化水平，在工作方法上做好宏观与微观设计。

宏观设计：形成"优良学风保障＋实践能力提升＋理论知识深化"的学业发展金字塔，广泛运用于成员所在学院。

微观设计：针对学科特色和专业特点，做到一院一策，设计精品项目融入学生成长全周期。以中山大学微电子科学与技术学院为例，工作室将上述学业发展金字塔融入学院建设中，以"博采众长"学习小组、"芯·动"劳动实践大赛、"TTL"（The me team and laboratory）本科生科研计划为三大品牌，提升学院学生培养质量。

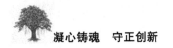

四、案例简介

（一）背景与现状

中山大学微电子科学与技术学院成立于 2019 年，是学校强化和发展微电子学科的创新举措，旨在培养世界一流的集成电路设计和制造的高级人才，致力于国家急需的自主产权的高性能芯片的研究。

作为成立仅有两年的新建学院，学院面临人才培养的独特困境：①学院专业课程难度较大，学生学习程度差异明显。学院本科生源地覆盖全国不同地区的高中，学生高中知识基础差异较大。专业课程课堂知识容量较多且难度较高，需要课下投入更多时间消化理解。②学生数量和培养层次较少，缺少本科高年级。学院 2019 年招收第一届本科生，2020 年招收第二届本科生和硕博，目前本科仅有两个年级，缺乏高年级学生的引领和示范。③学院学科性质特殊，面向国家重大需求。学院的成立顺应时代发展和国家需求，肩负解决国家"卡脖子"难题的重要使命。在学生学业培养上更应注重"厚基础、重能力、求创新、强应用"，做到理论知识和实践能力齐头并进，为国家关键领域输送精英人才。

针对上述困境，学院结合工科特点和学生成长周期，构筑"基础知识 + 创新实践 + 科研育人"微电专业金字塔，打造"博采众长"学习小组、"芯·动"劳动实践大赛、"TTL"本科生科研计划三大品牌，定点突破上述问题。"博采众长"学习小组通过选拔一批学习基础较为扎实的小导师，根据兴趣和科目优势组成学习小组开展互助式学习。通过互助式学习，缩小学生因知识基础差异带来的学习差距，同时在探讨交流中深化对知识的理解，消化课堂难度较高的知识。"芯·动"劳动实践大赛通过设置实践操作任务，鼓励学生自主掌握相关技术与发挥创意，提高在生产实践中解决问题的能力，最终创造有价值的成果。活动邀请研究生为本科生进行指导，弥补高年级本科生不足的缺失。"TTL"本科生科研计划即早进课题、早进团队、早进实验室，鼓励本科生加入导师的课题和团队，通过建立科研组会制度，针对课题内容学习交流，实施"导师指导 + 互助分享 + 自主学习 + 团队合作"的本硕博一体化学习模式，发挥硕博的示范引领作用。该计划与"芯·动"劳动实践大赛互补，强化学生的实践能力和理论深度，符合学科培养要求。（见图 1、图 2）

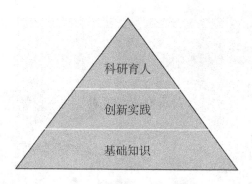

图 1　微电专业金字塔

图 2　专业微电三大品牌

（二）工作过程

1. "博采众长"学习小组

学院"博采众长"学习小组活动于 2019 学年春季学期启动，以小组互助的形式，通过选拔一批学习基础较为扎实的小导师，根据兴趣和科目优势组成学习小组，互助学习、互动答疑，由团委学术部进行监督考核。

（1）活动过程。

线下活动模式：在学生课余时间进行，由小组自行确定，学术部进行监督。①学生自愿报名成为导师或组员，组建"博采众长"学习小组的线上微信群，日常学习问题随时在群里询问，确保问题及时解决；②线下每科每两周至少举行一次学术交流活动或阶段性学习成果总结活动，由导师总结本科目最近学习中的重难点，解决近两周同学们提出的高频疑难点；③导师在每次线下总结活动后选择本组至少一个高频疑难点或典型例题及解决方案反馈给学术部，由学术部汇总整理后以期刊推送的形式共享。（见图 3）

线上活动模式：疫情期间，为应对网课与在家学习效率低的问题，学习小组开启线上活动模式。①在交流形式上，各小组通过社交软件的语音通话、视频通话、屏幕分享

131

图 3 学习小组线下学习

功能，利用多样的通信工具，实现小组学习的讨论和解惑环节；②在考勤方式上，各组组长上传学习开始和结束时签到的图片，同时记录各成员参与讨论的内容；③小组长与学术部成员共同分析学习反馈结果，联系各小组学习的具体情况，及时发现各小组中存在的漏洞，并及时处理，优化现有小组学习体系。（见图4）

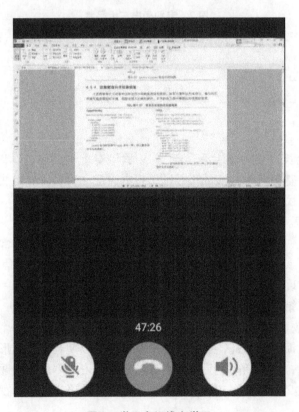

图 4 学习小组线上学习

（2）活动特色。

学习小组通过互助式合作为学习注入动力，在学院中形成了互相学习、取长补短的学习氛围，使微电子学风建设有了坚实的基础。

2."芯·动"劳动实践大赛

（1）活动过程。

学院"芯·动"劳动实践大赛于2020年11—12月开展，设置初赛和决赛。在初赛阶段，参赛小组从遥控车、调色灯和远程控制灯的设计制作中任选一个方向，并提交具体项目计划书。初审后择优选择12组线下展示最终实践劳动成果，并由专业老师进行评优。

（2）活动特色。

本项目为全院165名本科生的必修项目，突出专业性、创造性和实践性，从组织建设、选题设计、指标优化三个方面精心设计，精准实施。

①组织建设——以高年级带低年级，引导团队协作。参赛小组需由大一和大二本科生组成，同时邀请学院老师进行指导。高年级学生负责作品的总体设计和分工协调，低年级学生在高年级学生的带领下逐步运用专业知识解决问题。高年级研究生组成咨询顾问委员会，提供咨询建议；指导老师答疑释惑并给出专业性建议，在小组合作中增强学生的协作精神和动手能力。②选题设计——兼顾拓展性和实用性，自主发挥空间较大。在初赛的选题方向中，遥控车设计制作的可拓展性最高，调色灯的拓展性较好而实用性较强，远程控制灯可拓展性适中而实用性强，充分满足不同学生对选题的偏好，同时保证了选题具有一定的可发挥空间，便于区分学生成果以及激发学生的创造性思维。③指标优化——设计多维评价指标，注重理论和实践结合。初赛的评价体系从作品功能设计、目标完成度、成本控制和作品新颖度等维度评价项目计划书，制定详细的评分标准以尽可能精确评价学生成果，从理论设计的角度评选优秀作品。决赛的评价体系从设计复现度和作品展示两个维度，在项目计划书的评比上突出实践引导，重点在于评价从理论到实践的转变过程是否合理有效，强化对学生动手能力的考查。（见图5）

图5　"芯·动"劳动实践大赛现场

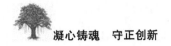

3."TTL"本科生科研计划

"TTL"本科生科研计划鼓励本科生报名加入导师的课题和团队，通过建立科研组会制度，实施"导师指导＋互助分享＋自主学习＋团队合作"的本硕博一体化学习模式。

（1）活动过程。

①申请学生根据学院导师介绍，自行联系感兴趣的研究方向的导师；②由导师和学生交流讨论后自行拟定研究课题；③经过与导师进行详细沟通，并获得导师接收意愿的学生提交申请表，经学院最终同意录取后方可进入相应导师的课题组；④后续学生的培养以及考核工作主要由导师负责。学生应向导师汇报近期的科研学习进展，严格遵守导师的相关学习要求，如定期参加科研讨论会、定期汇报论文学习进展等。

（2）活动特色。

①拓宽知识深度，推动研究型学习。导师课题组针对某一领域进行深度研究，引导学生了解学科发展动态。鼓励学生积极发现问题，给予学生思考空间和创新空间，推动研究型学习。②延长科研周期，探索科研成果。本科生从大二开始加入科研团队，在本科阶段至少有三年的科研周期。课题组制定阶段性培养计划，从培养本科生收集阅读文献资料入手，到开展实验并分析实验数据，最后独立撰写论文，确保学生稳固夯实科研基础，最终形成科研成果，也有利于推动学生升学深造。（见图6）

图6　科研团队组会

五、解决问题与工作成效

工作室做好宏观的顶层设计，3 位辅导员发挥自身特长，结合工作板块，具体指导三大品牌的执行，监控评估工作成效，使工作落实落细落地。工作室精准识别问题，并从优化学习资源、设计学习模式、搭建学习平台等方面定点解决问题。"博采众长"学习小组通过朋辈互助式学习夯实专业知识基础，解决专业知识难度较高和学生知识基础差异较大的问题；"芯·动"劳动实践大赛通过"导师指导＋硕博示范"提供创新实践平台，弥补学院高年级本科生缺失的缺陷，发挥硕博示范引领作用，提升学生的实践能力；"TTL"本科生科研计划通过本硕博一体化学习模式为学有余力的学生提供直接参与科研的机会，进一步针对特定领域深化学生理论知识，并使学生形成研究型思维，符合学科发展特点。通过三者的配合，学生首先扎实掌握课堂知识；其次参与学术竞赛，运用课堂知识动手创造实践成果，增强创新信心和点燃研究热情；最后通过参与科研计划获取感兴趣领域的前沿知识，深化理论并提升研究能力，最终成长为一流的集成电路设计和制造的高级人才。经过两年的积淀，专业微电金字塔取得了以下成效。

（一）互助学习出成效，学生成绩提升较快

"博采众长"学习小组开展以来，2019 级学生参与学习小组的人数占比超过总人数的 80％，2020 级学生在上学期参与学习小组的人数占比超过总人数的 70％。8 个学习小组在上学期开展了 50 余次的学习活动。学院 2019 级本科生第一学年不及格率仅为3％，24 人取得明显进步，进步人数占年级总人数 30％。学院 2019 级本科生平均学业绩点为 3.49，平均综合绩点（学业绩点＋综合测评成绩）达到 3.55；最高学业绩点达到 4.1，最高综合绩点达到 4.5；绩点 4.0（90 分）以上的学生达 15％，绩点 3.0（80分）以下的学生仅占 9％。（见图 7）

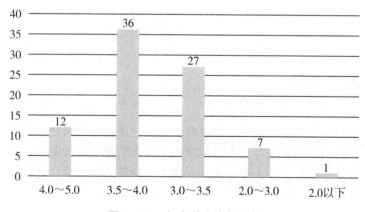

图 7　2019 级本科生绩点分布

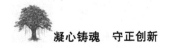

（二）创新实践提能力，学生积极参与学术竞赛

学生参与"芯·动"劳动实践大赛的热情较高。初赛共有29支队伍参加，参赛人数达165人，本科生覆盖率达100%。通过参加比赛，学生的创新实践能力得以提升，参与学术竞赛的积极性显著增加。之后共有4支队伍参与"挑战杯"科技发明制作类赛道，占参赛总队伍的11%；共有5个项目获得大学生创新创业计划的立项。（见图8）

图8 "芯·动"劳动实践大赛成果

（三）科研育人显特色，学生提高科研热情

学院目前已形成智能处理器芯片、智能传感器芯片、超低功耗智能微纳电子器件三大学科方向和6个科研育人课题组，6个课题组每周至少开展一次组会，确保全员参与。目前大二本科生参与人数达82人，达总人数的100%。

六、反思与展望

工作室成员致力于服务学生学业发展和学术指导，将自身职业化专业化发展与培养学生深度融合。但与此同时也存在部分问题：①辅导员专业与学院学科专业并不完全对口，无法深度指导学生专业化个性化问题；②工作品牌仍然较少，且尚未形成规范有效的工作流程及体系。

基于此，本工作室未来计划如下。

（一）制定辅导员专业提升计划，建立与学生深层对话体系

邀请所在学院的专业老师为辅导员指定入门教材、入门课程以及专业动态等，辅导员通过自学并与专业老师交流，对所在学院学科发展和专业前景有基本的认知。

（二）党政专职辅导员与青年教师辅导员协同发力，探索互补路径

党政专职辅导员与青年教师辅导员定期交流，根据自身优势促进学生发展。如在创新实践活动的设计中，党政专职辅导员发挥在识别学生问题、第二课堂活动统筹等方面的优势，精准识别学生需求并设计方案。青年教师辅导员具体跟进专业问题，从技术含量、实用价值、推广价值和创新特色等方面指导学生提升成果，促进成果转化，拓展学生专业知识运用空间，推进创新教育和创业实践，提高第二课堂成效。

（三）凝练工作品牌，完善工作体系

工作室成员通过活动实施、总结、反思、优化的过程，根据自己工作板块的特点因地制宜，在业务工作中发现亮点，进而凝练工作品牌。同时形成工作习惯和逻辑，制订科学合理的任务推进计划，高效有序推动学生工作，完善工作体系。

育德育心相融合的高校二级心理辅导站建设模式探索

——以中山大学社会学与人类学学院为例

中山大学社会学与人类学学院研究生辅导员　黎玉河

中山大学社会学与人类学学院研究生兼职辅导员　王璐瑶

一、案例概述分析

（一）高校二级心理辅导站的建设背景

高校心理健康教育是根据大学生的身心发展特点和教育规律，运用心理科学的手段和教育方法，培养大学生良好的心理素质和人格品质，促进大学生全面发展和成长成才的教育实践活动。它是高校思想政治教育的重要组成部分，也是高校落实立德树人根本任务、全面推进"三全育人"综合改革的重要举措。教育部党组发布的《高校思想政治工作质量提升工程实施纲要》（教党〔2017〕62号）中，明确提出要坚持育德与育心相结合，加强人文关怀和心理疏导，深入构建教育教学、实践活动、咨询服务、预防干预、平台保障"五位一体"的心理健康教育工作格局。2018年，教育部党组印发的《高等学校学生心理健康教育指导纲要》（教党〔2018〕41号）指出，有条件的高校要建立相对独立的心理健康教育与咨询机构和院（系）二级心理辅导站。2021年7月，教育部思政厅印发的《教育部办公厅关于加强学生心理健康教育管理工作的通知》（教思政厅函〔2021〕10号）强调，高校要健全完善"学校—院系—班级—宿舍"四级预警网络。由此可见，二级培养单位在高校心理健康教育中的主体性日益凸显。

近年来，国内不少高校院系开始设立二级心理辅导站来承担落实二级培养单位的学生心理健康教育工作任务。高校二级心理辅导站的建设，对积极动员院系师生参与、有效补充高校心理健康教师师资力量，联动"学校—院系—班级—宿舍"、做实做细心理健康普查工作和危机事件防范预警，深入开展更贴近学生学业生活实际的大学生心理健康教育第二课堂实践活动，满足学生提升心理素质、获得心理教育实践和咨询服务资源的迫切需求，起到了积极作用，是创新和完善高校心理健康教育体系、提升心理育人质量的有益尝试。但由于缺乏专业的理论指导和健全的体制机制，很多二级心理辅导站存在职能定位模糊、工作体系和管理制度缺乏、工作要求不明确、人员职责不清或流动性大的问题，从而影响了二级心理辅导站的功能优势发挥和心理育人工作的实际效果。

为深入贯彻落实习近平新时代中国特色社会主义思想，建立健全高质量思想政治工作体系，进一步推动大学生心理健康教育工作的有效开展和科学化建设，培养大学生健康阳光、积极向上的心理品质和自尊、自爱、自律、自强的优良品格，增强大学生克服困难、经受考验、承受挫折的能力，笔者所在的中山大学社会学与人类学学院，在学院党委的领导下，以学生健康成长和全面发展为中心，将育德和育心紧密结合，于2017年设立二级单位心理辅导站，创新大学生心理健康教育的工作内容和工作机制，积极探索新时代高校大学生心理健康教育的有效方法和建设路径。本文将以中山大学社会学与人类学学院（下文中简称为"学院"）二级心理辅导站为例，总结和介绍其建设思路和实践经验，以期形成可以推广借鉴的工作模式。

二、案例解决方案

（一）中山大学社会学与人类学学院二级心理辅导站的建设思路、实施方法和过程

1. 二级心理辅导站的组织管理和工作机制

组织管理和工作机制是各项工作得以顺利开展的重要保障。学院根据国家相关文件精神，围绕学校高质量内涵式发展战略，在学校党委学生工作部、学校心理健康教育咨询中心的相关工作要求指引下设立二级心理辅导站，积极开展大学生心理健康教育工作。

（1）学院党委统一领导，高度重视二级心理辅导站的建设和发展。学院领导高度重视学生心理健康教育工作，将心理育人纳入学院"三全育人"工作体系，作为学生思想政治教育的重要内容。学院将育心与育德紧密结合起来，形成由学院党委统一领导，分管学生工作的党委副书记为主管领导，学院学生工作办公室负责具体实施，辅导员、班主任、专任教师、党政管理人员等共同关注和参与的学院心理健康教育工作体系，并提供相关的政策和资源支持二级心理辅导站的建设和工作的开展。

（2）以学生成长为中心，建立符合学院实际情况的工作机制和管理制度。二级心理辅导站结合学院实际，根据大学生的身心发展特点和教育规律，立足学生成长和发展需求，制订本院的学生心理健康教育计划和实施方案，强调教育内容和教育方法要进一步增强问题意识和发展意识，同时要进一步深化心理健康教育和思想政治教育的结合。

二级心理辅导站的日常工作由具有心理学专业背景和丰富实践经验的辅导员主持，负责学生心理健康教育相关工作的具体跟进和落实，并定期向学院党委汇报学生思想心理动态、工作进展、总结报告及政策建议。二级心理辅导站常设策划部、组宣部和实践部三个业务部门，工作人员为接受过专业培训的辅导员或学生骨干，在工作中注重建立"学校—学院—班级—宿舍"四级心理健康教育工作网络，实现"四建四早"——建机制，努力实现情况早了解；建平台，努力实现问题早发现；建体系，努力实现危机早预

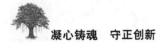

防；建队伍，努力实现工作早落实。（见图1）

　　学院根据学校党委学生工作部和心理健康教育咨询中心的相关规定和工作要求，结合学院实际情况，制定二级心理辅导站的各项管理制度和工作要求，规范开展心理健康教育和学生心理辅导工作。

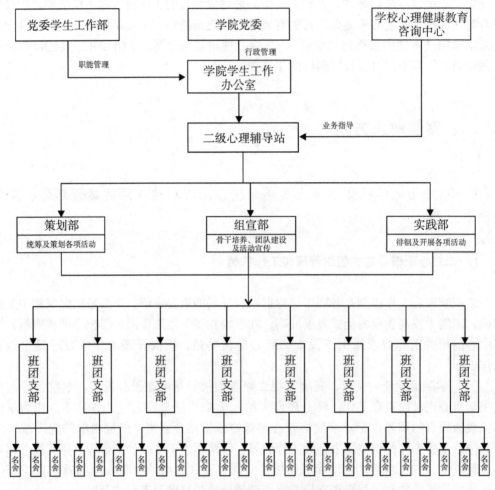

图1　学院心理健康教育工作四级网络示意

　　（3）做好心理健康教育工作的"六个面向"，努力实现"三个转变"。我院二级心理辅导站的工作面向有如下六个方面：一是面向全体学生的心理健康知识普及和宣传教育；二是面向学生党支部、团学研学生组织及班级团支部、宿舍长等学生骨干群体的主题团辅及实践教育活动；三是面向部分学生的心理困惑引导及成长小组培训；四是面向少数学生（一般/严重心理问题）的个体咨询和心理疏导；五是面向个别高关怀学生（遭遇意外或家庭重大变故、重度抑郁、自伤、自杀或伤人等）的心理危机干预；六是开展实践研究，推进育德和育心相融合的高校二级培养单位心理育人实践体系建设。通过前五个面向，有效实现对学院本科—硕士—博士学生的全覆盖；通过育德和育心相融合的心理育人实践体系建设，将心理健康教育纳入思想政治教育范畴。而通过以上六个工作面向，努力实现高校心理健康教育工作从助人到育人、从消火栓到加油站、从关键少数到较大多数的转变。

2. 心理危机预防和干预工作体系

心理危机干预是大学生心理健康教育工作中的重点和难点，二级学院心理辅导站则是积极预防、早期发现和有效解决高校学生心理危机的重要环节和保障力量，其工作成效直接关系到高校社会影响及安全稳定大局。

（1）制定心理危机事件应急预案，开展心理危机干预专题培训。结合学校要求和学院实际，制定二级学院学生心理危机事件应急预案，明确相关的工作原则、工作流程和主体责任，充分发挥二级心理辅导站"校—院—班—舍"工作网络的作用，强化学生心理问题和精神疾病的早期发现和科学干预。定期开展大学生心理危机干预团体辅导和模拟演练，提高二级学院教职员工、心理朋辈和学生骨干对心理危机的认知和应对能力。（见图2）

图2 举办心理危机干预团体培训和模拟演练

（2）开展学生心理测评工作，建立高关怀学生心理健康档案。学院二级心理辅导站积极配合学校心理健康教育咨询中心，在每年新生入学季，以及学生心理问题和精神疾病高发期，开展在校生心理测评工作。根据中心提供的信息反馈，对预警学生进行一对一谈心谈话。充分发挥辅导员、班主任、心理委员、宿舍长的作用，有针对性地帮助

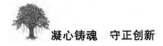

和指导学生处理学习成长、择业交友、健康生活、就业创业等方面的具体问题，引导大学生健康成长。

学院二级心理辅导站对高关怀学生尤其是疑似心理异常学生进行建档，在坚持保密原则和保障学生身心健康及学校安全稳定的基础上，安排专人持续追踪和重点关注。及时发现学生中存在的心理危机和特殊情况，提供积极有效帮助的同时上报有关信息，必要时与学校相关职能部门及家庭联动，及时转介至专业咨询或治疗机构诊治。

（3）组建具有学院特色的心理朋辈专业团队，开展心理健康教育实践活动。学院强调和重视大学生预防保健意识、寻求帮助意识、助人自助意识和发展成长意识的培养，自2017年起组建心理朋辈专业团队并作为学院心理健康教育的特色项目。依托班级心理委员、学生党团及社团骨干、宿舍长等朋辈群体，构建"他助—自助—助人"的朋辈互助平台，围绕"聚焦心理健康，激发个人潜能，朋辈自助助人，携手共同成长"的工作宗旨，践行"愿求助、善自助、会助人、促互助"的团队理念，结合学院学科特点，运用社会学、人类学等多元视角与思维方法，以及心理学和社会工作专业"助人自助""用生命影响生命"的助人理念和技术方法，通过开展成长沙龙、专题讲座、团体培训、帮扶实践、校（院）际交流、社会服务等形式开展心理健康教育和公益实践活动，营造奋发向上、团结协作、助人自助的校园文化氛围。团队成员鼓励和陪伴遇到现实挫折、存在心理困扰以及适应不良的学生，助其找到方向、明确目标，逐渐走出心灵阴霾、恢复青春活力，增强适应环境、发展自我的能力（心理能量"加油"），而自身也在公益帮扶实践中提升专业能力，收获个人的成长。（见图3）

图3　学院心理朋辈互助团队培训及实践活动

3. 二级心理辅导站特色宣传教育活动

（1）举办专题讲座和成长沙龙，提升学生心理健康意识和科学干预理念。每年新生入学季和心理疾病高发期，邀请心理专家面向全体本、硕、博新生全覆盖开设"大学生心理健康与危机干预"专题讲座，帮助同学们正确理解心理问题和心理疾病，树立科学的心理健康观念，了解心理健康的基本知识和心理危机干预的处理原则；定期开设心理成长沙龙活动，主要围绕朋辈互助工作方法、心理援助专业技术、人际关系、个人成长等话题开展；通过"树洞体验""真人图书馆"分享、小组讨论、静心冥想等轻松愉快的形式，使团队成员彼此敞开胸怀、真诚交流、传递心理能量。（见图4、图5）

图4　邀请专家开设心理健康教育专题讲座

图5　定期举办各类主题成长沙龙

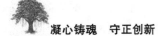
（2）"线下＋线上"点线面相结合，全覆盖开展心理健康宣传教育活动。学院重视对广大学生的心理健康知识宣传和教育工作，通过开展主题班会、团体辅导等活动，宣传心理健康知识、营造互助互爱的氛围；加强与学生的日常交流，关爱倾听，了解心理需求，为有一般心理问题的同学提供支持和辅导，及时发现和识别有心理疾病及特殊情况的学生。（见图6）

图6　开展大学生心理健康宣传教育月系列活动

每年的心理问题及精神疾病高发期，通过"线下＋线上"相结合的方式开展心理健康知识主题宣传活动。在发起线下签名仪式及心理团辅活动的同时，充分利用学院官方微信、"社人学子"微信公众号等平台，宣传心理健康科普知识，营造心理健康教育的良好氛围，唤醒广大学生关注心理健康、关爱自我。

（3）创新心理健康宣教形式，促进心理健康教育的普及和深入开展。结合专业特点和学院实际，融合课堂教学、体育运动、宿舍文化、美育活动、定向越野、红色教育、素质拓展及劳动实践等，开展丰富多彩、形式多样的高质量心理健康宣传教育活动，推动心理健康教育的普及和深入开展。（见图7～图10）

图 7　开展丰富多彩的心理团训和素质拓展

图 8　组织体育活动调节情绪、释放压力、增进友谊

图 9　开展宿舍文化节及举办书法艺术体验班

图 10　由学生创作的多部心理剧在省赛国赛上获奖

4. 实践探索和学术研究

二级心理辅导站的教师和学生骨干的专业水平和实践能力，对学院心理健康教育工作的有效开展起着举足轻重的作用。学院鼓励师生主动学习、不断思考，凝练工作成果，积极参与心理健康教育第二课堂教学活动、实践探索、专业培训和课题研究，支持师生参加心理健康教育领域的工作研讨及学术交流，申报项目课题、撰写实践案例以及发表学术论文，以促进师生心理健康教育水平的提高。（见图11）

图11　师生参加心理健康教育工作研讨和学术交流

（二）二级心理辅导站建设取得的成效

中山大学社会学与人类学学院立足学生身心健康和发展需求，积极推进心理育人工作，依托二级心理辅导站，通过丰富多彩、形式多样的第二课堂实践活动，让心理健康知识在学生中得到普及并深入人心，提升了学生的心理健康和危机干预意识，有效培养了学生的学习力、思想力和行动力。

目前，中山大学社会学与人类学学院二级心理辅导站共有包括专职辅导员、专任教

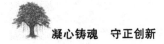

师（含班主任）、心理健康教育教师在内的 10 余名指导老师和 30 名本科—硕士—博士培养层次的学生骨干，开展成长沙龙、专题讲座、团体培训、朋辈帮扶、学术交流、社会服务等活动，推出"基于朋辈互助的大学生心理健康第二课堂团体培训课程"并纳入辅导员思政课堂。相关课程和活动得到学院学生的踊跃参与，近五年培训学生逾3000 人次，专业帮扶逾百人次，朋辈成员及时发现学生思想问题及心理危机信号并协助开展工作，成功干预学生心理危机事件 10 余起，有效维护了校园的安全稳定。

2020 年疫情期间，二级心理辅导站师生参加抗击疫情公益心理援助计划（心理援助热线），推出《2020 与你同在，用心战疫》朋辈心理援助专栏共 26 期，编写了 10 万字的《大学生心灵成长书》，为广大学生助力赋能，对大学生尤其是疫情严重地区的学生起到良好的心理支持作用。

二级心理辅导站师生在心理健康领域获得累累硕果，创作的心理剧《在关系中遇见美好的自己》荣获广东高校心理剧征集活动一等奖以及第二届全国高校心理情景剧大赛优秀作品奖（2019 年），创作的心理剧《疫情下的心灵成长》获学校心理剧大赛最具投入奖及第三届全国高校心理剧剧本大赛百佳剧本奖（2020 年），创作的心理剧《走出孤独拥抱爱》荣获学校心理剧大赛一等奖、最具表现力奖，广东省教育厅 2022年"5·25"大学生心理健康月系列活动省级一等奖以及第五届全国高校心理剧大赛百佳剧目奖（2022）。

学院在探索二级心理辅导站建设中，注重凝练工作成果，加强实践探索和管理研究，有 3 篇学术论文荣获全国高校心理委员工作研讨会特等论文奖（2021、2022），2篇获优秀论文二等奖（2019、2020）；还有案例和论文获广东高校学生工作优秀案例二等奖（2020），广东高校思想政治工作优秀论文三等奖（2022）；开发脸谱式第二课堂心理健康实训（团辅）课程 1 门，"基于朋辈辅导的高校心理健康教育第二课堂工作模式探索"研究课题获 2021 年广东高校思政教育课题立项，为推动高校学生心理健康教育工作专业化建设提供参考。

二级心理辅导站师生在助人实践中成长，涌现出"全国践行社会主义核心价值观先进个人""全国大学生志愿服务西部计划优秀志愿者""中国大学生自强之星"提名奖获得者、"全国百佳心理委员""优秀社团指导教师""全国优秀心理剧指导老师""广东省研究生德育工作先进个人""广东省优秀学生干部"以及中山大学大学生年度人物等先进个人，累计获得全国、省级及校级各类荣誉 100 余项。

学院二级心理辅导站以持续性、系统性和发展性的工作模式，开展心理健康教育和朋辈帮扶实践，提升了广大学生的心理素质以及适应环境和发展自我的能力，营造奋发向上、团结协作、助人自助的校园文化氛围。富有学院特色的"社人能量加油站"心理朋辈公益助学项目获批 2018 年中山大学人才培养第二课堂重点支持项目（学生发展支持），2022 年入选中山大学"我为同学做实事"精品服务项目。

三、经验与启示

中山大学社会学与人类学学院二级心理辅导站的心理健康教育实践，是探索新时代高校大学生心理健康教育的创新工作模式。通过二级培养单位来落实高校心理健康的部分工作任务，可以调动更广泛的基层资源和师资及朋辈力量，提升高校心理健康工作的覆盖面、针对性和有效性，对提升学生心理素质、促进学生人格发展、落实立德树人任务具有积极意义。

在实际运作和具体实践中，我院二级心理辅导站也呈现出一些不足。其一，队伍建设方面，二级心理辅导站联动院校的思想政治教育管理专兼职教师、相关学科的专任教师、心理健康教育教师以及心理朋辈和学生骨干等多方资源，打造"辅导员＋专任教师＋心理咨询师＋学生朋辈"团队，但实际工作中，教师队伍时间精力投入难以保障以及朋辈队伍流动性大，是二级心理辅导站建设所不容忽视的问题。其二，专业化和标准化建设方面，二级心理辅导站的教师队伍专业背景多样，心理学理论水平和实际工作能力参差不齐，朋辈互助教育实践的专业化程度也有所欠缺，相关工作流程的标准化还有待进一步完善，一些好的示范经验也未能在全校范围内充分交流和推广。其三，经费场地支持方面，二级心理辅导站负责落实学院的心理健康教育任务，但并没有专项经费来源，也没有专用工作场所（比如心理辅导室、活动室等），在一定程度上也限制了相关工作的创新发展和深入有效开展。其四，线上活动成效方面，由于受疫情影响，一些线下聚集的教育实践活动被暂停、取消或转至线上进行，导致现场的融入性和体验性降低，活动效果难以保证。

在接下来的工作中，中山大学社会学与人类学学院二级心理辅导站将进一步加强专业化建设，尤其是教师队伍和朋辈队伍建设，进一步完善相关制度和工作流程；创设条件，争取支持，营造氛围，拓展互联网工作平台，加强对心理朋辈和学生骨干专业助人能力的培养，不断探索和完善基于朋辈互助的心理育人第二课堂教育实践工作的创新模式和工作体系，推动育德和育心相融合的高校二级心理辅导站建设朝向更专业化、系统化、正规化迈进，充分发挥其在新时代高校大学生思想政治教育中的积极作用，最终达到育才树人的目的。

参考文献

[1] 俞国良. 高等学校心理健康教育体制观：体系建设探微 [J]. 国家教育行政学院学报，2021（7）.

[2] 章少哨. 高校心理健康教育育人功能实现的实然困境与应然路径 [J]. 学校党建与思想教育，2020（11）.

[3] 庞雪茹. 基于二级辅导站模式的高校心理健康教育途径分析 [J]. 陕西教育（高教），2021（9）.

[4] 郭秀琴，高乐，刘玉龙，等. 大学生心理健康教育工作的实践与探索——基于心

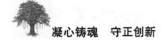

理示范辅导站建设模式 [J]. 内蒙古财经大学学报, 2019 (17).

[5] 吴潇, 谭毅. 整体性治理视域下的高校二级心理辅导站运营模式的探索与实践——以广东第二师范学院政法系为例 [J]. 黑龙江生态工程职业学院学报, 2022 (35).

[6] 吴丽芳. 高校大学生心理危机干预研究 [J]. 中国培训, 2015 (20).

[7] 王景文. 突发公共卫生事件下的图书馆阅读疗法应急服务研究——基于后疫情时期大学生心理问题的阅读疗法需求与应用调查 [J]. 大学图书馆学报, 2020 (38).

[8] 李海霞. 高校二级院系心理健康教育管理体系的实践研究 [J]. 辽宁医学院学报 (社会科学版), 2013 (11).

[9] 任翎, 李琳, 谭蕾. 育心与育德相结合的院级心育体系构建 [J]. 教育信息化论坛, 2021 (1).

同学顾问会

——一种聚焦问题解决的朋辈团体辅导方案

中山大学中法核工程与技术学院党委副书记、本科生辅导员　刘李云
中山大学中法核工程与技术学院团委书记、本科生辅导员　马雷妮

一、案例概述分析

（一）本专业学业压力大，学生出现学业困难情况较普遍

中法核工程与技术专业是中山大学学业压力最大、学习难度最高的专业之一。本专业本科生的每周学时达 45 ~ 50 节课，从本科第二学期开始用法语讲授数学、物理和化学课，采用小班教学。因学业任务重、学业要求高，遇到学业困难的学生很多，期末考试的不及格率一般在 30% ~ 35%。

（二）辅导员的辅导谈话工作量大，效果不稳定

为了帮助有学业困难的学生，辅导员经常需要与学生进行一对一谈话。本专业每年级约 100 人，辅导员对一个年级完成的一对一谈话，一般都在 100 人次/年以上；1 位辅导员负责三个年级，年谈话次数达到 300 人次/年，每次谈话用时 20 ~ 40 分钟，消耗了大量的时间与精力，而且谈话效果不尽如人意。

（三）辅导员主动学习，积极创新，成功探索出"同学顾问会"

近 2 年，学院 2 位辅导员参加了"北森生涯规划双证班""北森生涯教练培训班"，并学习了企业管理的问题解决方法"同侪咨询小组"（又叫"私人董事会"，英语为 Peer Advisory Group）。

为了追求更高的效率、更好的效果，辅导员从去年开始，采用了小组形式进行谈话，并应用培训中学习到的技术和方法，博采众长，勇于尝试，从"一对多"谈话形式，发展到"多对多"谈话形式，最后成功探索出"同学顾问会"这一模式，并收到良好的效果。

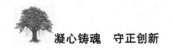

二、案例解决方案

本案例引入了生涯教练技术、团体辅导技术，以及工商管理界"同侪咨询小组"方法，探索出小组互助探寻学业问题解决方案的形式，收到显著的效果。

（一）"同学顾问会"的操作要点

采用小组互助式的团体辅导形式，操作要点如下。

1. 选择参加对象

（1）选择有学业困难，又愿意接受帮助、解决困难的学生。

（2）每组可加入1～2位成绩较好，并且也曾遇到学业困难的学生。主要作为助人者，需要付出时间成本，可由党员来担当，也可给予参与者公益时记录。

（3）男女搭配，可跨年级组合，每组6人左右。

2. 准备环节

（1）辅导员做开场白，说明活动形式和目标。

（2）介绍"内容保密、自愿分享、积极正向、互相帮助"的原则。此环节后，辅导员可退出。

保密原则和保密例外原则：大家交流的内容是保密的。特别是其中一些个人信息（如某同学因失恋造成学业成绩下滑）。在交流过程中，分享者可以主动声明需要保密的内容。如分享内容涉及伤害自己、伤害他人和危害社会的信息，这是不保密的。

自愿分享：自愿分享内容，只分享愿意分享的内容。

积极正向、互相帮助：讨论时，朝着解决问题的方向去推动，积极帮助同学解决问题，不打击、嘲笑和歧视同学的任何言论。

（3）建立关系。为了放松气氛，拉近关系，增加同学们之间的了解，可加入互相介绍的环节。常用的方法有：每人说出一件在座其他人没有做过的一件事（比如经历过的最得意的事，或者最尴尬的事），会起到良好的效果。

3. 核心交流环节

（1）现场指定或选出一位主持人，负责主持、维持话题聚焦、维护积极正向原则，必要时可限定每次发言时间。

（2）其中一位主分享人，说出自己面临的最大问题。

（3）澄清问题：其他所有伙伴轮流发言，可使用这个句式："我认为这个问题是……而不是……我认为问题的关键是……"所有人发言后，最后由主分享人总结："我的问题其实是……"（比如：我说的拖延症的问题，其实是我害怕和逃避上台做

Presentation)。

（4）所有伙伴提出解决方案建议，要使用这个句式："如果是我，我会采用这个方法……我的理由是……"不能使用这个句式："我建议你……"

（5）主分享人选择对自己最适合的 2 个方案，说明理由，简述感想。

（6）其他各位同学轮流做主分享人。

（7）所有人针对自己选定的解决方案，制订一个实施方案（运用 SMART 原则）。

（8）所有人把实施方案，发送给 2 位重要他人，请他们督促或提醒自己。

（9）辅导员到场，大家轮流分享收获。

（二）"同学顾问会"的四个特点

"同学顾问会"团体辅导从发挥辅导员的主动性转变为发挥学生的主动性。辅导员应用了生涯教练技术中的信念："人们已具备他们需要的所有资源""人们有能力做出改变"。和传统的一对一辅导谈话对比，"同学顾问会"有如下特点：

（1）由辅导员提出建议，改变为由同伴提出可供选择和借鉴的方案。

（2）从辅导员和被谈话人两人的视角，改变为多视角看问题。在讨论的过程中，可以看到其他同伴看待问题的态度，以及解决问题的经验。

（3）由辅导员主动建议，改变为学生主动选择同伴的解决方案。

（4）对问题进行探索和剖析，澄清问题的本质和关键，使解决方案更有针对性。

三、收到显著的效果

1．时间效率显著提高

每次团体辅导有 6 名学生参加，时长约为 1 小时，老师参与开场白和总结，其余大部分时间由学生主持和讨论。每组谈话，辅导员花费时间约为 20 分钟，谈话效率提高到原来的 6 倍。

2．解决问题有效率提高

在已经尝试的 12 次团体辅导中，参与者对"解决问题有效性"的评价为 4 分（满分 5 分），高于辅导员一对一谈话的评价率（约为 3 分）。

3．学生接受度显著提高

谈话主要是同学间的对话，参与者的压力更小，气氛更轻松，并能够从别人分享的问题中得到启发。"同学顾问会"比辅导员一对一谈话更受学生欢迎。在调查中，参与者 100％表示下次还愿意参加。

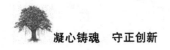

4. 具有疏导压力的效果

在交流中了解到其他同学也面临类似问题时，学生压力得到疏导。同时，活动还加深同学的沟通和了解，共同解决问题的历程也加深了同学间情谊。

（四）"同学顾问会"的四个创新点

（1）由辅导员主动引导，改变为学生主动交流。
（2）由从辅导员和被谈话人两人的视角，改变为同伴们的多人视角。
（3）高低年级一起"混龄式"跨年级搭配，可让低年级学生运用学长的经验。
（4）成绩好的同学也参加交流，他们解决问题的经验，对学业困难学生有借鉴参考作用。

三、经验与启示

（一）生涯规划技术有助于学业辅导

生涯规划技术经过近 80 年的探索积累，已经有一套很成熟的体系。近年又加入了积极心理学的进展成果，对学业辅导有积极的推动作用。

（二）企业管理的方法也可应用于辅导员工作

在本案例中，应用了"同侪咨询小组"。

（三）在学业辅导中，应尽量发挥学生本身的主动性

本案例的特点之一，是由辅导员主动影响，变为学生主动思考、互相影响和借鉴，从辅导员和谈话人两人的视角，改变为同伴们的多人视角。

（四）形式简单，理论浅显，易于学习借鉴

本案例虽然运用了一些生涯规划和生涯教练的技术，但原理简单，易于掌握理解，并且具有明显的结构化特点，容易学习和借鉴。

参考文献

［1］金树人. 生涯咨询与辅导［M］. 北京：高等教育出版社，2017.

［2］Norman C. , Gysbers，等．职业生涯咨询：过程、技术及相关问题［M］．侯志瑾，
　　译．北京：高等教育出版社，2007.

［3］贾杰. 活得明白：生涯咨询的十八个典型［M］．北京：北京大学出版社，2015.

第一时间，第一速度

——对某同学因心理危机擅自离校事件的应急处理

中山大学附属第七医院学生工作科科长　李成
中山大学附属第七医院学生工作科科员　杨翠凤

一、案例概述分析

2019 年×月×日，据某学院 2018 级研究生 A 同学的室友反映，A 回到宿舍后突然带上背包自行离开，不知去向且联系不上。联想到 A 同学近期科研工作不顺利，压力较大，导师担心其做出不理智行为，故立即将情况上报学院。

二、案例解决方案

（一）系统分析，以确保学生安全为首要任务

学院随即召集应急处理会议，收集周边信息后，完成危机干预六步法中的第一步"确定问题"：排查自伤、自残、自杀以及伤害他人的过激行为。经综合判断，A 同学此次擅自离校的主要诱因是实验受挫，同时因生活在单亲家庭和受失恋打击，未能得到相应的情感支持，但并未出现自残、自杀或伤害他人等过激行为或预兆。

在危机干预中，要将求助者的安全作为首要目标，及时联系第三方资源（派出所）的介入，将学生的安全危险性降到最小。在当地派出所的帮助下，当晚约 7 点在离学院不远处一家快捷酒店发现了 A 同学，但其反锁房门，拒绝与学院老师深入沟通，不过答应明天回宿舍休息并与平时关系较好的 B 同学保持 QQ 联系。当晚学院工作人员在酒店住下以防不测。同时，为及时给学生提供社会支持系统的资源，通知其家长从老家连夜出发来学院。

（二）积极沟通，进行心理疏导

次日早上，A 同学如约回到宿舍并跟 B 同学保持 QQ 联系，但言语中仍流露出自暴自弃的悲观情绪。下午，A 同学家长赶到，在学院老师陪同下到宿舍与 A 同学见面，

并带 A 同学外出吃晚餐和谈心。当晚约 9 点，家长报告 A 同学在晚餐后再次自行离开，通过 B 同学跟 A 同学的 QQ 联系了解到，A 同学十分抵触家长来找他，并表示叫家长和学院老师不要继续找他，要求家长尽快回老家，他自己找地方独处并保证手机开机、跟同学 B 保持 QQ 联系以便让学院老师知道他安全。经现场研判及跟家长讨论，大家决定尊重 A 同学的想法，给他时间让其冷静。

第三天，A 同学情绪较为稳定，接听了 C 导师的电话，和 B 同学在 QQ 上进行交流。学工部门老师与 C 导师及 A 同学家长座谈，运用调查法，通过学生的父母对学生进行历史调查，了解学生在危机事件发生前的生活经历，以及早期生活的重大事件。经了解，A 同学父母早年离异，其缺乏母爱，对原生家庭颇有怨言，跟家长没有良好的沟通交流；经济上，享受了奖助金，家长也提供了生活费，消费有节制，暂无困难；生活上，前段时间参加了实验室团队活动、班级同学郊游活动等，未发现异常；学业上，对自己要求较高，近期实验进展受阻，导师给的期望和压力较大。考虑到 A 同学当前的心理状况和不当行为，学工部门老师、C 导师及 A 同学家长三方达成一致，如 A 同学自愿申请休学，可批准其休学疗养，并通过 B 同学向 A 同学告知，A 同学未作回应。

第四天上午，A 同学未主动回到学院，C 导师短信询问其是否情绪平复，继续上学还是考虑休学，A 同学未正面答复。下午，B 同学在与 A 同学 QQ 交流时，察觉到 A 同学有严重的情绪波动，及时向老师报告。经研判，C 导师陪同家长报警，准备找到 A 同学后，根据他的心理状况决定是否强制送专业医院进行心理治疗。

（三）注重预后工作，帮助学生回归校园

当晚约 8 点，派出所在校外酒店找到了 A 同学。为更好地与 A 同学沟通，经现场研判和与家长、导师沟通，由与 A 同学相熟的一名学工老师和实验室助教跟 A 同学谈心并进行心理评估，家长和导师在外面回避。谈心前，派出所民警介绍了他跟 A 同学的前期沟通情况，认为 A 同学意识清醒、无轻生想法。学工老师和实验室助教在与 A 同学沟通中，逐步打消了 A 同学关于回到校园后可能存在的同学们用异样眼光看待他、导师无法接纳他、不好跟家人交代等顾虑，鼓励他正确面对挫折，争取顺利毕业，拥抱光明前途。经过长达 2 小时的耐心沟通，A 同学充分倾诉了内心压力，表示愿意继续返校上学，保证将遵守学校纪律，不再做出擅自离校的行为。

三、经验与启示

（一）冷静判断学生心理危机的程度，多方协作，及时对症进行干预

根据心理问题的严重程度，学生的心理危机分为三大类别：一般心理危机、严重心理危机、重大心理危机。一般心理危机指的是学生在学习或生活中因适应困难、人际失

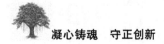

调、情感受挫等因素出现轻微心理或行为异常。纵观此案例，A同学全程并未出现自残、自杀或伤害他人等过激行为，在冷静思考后能平和地与老师沟通交流，并最终顺利返回校园。在处理该事件过程中，学院领导和学工部门老师能冷静收集分析A同学的信息资料，综合研判其为一般心理危机，并未强制性送入医院进行心理治疗，较好地保护了学生的自尊心，避免了A同学心理情况的进一步恶化及师生关系、亲子关系的激烈对立。

（二）采取危机干预六步法解决危机事件

心理危机干预六步法依次是：确定问题、保证求助者安全、给予支持、提出可变通的应对方式、制订计划和得到承诺。此事件中，首先确定学生的危机问题，为开展干预工作提供了基本方向。以保证学生安全为第一前提，在此危机中，及时联系多方资源，获得了学生的实时动态信息，保证了学生的生命安全，阻止了危机事件进一步发酵。在危机中需要给予学生充分的支持，善于利用家长、同学、父母等社会资源，密切关注学生动态，让学生确信"这里有人真的很关心我"。提出并验证变通的方式，危机是个体思维暂时陷入狭隘导致的，在危机交涉的过程中，考虑了学生需要心理帮助、父母支持及放假休息等可能性，为解决学生危机提供了多种方案。在当下解决心理危机的同时，需要制定好预后应对机制，有计划地安排好A同学返校后的适应生活。在危机干预的最后，要得到学生的承诺，确保学生达成共识。

（三）以人为本，依法最大限度保护学生受教育权

学生依法享有受教育权，不论他的心理脆弱与否，正在承受心理危机的学生的受教育权也应得到同样的保护。在处理此事件中，学院优先考虑的是保障学生安全、疏导心理压力后返校学习，次选是沟通无果后学生自愿休学进行休养，待身心恢复后返校学习。整个处理过程以人为本、以生为本，依法最大限度保护学生受教育权，最大限度保障学生能没有心理负担地顺利完成学业。

（四）充分做好学生日常人文关怀、及时疏导学生心理压力

A同学返校学习后，学院学工部门老师、C导师以及学生家长吸取经验教训，在日常学习生活中更加重视对学生的人文关怀。事件结束后不久，A同学所在实验室组织了师生户外徒步活动，A同学积极参加，以户外活动磨炼意志、师生间共同分享科研工作的苦与乐；学工部门在组织一项学生活动时，A同学也参与进来做学生助理；A同学家中亲属也增加了和他聊天沟通的频率，关心他的在校生活。学院还组织学生座谈会等多种形式的活动，及时发现同学们在学习生活中遇到的困难并予以解决。

（五）处理危机事件中以心理学基本原理与技术为指导

首先，在解决一般心理问题之前，需要对求助者进行评估和诊断，判断求助者是否有心理问题，特别是判断是否有某种心理障碍或精神病。基于危机干预的背景下，在对 A 同学进行心理疏导之前，采用半结构式访谈的方法，以了解此次危机事件为主要指导框架，获取当事人关于此次行为的动机、态度、认知和情感体验等信息，初步对 A 同学进行心理的评估与诊断，判断 A 同学当前的心理状态，以便寻找合适的方式开展心理干预。

当有合适条件对 A 同学进行心理疏导时，我们继续保持支持者的态度，应用心理咨询核心的倾听技术，对学生进行共情、理解、真诚、接纳，以及尊重，而不是站在教师的角度对学生进行说教和劝阻。对 A 同学提出"此次危机事件发生后，担心同学、导师以及家人无法接纳他"这一难处表示理解，并积极帮助学生寻找返校后适应问题的解决方法；同时，提醒 A 同学要运用自身的资源和力量积极地适应日后的校园生活。

参考文献

樊富珉，费俊峰. 青年心理健康十五讲［M］. 北京：北京大学出版社，2006.

基于朋辈互助第二课堂教育实践的高校思想政治教育创新路径探索

——以中山大学"社人能量加油站"朋辈互助平台为例

中山大学社会学与人类学学院　黎玉河　张露

高校的根本任务是立德树人，健康向上的人格品质是大学生成长成才的前提，也是培养德智体美劳全面发展的社会主义建设者和接班人的基础。党和政府高度重视高校心理育人工作。近年来，全国高校思想政治工作会议及教育部发布的《高校思想政治工作质量提升工程实施纲要》和《高等学校学生心理健康教育指导纲要》，都提出要加强大学生心理健康教育工作，并将"心理育人"纳入高校十大育人体系，强调发挥学生主体作用，培养大学生自主自助维护心理健康的意识和能力。心理育人作为高校思想政治工作的重要内容，对促进大学生全面发展具有重要意义，也有助于建立更加完善的高校育人体系，实现高校人才培养目标。

为切实加强大学生思想政治教育，把育德和育心紧密结合起来，中山大学社会学与人类学学院依托学生发展助励工作室①建设"社人能量加油站"平台②，开展基于朋辈互助的第二课堂教育实践，从"心"出发，紧扣办社会主义大学的政治要求及学生成长成才的发展需要，探索新时期高校大学生思想政治教育的创新工作路径。

一、中山大学"社人能量加油站"朋辈互助平台简介

（一）平台概况

"社人能量加油站"是中山大学社会学与人类学学院学生发展助励工作室建设的专业化学生朋辈互助平台，该平台立足学生的发展需要，开展思想政治引领、心理健康教育、学业与发展指导等实践活动及理论研究。平台围绕"聚焦心理健康，激发个人潜能，朋辈自助助人，携手共同成长"的宗旨，发挥优秀学生朋辈在思想政治、学习工作、日常生活中的先进示范作用和互帮互助功能，面向在校生，特别是针对遇到心理问题和适应不良的学生，提供专业支持和帮助，同时也为广大学生提供心理健康教育及学

---

① 2018 年入选中山大学首批"卓越计划"辅导员工作室。
② 2018 年获中山大学人才培养第二课堂重点支持项目立项。

业发展指导。

"社人能量加油站"以加强大学生思想政治教育为核心，把育德、育心、育人紧密结合起来，坚持从学生需求出发，注重"问题意识"和"发展意识"，构建"他助—自助—助人"的朋辈互助平台。同时，平台联动院校的思想政治教育管理专兼职教师、相关学科的专业教师、心理咨询师及学生朋辈等多方资源，打造"辅导员 + 专任教师 + 心理咨询师 + 学生骨干"团队，设立专家顾问团和学生站长团，充分发挥教师的教育、指导、引领功能和学生的参与、协同、互助作用，保障宣传教育和实践帮扶工作的有效推进，努力实现育心与育德相统一，最终达到育才树人的目的。（见图1）

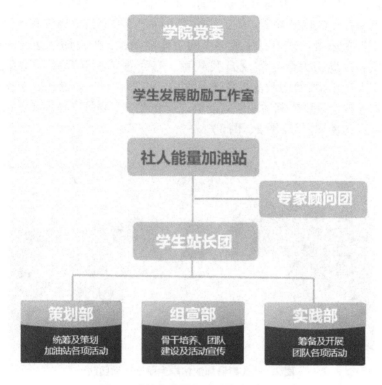

图1 "社人能量加油站"平台架构

（二）工作面向

"社人能量加油站"采用"面—线—点"相结合的形式开展朋辈互助教育实践，聚焦学生从入学到毕业各阶段的发展需求及关注问题，结合每年不同时间段大学生心理危机发生的特点，设立六个工作面向：①面向全体学生的思想政治和心理成长专题讲座；②面向学生社团组织和学生骨干的主题团队辅导及实践活动；③面向部分有特定需要学生的成长指导沙龙；④面向少数学生（有一般心理问题或严重心理问题）的心理咨询和朋辈疏导；⑤面向个别高关怀学生（遭遇意外或家庭重大变故、重度抑郁、自伤、自杀或伤人等）的心理危机干预；⑥推进高校二级培养单位育心育人朋辈互助实践体系建设。"社人能量加油站"通过前五个面向，有效实现对学院本科—硕士—博士学生的全覆盖，并通过建立二级培养单位育心育人朋辈互助实践体系建设，将相关工作纳入思想政治教育范畴，进一步推动高校专业化育心育人工作机制的构建。

二、育心育人思政工作新模式——"社人能量加油站"朋辈互助第二课堂教育实践

"社人能量加油站"开展基于朋辈互助的心理健康第二课堂教育实践，是对高校思想政治教育创新路径的积极探索。该工作模式不同于传统心理健康教育中以教师为主体的"自上而下"的教育模式，更注重学生的主体能动性，通过朋辈互助的心理育人第二课堂教育实践，助力大学生实现自我教育、自我管理、自我服务及互助成长，将"心理育人"落实到高校思想政治教育体系之中。以下将从工作载体、工作机制、工作平台和工作理念四个维度来阐述朋辈互助第二课堂教育实践的工作模式，以及对思想政治教育创新路径的探索。（见图2、图3）

图2 社人能量加油站学生朋辈互助团队

图3 社人能量加油站朋辈成长沙龙

（一）构建契合新时代高校大学生特点的第二课堂教育实践工作载体

1. 聚焦发展导向和问题导向，有效激发学生的能动性和创造性

基于朋辈自我教育和互助实践的第二课堂，以学生发展为导向，注重运用知识解决问题，强调学生从现实中学、从实践中学、从研究中学，将学习知识和获取信息的输入过程与学以致用的输出和实践过程相联结，有效激发学生的能动性和创造性，使学生获得成长和发展。理论讲授和实践活动的有机结合，有助于学生认识问题，在体验中理解知识、在实践中运用知识，将理论转化为实际经验，提高心理素质、强化责任意识、发展综合能力，具有实践育人的重要意义。开展第二课堂教育实践活动的过程中还可以将思想教育、政治教育、道德教育和心理教育相结合，使得学生获得思想进步、心理成长和能力提升。

2. 突出情景化和实践性活动设计，有效帮助学生明确和实现发展目标

心理健康第二课堂教育多采用团体辅导、模拟演练和帮扶实践的多样形式，强调情景化的团体合作和开放互动，成为开展思想政治教育工作的重要途径。在模拟情境中，引导参与者思考不同角色的认知和行为模式，体验自己当下的心理状态和情感反应，并结合导师点评和朋辈分享，更深刻地领会第一课堂讲授的理念和知识。情境式、融入性的教育引导模式，通过还原或创设某类学生心理问题的场景和氛围，将教育内容形象化、生动化、生活化，增强学生参与的积极性，培养其同理和共情能力，调动其生命体验和责任担当，将科学的认知内化于心，外化为自觉的行为。情景化和实践性的心理健康教育"以生为本"，从学生实际出发，关注其心理和思想动态，开展具体引导和个性化服务，能有效帮助学生明确和实现发展目标。（见图4、图5）

图4 非结构领导小组沙龙

图5 学生干部领导力与人际沟通训练营

3. 契合新时代高校大学生的成长环境和心理特征,有效提升学生对思政教育活动的积极性和接受度

随着经济社会的快速发展,网络化、信息化程度不断提高,生活节奏加快、文化价值多元化,高校大学生的学习、社交、生活的形式和内容都发生了显著变化。以"00后"为主体的本科生及以"95后"为主体的研究生群体,正处于思维活跃、问题意识和批判意识敏锐,人生观、世界观和价值观塑形的关键期;自我意识高涨,高度关注自我,强调自主独立;发展型诉求比较强烈,注重对个人发展、价值目标和生活品质的追求。另一方面,在校生群体的思想价值体系尚未完全成熟,受艰苦奋斗的意志力和耐挫力教育不充分,一部分学生在人际交往中缺乏换位思考和同理他人的能力,在竞争日益加剧的社会环境下,更容易出现心理问题和心理危机。

基于朋辈互助的心理健康第二课堂实践教育,通过关注学生个体的心理状态和现实需求,鼓励学生参与到实践活动和模拟情境的设计环节,更灵活地将思想政治教育及心理团体辅导的内容和目标与当代大学生喜闻乐见的元素相结合,采用契合新时代大学生的群体心理特征的话语体系和容易接受的方式,将微观层面的个体思想心理引导与宏观层面的群体教育目标相结合,提升大学生对教育活动的参与积极性和对教育内容的接受度,使心理教育、思想教育的效果最大化,最终实现政治教育和思想引领。(见图6～图8)

图 6　新生人际沟通与团队建设团体培训

图 7　心理危机干预与朋辈互助的模拟演练

图 8　开展 3·25 – 5·25 大学生心理健康宣传教育月系列活动

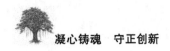
（二）构建"自下而上"与"自上而下"相交互的心理健康教育工作机制

1. 强调学生的主体性和能动性，有助于激发学生成长和发展的潜能

"自上而下"的心理健康教育主要由教育管理者作为实施主体，具有前瞻性、全局性，但容易出现教育内容和形式与受教育者的需求相脱节的问题。"自下而上"的工作机制，强调学生的主体性和能动性，弥补"自上而下"的灌输型教育，更具有针对性和及时性，有助于激发学生自我教育、自我管理和自我服务的潜能。

2. 强调从学生的实际需求出发，有效促进教育目标行为的出现

"自下而上"的工作机制立足于学生的实际情况，充分考虑学生多层次和差异化的需求，结合"自上而下"的机制制定教育培训内容，把短期的第一课堂讲授、零散的团体辅导活动和长期的、系统的自我学习和自我教育相结合，将知识灌输上升到认知内化和观念树立，有效促进目标行为的出现或改变。

3. 涵盖育德育心工作内容，有效促进高校学生思想政治教育的延展和深入

将"自上而下"与"自下而上"心理健康教育形式相结合，既能保证高校思想政治教育工作者的教育职能，发挥其对学生的思想引领作用，又能使学生朋辈通过自助和互助，实现自我教育和个人成长。这种创新性的心理健康教育工作模式涵盖了育德育心的重要内容，进一步提高学生对高校思想政治教育的接受度和认可度，有助于促进高校学生思想政治教育工作的延展和深入。

（三）打造以学生朋辈为主体的心理育人工作平台

1. 朋辈互助可以为高校心理健康和思想政治教育提供最广泛的依靠力量

朋辈在心理健康教育中扮演着倾听者、陪伴者、理解者的角色，在平等关系中相互赋能、激发潜能，促进共同成长和人格完善。朋辈互助突破时空的限制，可以随时随地灵活开展。将朋辈纳入心理健康和思想政治教育工作体系，在教育服务对象、学生朋辈、导师专家之间构建了两两交互的支持系统，为高校心理健康和思想政治教育提供了广泛的依靠力量，注入了鲜活的动力源泉，有助于扩大教育的影响面和效果，营造优良的教育氛围，切实将心理健康教育作为开展思想政治教育工作的抓手，创新开展大学生思想政治教育的现实路径。

2. 打造专业化朋辈互助工作平台，构建心理健康教育实践的组织保障

朋辈心理互助平台是有效链接心理健康和思想政治教育管理者、学生朋辈和教育服

务对象三类角色的工作载体。它既可以是"社人能量加油站"这样的专业化朋辈互助组织，也可以利用现有的学生心理协会、青年志愿者协会、学生会、研究生会等学生组织，配备心理教育专家进行朋辈互助专业培训、业务实践指导以及社团管理监督，并评估教育实践的成效，不断总结经验和完善制度。打造专业化的朋辈工作平台是构建心理健康第二课堂教育机制的组织保障，有助于实现教育资源的链接和积累、教育模式的不断创新和完善，以及优秀学生朋辈在"心理育人"及思想政治教育领域的补充性、示范性作用的发挥。（见图9、图10）

图9　参加第十三届全国高校心理委员工作研讨会

图10　赴西南交通大学进行朋辈互助工作交流

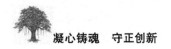

（四）秉持"助人自助"的朋辈工作理念

1. 促进学生主动学习知识与技能，有效提高学生解决问题的能力

"助人自助"的朋辈工作理念要求助人者学习和掌握一定的心理健康知识和理论、辅导技术和方法，以便及时发现问题、正确认识问题和需求、准确共情及把握助人时机，提高学生面对问题和解决问题的能力。

2. 培养助人自助的意识，有效促进学生自我教育、自我服务和共同成长

朋辈互助的心理健康教育聚焦学生成长和发展，相信个体拥有内在的心理潜能，在专业指导下"人人都可以成为解决自己的问题的专家"，将学生真正作为开展心理健康教育的主体。"助人自助"的工作理念，一方面把传统心理健康的隐性问题式教育转变为显性发展式教育，鼓励学生勇于面对自身问题，遇到心理困扰时敢于寻求专业帮助；另一方面，能激发学生心理潜能，培养学生积极健康的心态和乐于奉献的高尚品质，承担生命及成长责任，践行"用生命影响生命"，有助于学生实现"他助—自助—助人"的转变，有效实现自我教育、自我管理、自我服务。在"自助助人"理念的影响下，学生不仅能在心理层面形成自我学习、自我引导的意识，而且可以主动地在思想、政治等方面进行自我学习和自我教育，成为自己的"老师"，不断提高自身思想水平、政治觉悟和品德修养，并带领身边同学共同成长。

心理健康教育作为高校思想政治教育的重要抓手和突破口，能够深入到传统思想政治教育方式较难以触及的学生心理层面。探索和构建"自下而上"与"自上而下"相交互的心理育人第二课堂教育实践工作体系，在"以人为本""助人自助"理念下充分发挥学生朋辈的主体性和示范性作用，有效帮助学生满足成长需要、完成发展目标，推动高校学生思想政治教育工作进一步创新发展，建设更完善的高校育人体系，实现高校立德树人的根本任务。

三、朋辈互助第二课堂教育实践的工作成效

依托"社人能量加油站"平台，开展朋辈互助的心理育人第二课堂教育实践，有效提升了高校心理健康教育知识的普及面和接受度，提升学生对心理健康和危机干预的整体认识，培养学生自我管理、自我教育和自我服务的意识和能力，营造了积极向上、自助助人的良好校园氛围。将这种适应新时代学生发展需求的心理健康教育模式纳入高校学生思想政治教育体系，不仅适应当前我国高等教育的客观要求，更是提高大学生思想政治教育科学性、实效性的重要途径。

目前，"社人能量加油站"朋辈互助平台共有包括党政专职辅导员、专任教师、心理咨询教师在内的 4 名专业指导老师和 30 名本科—硕士—博士培养层次的在校生，以

"聚焦心理健康，激发个人潜能，朋辈自助助人，携手共同成长"为工作宗旨，开展成长沙龙、专题讲座、团体培训、朋辈帮扶、校院交流、社会服务等活动，推出"基于朋辈互助的大学生心理健康第二课堂团体培训课程"并纳入辅导员思政课堂，积极开展大学生心理健康宣传教育工作，获得在校大学生的踊跃参与。近三年平台培训学生逾2000人次，专业帮扶逾百人次，协助学院开展学生心理疏导60余起，朋辈成员及时发现学生思想问题及心理危机信号并协助开展干预工作20余起。（见图11）

图11　"社人能量加油站"专题培训

2020年疫情期间，"社人能量加油站"师生策划了《2020与你同在，用心战疫》心理抗疫专栏共26期，带领朋辈骨干编写了10万字的《大学生心灵成长书》，并创作了心理剧《疫情下的心灵成长》（获全国高校心理剧剧本大赛百佳剧本奖），对在校大学生尤其是疫情严重地区的学生起到良好的心理支持作用。（见图12）

平台师生在助人实践中不断成长，涌现出"全国践行社会主义核心价值观先进个人""全国百佳心理委员""优秀社团指导教师""全国优秀心理剧指导老师"、省优秀学生干部、校优秀学生干部等先进个人，累计获得校级及以上荣誉100余项。"社人能量加油站"努力发挥着思想引领和心理育人的积极作用，着力培养大学生"愿求助、

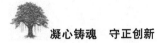

凝心铸魂 守正创新

图12 用心战"疫"系列专栏

善自助、会助人、促互助"的自助助人意识，增强学生适应环境、发展自我的能力，提升学生心理素质，营造积极向上、团结协作、自助助人的优良校园氛围。(见图 13)

图13 获得的荣誉

"社人能量加油站"的工作经验在全国高校心理委员工作研讨会暨朋辈心理辅导论坛以及国内兄弟院校交流中获得了肯定。该平台的实践探索为高校二级培养单位建立科学、专业、可持续的朋辈互助第二课堂教育实践体系提供了参考和借鉴，也为新时代高校大学生思想政治教育工作路径的创新提供了有益的探索。

170

四、不足与展望

依托"社人能量加油站"平台的朋辈互助第二课堂教育实践，对高校思想政治教育具有积极的意义。但也存在一些不足，比如朋辈队伍建设存在流动性较大的问题；朋辈互助教育实践的专业化程度有所欠缺，工作流程的标准化方面还有待加强；育德与育心的融合程度仍需进一步提高。

在今后的实践中，我们将进一步加强朋辈互助平台专业化建设尤其是朋辈队伍建设，继续探讨朋辈互助第二课堂教育实践开展的更优途径和形式，完善相关制度和规范；创设条件，营造氛围，加强朋辈能力的培养，不断探索和完善基于朋辈互助的心理育人第二课堂教育实践工作的创新模式和工作体系，充分发挥其在新时代高校大学生思想政治教育中的积极作用。

疫情期间网络生涯自我探索团体的实施与效果

——大学生职业生涯规划案例

中山大学心理健康教育咨询中心　李歆瑶

一、引言

2020 年初，突如其来的疫情给大众带来了巨大的冲击，也带给大学生很大的心理影响，部分学生甚至会表现出焦虑、消极、懈怠、抑郁无助等心理应激反应。受疫情影响，面对很多的不确定和严峻的就业形势，大学生对未来职业生涯发展可能缺乏信心、产生更多的迷茫和焦虑。

在此背景下，本案例主要运用拼贴画这一艺术治疗的方式，通过网络团体辅导的形式，促进团体成员探索自我，整合过往的生涯经验，增进对未来职业生涯的洞察力和生涯决策自我效能感，协助其解决生涯困惑。

二、团体辅导方案的设计

（一）团体辅导的理论基础和设计

本团体主要以后现代生涯咨询的生涯建构理论为基础，采用叙事和表达性艺术治疗（拼贴画）结合的形式，主要参考 Savickas（2015）生涯设计咨询的访谈问题和 Barclay & Stoltz（2016）生涯建构团体访谈问题，并参考 Barclay（2019）、Jahn（2018）和 White（2015）拼贴画在生涯咨询、生涯建构理论取向咨询中的设计理念和活动主题。

拼贴画是指从杂志、画册、商品宣传册等素材中，自由地选择一些照片、插画或文字，将其进行剪切、重组和粘贴，在一张纸上形成新的作品。作为艺术治疗的一种形式，传统的拼贴画都是用纸质素材进行制作的。不过随着科技的发展，使用电子图片、照片，在电脑上制作电子拼贴画也成为新的干预手段（Diggs et al.，2015）。拼贴画通过视觉的隐喻，有助于让个体表达更多的、难以表达的情绪状态和经历，让个体发现关于自我和世界的隐含假设，而这些假设微妙地塑造了他们对生活事件和可能的未来的看法（Lyddon et al.，2001）。

（二）团体性质和团体目标

本案例为结构式、封闭式的支持性、成长性网络团体，并适当使用拼贴画的形式。
团体目标为：①帮助成员觉察、表达和接纳疫情期间内在的情绪。②促进成员对自身个性、能力、价值观、优势等的自我探索。③协助成员整合过往的生涯经验，增进对未来生涯的洞察。④协助成员提升生涯适应力和生涯决策自我效能感。

（三）团体方案的设计

本案例共分为 8 次团体活动，每次时长 2 小时。8 次活动除了第 1 次用于开场熟悉电子拼贴画制作、第 8 次的最后收尾和 1 次以疫情期间的情绪为主题之外，其余 5 次活动主题与生涯自我探索直接相关，这 5 次主题分别为以生涯设计访谈为基础的"自我两问"、拼贴画"我的宝箱""我的生涯困扰""我的未来"制作与分享，以及"我的生命线"绘制与分享。具体的主题、活动内容，以及目的/设计理念见表 1。

表 1　团体活动方案

次数	主题	活动	目的/设计理念
1	相见欢	开场； 连环自我介绍； 活动期待； 小小动物园：制作简易拼贴画； 小结	建立连接； 设定团体规范； 熟悉创客贴
2	疫情期间的我	天气预报； "疫情期间的我"拼贴画制作； "疫情期间的我"拼贴画分享； 小结	觉察、表达疫情期间的情绪； 增加普同感
3	自我两问	我的角色楷模分享； 我喜爱的书籍/电影故事分享； 小结； 两问延展作业（指导语）：制作"我的宝箱"拼贴画	探索自我的兴趣、价值观等方面，促进形成生命肖像
4	我的宝箱	我的宝箱拼贴画分享； 小结； 作业（指导语）：制作"我的生涯困扰"拼贴画	进一步探索潜意识的自我； 增加对优势资源的觉察

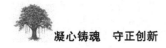

续上表

次数	主题	活动	目的/设计理念
5	我的生涯困扰	我的生涯困扰分享（分2组）； 小结（指向行动） 作业（指导语）：绘制我的生命线	深入探索个人生命主题； 如有可能，留意到偶然事件对生涯的影响
6	生命线	我的生命线分享（分2组）； 小结； 作业（指导语＋音频）：静心＋我的未来想象＋制作"我的未来"拼贴画	重回生涯议题，再度理解和整理生涯困扰
7	我的未来	"我的未来"拼贴画分享； 小结（指向行动） 作业（指导语）：打包7次作品，回顾活动的感受和收获	增加希望感； 增加对不确定性的接纳度
8	互赠礼物	分享团体体验和收获； 互赠礼物（可用拼贴画）；小结 截屏留念	增加希望感

三、团体辅导的工作过程与工作方法

（一）团体的招募方式和成员构成

本案例以公众号推送的方式招募，招募对象具体要求为：①毕业年级本科生；②由于疫情影响感到压力、焦虑，对未来产生迷茫的同学；③对自身的生涯发展和规划感兴趣，并愿意尝试使用拼贴画的形式，通过视觉图像进行自我探索。

推送发布后，共有22位同学报名。学生报名时即填写问卷，题目包括自评抑郁量表（SDS）、自评焦虑量表（SAS）、个人基本信息、过往史、是否正在接受咨询、近期遭遇重大事件、疫情对自己的影响程度、知晓报名途径、期待在团体中解决的问题等。经过一对一的入组访谈，结合测试结果及成员与团体的匹配度，以本科毕业年级学生优先为原则，最后确认有8位同学入组。成员入组后，即建立了生涯自我探索团体QQ群（用于发送通知、提醒，发送每次团体反馈链接，布置作业，请假等事宜），每位成员均收到了网络"生涯自我探索团体"入组通知。

正式入组的团体成员均为女性，具体年级、学科分类，以及参加团体的期待和当前职业生涯困惑如下。

小Q，大四（理科）。想探索自己、更多地了解自己；大四感到迷茫，不知读研还是出国（注：团体活动期间成功通过考研复试面试）。

小 F，大二（理科）。想探索、了解自己；已确定读研，但不知选择哪个专业方向，想找到适合自己的专业方向。

小 Y，大四（文科）。希望帮助自己做出未来职业方向的选择、适应职场；自己一直没有规划，不知未来做什么，迷茫。

小 J，大四（文科）。想学到探索自己和规划的思路，对什么都感兴趣，不知选择什么（注：团体活动期间考研复试失败）。

小 C，研三（医科）。一直以来总是被动选择，没有做长远的规划，希望能够更好地做决定，看到较远的未来，学会长期规划。

小 M，大六（医科）。正在面临选哪个专科方向的问题，希望能够弄清最想要什么，做出最适合自己的选择。

小 X，大二（文科）。目前自己对自己的认识、通过专业实习获得的经验与自己的兴趣爱好三者产生了一定冲突，希望能够调整、优化自己的计划；希望探索尝试对未来准备读研的三个方向做出选择；同时，目前对职业规划有一个大方向，想了解是否需要调整或者重新再做规划。

小 S，大四（文科）。希望挖掘内心的自我，问一问自己想要什么；有些纠结未来职业发展方向和就业地点的选择（注：团体活动期间决定加入西部计划）。

（二）团体带领者

本团体有 2 位带领者，主带领者为心理健康咨询中心专职咨询师，协同带领者为护理学院专职教师。

（三）团体活动时间和场所

本案例为网络团体，使用 ZOOM 云视频会议系统。团体活动时间为 2020 年 4 月 29 日—5 月 27 日，每周三、周日 19：30—21：30（五一期间暂停一次），共 8 次。正式进行团体活动之前，还安排了一次 ZOOM 云视频调试会议，以便让成员熟悉云视频会议系统，保障网络通畅，提前签署知情同意书、承诺书。

在团体进行过程中，仅有 1 位成员因事缺席了第 4 次的活动，其余活动所有成员均准时参加。

（四）团体评估方法

（1）前、后测使用了自评焦虑问卷（SAS）、生涯适应力量表（CAAS，Hou et al.，2012）、生涯决策自我效能感量表（CDMSE-SF，Betz et al.，1996）。其中，生涯适应力量表包括生涯关注、生涯自信、生涯好奇和生涯控制四个维度，共 24 个题目。采用 Likert 5 点式计分，1 表示"不强"，5 代表"非常强"。生涯决策自我效能感量表包括

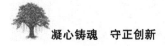

凝心铸魂　守正创新

自我评估、职业信息、目标选择、计划安排和问题解决五个维度，共 25 个条目。采用 Likert 5 点式计分，1 表示"根本没有信心"，5 代表"完全有信心"。

（2）每次团体活动结束后，即请成员填写自编的团体反馈表。第 8 次活动后还使用了樊富珉（2015）的团体活动反馈表，并增加了团体中印象最深的活动这一多选题。

（3）整个团体活动结束后，由 2 位心理学专业硕士生对每位成员进行了访谈，访谈问题主要包括：团体的收获/感受/变化，改进建议和意见，制作拼贴画的过程，印象最深的拼贴画作品等。

四、工作效果

（一）前后测结果

前后测结果显示，团体成员焦虑水平比之前有显著下降［SAS 前测 $M = 38.75$，$SD = 7.27$，后测 $M = 34.25$，$SD = 5.34$，$t(8) = -2.61$，$p = 0.035$］。

生涯决策自我效能除职业信息维度前后测差异不显著（但接近显著）之外［CDMSE - SF 职业信息维度前测 $M = 16.75$，$SD = 3.20$，后测 $M = 20.38$，$SD = 3.81$，$t(8) = 2.22$，$p = 0.062$］，其他各维度（自我评估、目标选择、计划、问题解决）和总分比之前有显著提升（CDMSE - SF 自我评估维度前测 $M = 16.75$，$SD = 3.81$，后测 $M = 20.38$，$SD = 2.97$，$t(8) = 3.16$，$p = 0.016$；CDMSE - SF 目标选择维度前测 $M = 18.38$，$SD = 3.42$，后测 $M = 21.13$，$SD = 3.04$，$t(8) = 2.51$，$p = 0.041$；CDMSE - SF 计划维度前测 $M = 18.38$，$SD = 3.85$，后测 $M = 20.88$，$SD = 2.85$，$t(8) = 2.55$，$p = 0.038$；CDMSE - SF 问题解决维度前测 $M = 18.63$，$SD = 2.86$，后测 $M = 21.00$，$SD = 2.51$，$t(8) = 3.37$，$p = 0.012$；CDMSE - SF 总分前测 $M = 90.38$，$SD = 15.93$，后测 $M = 104.00$，$SD = 13.56$，$t(8) = 3.21$，$p = 0.015$）。

生涯适应力量表各维度（关注、控制、好奇、自信）及总分均不显著，不过关注维度边缘显著［前测 $M = 24.50$，$SD = 4.87$，后测 $M = 27.50$，$SD = 2.07$，$t(8) = 2.25$，$p = 0.060$］。

以上结果表明，团体有效降低了成员的焦虑水平，并显著提高了成员的生涯自我效能感。

（二）团体反馈表结果

团体反馈表的初步分析结果显示，团体成员对 8 次团体活动具有很高的满意度（$M = 4.86$，评分区间为 1"非常不满"～5"非常满意"），在团体中感到安全、受到尊重，并认为从中有所收获，达到了自己的期待。

此外，按团体成员选择的频次来看，被提及最多的印象最深、对自己最有帮助的活

176

动为第 5 次"我的生涯困扰"、第 7 次"我的未来"和第 8 次"互赠礼物"。没有被成员提及的活动为第 2 次"疫情期间的我"。

（三）组后访谈结果

以下是其中几位成员在团体活动结束后进行访谈时提及的收获和感受。

问：你觉得在这 8 次的体验中，团体有帮助到你吗？

小 Q：有的。活动让我明确了从现在到读研究生期间的一些目标，对自己好像有了一些比较清晰的了解。

小 F：我觉得我做完这个团体活动，对我在具体的选择方面好像没有太大的帮助。但是它改变了我的情绪、我的态度，这还是挺重要的。我以前对选择是比较迷茫、不愿意面对的，但是现在变得比较积极和乐观了起来。我觉得这是个挺好的改变。

小 J：这次的活动设计，我觉得也非常好，每一期都会让你探索自己的某一个部分，而且是会有非常有逻辑性的一面，比如说是从自我扩展到我自己是什么样的人，到我拥有什么，然后再到我过去是什么样的、我现在是什么样的，然后再到我未来想要什么，活动设计具有很强的专业性。

小 M：它（8 次的生涯团体）给我最大的帮助是"殊途同归"，就像是我觉得我希望做出一个最正确的选择，却发现不管我做出哪个选择，可能最后还是我自己……反而参加完这个团体活动之后我感觉到自己其实还有更多的可能性，还有很多的不确定性，我的路并没有我想象中的那么窄，可能我以后在乎的东西会不一样，未来路上的不确定性挺多的。我不需要因为自己在这一刻想不到我未来最想拥有什么感到特别的困扰，这样的想法是在这次团体活动中培养起来的……更关注现在而不是为未来倾注太多的担忧。

小 X：我觉得活动很好地满足了我的期待和目标。

五、讨论与反思

本案例为在疫情期间开展的网络生涯探索团体活动，并采用了一些较新的生涯咨询理论和拼贴画的形式。从创新性来讲，团体设计方案基于已有的国内外文献，自行整合开发了一套团体辅导活动内容，将生涯建构理论、生涯混沌理论、叙事、电子拼贴画相融合，以期让成员形成更完整的生涯自我肖像（Savickas，2015），从而增进生涯自我效能感，提高生涯规划的意识和适应力。从形式上来讲，尽管拼贴画这种艺术治疗的形式常用于团体辅导与咨询，但在生涯辅导与咨询领域中的使用还比较有限，而且电子拼贴画这种新的媒介也尚未有人做出实践研究。本案例发现，通过网络借助电子拼贴画的形式，可以很好地促进成员探索自我和生涯议题，这种形式有推广的价值。

此外，从本案例所得的量化、质性研究结果来看，团体干预取得了良好的效果。虽然成员只有 8 人，但统计结果显示，团体活动结束后，成员的焦虑水平得到显著下降，

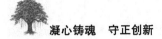

生涯自我效能感得到显著提高。这一结果表明，团体干预有效，基本达到了团体目标。另外，从每次的团体反馈和组后访谈来看，每位成员都从中有所收获，在不同程度上达到了她们的期待。还有几位成员在接受访谈时，主动询问带领者是否在今后会继续开展这样的团体活动，因为她们觉得团体体验很好，很想推荐给其他的朋友，或者让更多的同学从中受益。

从本案例的效果来看，团体设计方案也具有推广和应用的价值。今后，一方面，本案例既可以作为多次（6～8 次）的团体辅导活动方案继续完善和开展；另一方面，也可以单独选取被团体成员提及最多的、印象最深刻的"我的生涯困扰""我的未来"拼贴画活动，应用到更多的参与者身上，进行单次的团体辅导。

此外，本案例也存在一些不足和需要改进之处。比如，8 次活动中有 4 次活动出现了超时的情况。另外，缺乏对照组做比较。在今后未来的实践中，可以在活动设计的顺序上再进一步斟酌、调整。比如，将"我的困扰"前置；对活动主题做一点增删和优化，譬如去掉"疫情期间的我"，增加和更聚焦于成员当下的困扰、决策，以及未来规划的探索主题。

六、结论

本案例的分析结果表明，以生涯建构理论为基础、采用拼贴画和叙事结合形式的网络生涯自我探索团体活动，有效地降低了团体成员的焦虑水平，并显著提高了成员的生涯自我效能感，并且也在一定程度上提高了成员对生涯的关注度和适应力。

参考文献

[1] Barclay S R. Creative use of the career construction interview [J]. Career Development Quarterly, 67, 126 – 138.

[2] Barclay S R, Stoltz K B. The life design group: a case study assessment [J]. The Career Development Quarterly, 64: 83 – 96.

[3] Betz N, Klein K, Taylor K. Evaluation of a short form of the career decision – making self – efficacy scale [J]. Journal of Career Assessment, 1996, 4 (1), 47 – 57.

[4] Diggs L A, Lubas M, De Leo G.. Use of technology and software applications for therapeutic collage making [J]. International Journal of Art Therapy, 2015, 20 (1): 2 – 13.

[5] Hou Z, Leung S, Li X, et al. Career Adapt-Abilities Scale-China Form: construction and initial validation [J]. Journal of Vocational Behavior, 2012, 80 (3): 686 – 691.

[6] Jahn S. Using collage to examine values in college career counseling [J]. Journal of College Counseling, 2018, 21 (2): 180 – 192.

[7] Lyddon W J, Alison L C, Sparks C L. Metaphor and change in counseling [J]. Journal of Counseling and Development. 2001, 79: 269 – 274.

［8］ White. Creating a personal collage to assist with career development ［M］//McMahon M Patton W Valley S（eds）. Ideas for career practitioners：Celebrating excellence in career practice. Australia, Queensland：Australian Academic Press, 2015：259：262.

［9］ Savickas M L. Life-design counseling manual ［M］. Rootsstown, OH：Author, 2015.

［10］ 樊富珉. 结构式团体辅导与咨询应用实例 ［M］. 北京：高等教育出版社，2015.

附录1：第8次网络团体截图

附录2：团体成员所有拼贴画作品（含生命线）截图

注：因保密原则，在此仅展示极低分辨率的作品小图。

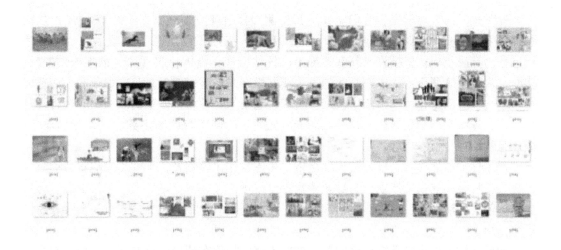

走出自己，走向他人，走向社会承担

——团体心理辅导与志愿服务相结合的案例

中山大学心理健康教育咨询中心副主任　黄成
中山大学心理健康教育咨询中心东校园负责人　王国明
中山大学心理学系党委书记、心理健康教育咨询中心主任　李桦

一、与心理问题相关的个人行为、活动现象等相关事实描述

近年来，咨询室里这样的同学越来越多，他们大多经历了长时间的吃不下饭、睡不着觉，身体多处不适、体倦乏力，注意力不集中，记忆力下降，学习效率下降，心情低落，烦躁不安等问题，有的甚至会情不自禁地流泪，内心孤独，又不愿或不敢与他人交流，对未来充满担忧，对什么事都提不起兴趣，矛盾焦虑，感觉生命没有意义。

二、心理问题诊断

针对这样的来访学生，我们对其进行施测抑郁自评量表（SDS）和17项汉密尔顿抑郁量表（Hamilton Depressive Scale – 17，HAMD – 17），以焦虑/躯体化因子≥7分为标准作为筛查指标。根据许又新教授提出的评估标准，躯体化表现为食欲不振，失眠、多梦，症状持续两个月，未对身边的亲人或同学带来伤害，但对自己的学业和生活造成很大影响，且已泛化，抑郁焦虑情绪严重，就超出了心理咨询的范畴。根据心理咨询伦理要求，遂将来访学生转介到精神心理专科医院，后经医院诊断多数为焦虑型抑郁症，嘱以药物治疗，辅以心理咨询。

焦虑性抑郁症患者抑郁症状比较严重，焦虑发作比较频繁，抑郁焦虑症状持续时间比较长，社会功能损害严重，易导致疾病迁延或慢性化，治疗难度大，容易复发。对焦虑性抑郁症的治疗，目前以药物治疗为主，而非药物治疗主要包括认知行为治疗和放松训练治疗。

如何帮助高校焦虑性抑郁症的学生摆脱困扰，如何在药物治疗的同时，更好地开展心理辅导，从根本上解决他们的思维困境、心理枷锁，是高校心理咨询师面临的一个难点。

本案例尝试使用认知行为团体技术和志愿服务相结合的方式，探索应对更复杂的心理医疗结合高关怀学生康复的新途径，总结出心理咨询和心理健康教育的创新模式，帮

助精神疾病带药上学学生认知功能、情绪功能和社会功能恢复和加强，增强其心理弹性，形成健康人格。

三、心理健康维护的工作方案与实施过程

（一）工作方案

以往大学生心理健康研究主要是对个案进行病理分析、探讨问题的来源以及探讨协助消除症状的治疗模式。然而，一些以积极心理学为导向的心理咨询理论认为，心理健康的培养应更加强调个体内在力量的增强，而不是症状的消除。心理弹性的理论就是强调个体正向、积极的能力与特质，重视个体自身的内在力量与潜能，认为心理治疗的主要目的是建立健康的个人保护机制，即心理弹性，并建立具有整体互动结构的心理健康环境。

认知行为治疗的重点是对学生不健康和不正确的思维方式、信念以及行为进行矫正，从而改变学生对特定事物、场所或情景的错误认知，达到消除不良情绪的目的。同时，该方法还注重在疾病的治疗和康复过程中对学生的心理状态和不良情绪进行疏导，提高学生在治疗过程中的配合度，逐渐消除学生的担忧、恐惧，并对学生进行鼓励，增强其战胜心理问题的信心。

本案例分成两个阶段进行。第一阶段，依据认知行为治疗理论，以团体心理辅导的方式进行，对高关怀学生不合理的信念和行为进行初步调整。第二阶段，结合中国传统文化中"走出自己，走向他人，走向社会承担"的理念，通过朋辈团体的形式，让学生参与到社会志愿服务活动中。本案例实现咨询室内和社会生活现场两个场域的延伸设计，来提高大学生的心理弹性，以增强他们的心理承受力。

（二）方案实施

1. 团体形成和入组选择

筛选 62 名已经在医院确诊抑郁症且带药在校学习的学生，施测抑郁自评量表（SDS）和 17 项汉密尔顿抑郁量表（Hamilton Depressive Scale – 17，HAMD – 17），以焦虑/躯体化因子≥7 分为标准，共筛选出 12 名同学。其中 2 人团体活动请假超过 3 次，为保证团体干预效果，剔除数据。去除这 2 个样本数据后最终团体人数是 10 人。其中男生 5 人，女生 5 人，平均年龄为 19 ±0.7 岁。全员在入组前和团体治疗结束后填写自评量表（1 ~10 分），并在全部治疗结束后再次填写 SDS 和 HAMD – 17，以评估团体治疗效果。

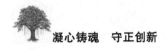

2. 方案实施

第一阶段：认知行为团体辅导阶段。共进行8次认知行为团体治疗，每周1次，共8周。认知行为团体心理治疗的具体方法如下：

（1）认知行为团体心理治疗开始阶段。

①组建团体，进行破冰活动，由团体成员做自我介绍使彼此间消除陌生感，解释团体中每个成员都有焦虑性抑郁症，希望彼此帮助；②制定详细的团体规则，回顾每位学生的症状，提示学生症状的发生与个人生活经历和社会环境有关；③鼓励团体内成员分享讨论引起焦虑和抑郁的事物或场所，练习捕捉不合理信念和自动思维。

（2）认知行为团体心理治疗中间阶段。

①组织所有学生学习放松训练，掌握基本内容和方法，提醒学生注意察觉自我情绪的变化，并做好记录；②指导学生将症状和引起症状的原因相结合，寻求解决方法；③指导学生进行情绪体验与宣泄，团体成员间互相倾诉情绪如何影响自己的生活，并互相提供解决的办法。

（3）认知行为团体心理治疗结束阶段。

①鼓励学生记录自己每天的思想变化，包括情绪、情景、自动思维、挑战旧思维、新的想法以及新的情绪等内容；②帮助每位学生谈论症状变化，互相交流通过治疗自身的哪些症状消失，哪些症状仍然保留，如何处理；③鼓励学生分享团体治疗的感受。

第二阶段：社会志愿服务阶段。在认知行为团体辅导之后，我们在征得学生们的知情同意之后，组织这些高关怀同学以朋辈团体的形式走进广州公交集团的社会实践项目，带领他们进入心理康复训练的第二个阶段——社会现场的志愿服务。根据项目推进，每月开展2次调研或活动，历时6个月。主要进行以下四个方面的内容：

（1）深入公交站场亲身感受公交司机工作和休息环境，开展跟车一天的体验活动。

（2）对公交司机进行深入访谈调研，了解他们的工作和家庭情况，倾听他们的烦恼与压力。

（3）查找收集资料，为公交司机设计团体活动，帮助公交司机们放松身心。

（4）小组讨论分享活动中司机师傅们表现出来的乐观、敬业、担当的精神。反思自我。

在持续开展的志愿服务活动中，同学们进一步调整了以自我为中心等不合理信念，实现了观念重塑，逐渐形成理性平和的社会心态。（见图1、图2）

图1　志愿服务现场

图2　志愿服务后师生合影

四、工作效果评价以及经验反思

（一）工作效果评价

工作效果评价如表1所示。

表1　干预前后抑郁分数、焦虑分数和自评分数变化

个案数		SDS	HAMD－17	自评总分
10	前测	64.8	7.4	5.4
	后测	53.2	5.4	7.6

183

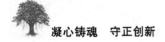

两阶段干预结束后，量表施测结果表明，团体的抑郁自评分数、焦虑分数和自评总分前后测差异显著，团体抑郁程度明显降低（$t=5.90$，$p<0.01$），焦虑程度明显降低（$t=6.00$，$p<0.01$），自评总分明显上升（$t=-6.74$，$p<0.01$）。

在志愿服务活动中，这些曾经把成功看得高于一切的学生领悟道："在任何一级的学校里，成绩特别优异的学生，总是少数。多数人虽然也很努力，但成绩也可能很一般，自己也是如此。这不是说我白学了，恰恰相反，我学到了人生中最重要的技能——承担责任、尽力而为。作为一个学生，学习就是我的责任，无论结果如何，尽全力而为。一个承担责任、尽力而为的人是会受到他人尊敬的人，是个会发光的普通人，是内心富足的人。"

（二）经验与反思

我们重视观察学生的日常生活和求询学生的数据统计分析，同时编制了《高关怀个案管理实施细则》，梳理了高关怀个案管理的范畴，将最近正在经历负性生活事件的学生纳入高关怀个案管理，提醒校园支持系统以及家庭支持系统长期陪伴与追踪，将春季和秋季以及长假和小长假之后作为关键时间节点，从正向、优势、资源与复原力等正面思维观点，来与高关怀学生互动或给予支持，激发高关怀学生的主动性、合作意愿与改变动力。

在高关怀个案的陪伴和追踪中，自2016年起，中心在全校31个院系推广朋辈互助发展培训，将高关怀个案纳入朋辈培训中，累计培养了60余名学生朋辈领导者、1200余名朋辈学员，搭建起校院两级朋辈体系，覆盖全校本科生；通过对完成全部体验式团体学习的成员进行的调查了解到，参与的朋辈同学在学校、学院、班级任职学生工作、服务同学的比例超过90%；朋辈升学（或有升学意愿）的同学比例为72%，充分体现了朋辈培训对高关怀个案的支持和陪伴，逐步形成了一种新的心理健康教育模式。

我们鼓励高关怀个案以朋辈团体的方式开展服务学习，累计开展200余场志愿服务活动，覆盖超过1.5万人次，涵盖医院、中小学、机关单位等机构和老人、青年、儿童等众多群体，受到各级单位的认可。

从2016年开始，中心组织高关怀个案，以朋辈团体的形式走进公交集团，开展了长达2年的公交司机生存状况调研、出租车司机的调研、公交集团微笑服务等团体活动，启动微笑、爱与关怀等活动。

2016年起，我们在广州市黄埔区长洲街道试点建立朋辈服务基地，高关怀学生与朋辈一起，开展社区营造活动，利用他们自身的专业特点，为社区居民开展义务家电维修、对居民进行健康生活理念的宣教，帮助居民设立家庭医药箱等活动，建立起"中心指导、院系参与、朋辈服务"的社区服务模式，确保志愿服务学习形成良性循环。

自2016年起，我们积极组织高关怀个案参与汶川心理援助和贫困地区扶贫扶困扶志活动，前往四川汶川、云南凤庆、西藏林芝等地开展实践教育活动。我们透过对当地中小学生心理健康的关注，激发个案的自主性；借助情感教育，唤起个案积极的情绪情感，让高关怀个案通过了解他人的苦难，理解生活本身，理解挫折，进而反向促进自身成长。培训在扶贫地收获积极反馈，调研显示，超过 80% 的中学生表示活动作用积极，扶贫地、中山大学扶贫工作组也对服务学习做出了很高的评价。

处于极端个人主义和成功的观念影响下的一批心理问题的学生，在结构化的团体心理辅导和参与到社会志愿服务的过程中，重塑理性平和的心态，解决自身的抑郁和焦虑困扰，完善人格，理解苦难的意义，在传递情绪调节、认知调整的方法的过程中，也深入了解到伟大出自平凡，在了解公交司机的日常烦恼和苦闷，在透过身体运动获得快乐以及透过微笑服务反馈感到欣慰的过程之中，不仅克服了自身的问题，更获得了人格的发展和强化了心理弹性。

参考文献

［1］李秀英，陈宏，辛建. 伴与不伴精神病性症状抑郁症学生临床特征及影响因素分析［J］. 中华行为医学与脑科学杂志，2016，25（8）：732－735.

［2］蒙建清，周芳珍. 焦虑性抑郁症患者的临床表现及治疗研究进展［J］. 内科，2020，15（2）：183－185.

［3］刘硕，宋莉莉，王诠. 运用认知行为团体心理辅导提升高中生的心理韧性［J］. 中国临床心理学杂志，2021，29（2）：419－423.

［4］滕秀杰，崔丽霞，李旭培. 认知行为团体心理辅导促进大学生心理弹性的实践研究［J］. 中国健康心理学杂志，2010，18（7）：875－878.

基于生活分析心理咨询方法的大学生"躺平"应对策略

中山大学党委学生工作部学生工作管理处副处长　曲翔
中山大学党委学生工作部学生思想政治教育办公室主管　陈洁

一、案例概述分析

2021 年 5 月，随着网文《"躺平"即是正义》的爆火，"躺平"就在大学生中悄然流行起来，一时间大有人人皆可"躺倒"、"躺平"便是赢家的趋势，"躺平"迅速成为继"佛系"之后大学生追捧的网络文化。各界对"躺平"一词有不同的理解，有学者认为，"躺平"是青年亚文化的一种新形式，"躺平文化"是流行于青年人中带有丧、顺从、佛系、低欲望等色彩的文字或语言，或是具有思想和行为的双重表现，体现了青年人一种矛盾的心理特点。也有学者认为，"躺平"是指人们面对难以抗争的社会压力，不再渴求成功、主动降低欲望的一种心态。

大学生在"躺平文化"的冲击下，"躺平"者具有四方面明显的特征。一是将"竞争"视为"内卷化"的表现。在"躺平"者看来，"内卷"都是内耗的表现，将普通竞争看成是"内卷化"的表现形式，害怕竞争、逃避竞争。例如，A 同学看到宿舍同学大一就有良好的"课前预习、课后复习"的学习习惯，感到了竞争的压力，称宿舍同学们"卷"得厉害，还是"躺平"好了。二是将"困难"作为"躺平"的理由。对大学生群体而言，"躺平"更多表现为害怕困难和压力，看见困难绕行，缺乏攻坚克难的勇气和毅力。例如，B 同学在做实验的过程中，看到实验原理复杂，时间长、难度大，决定"躺平"，等着"借鉴"同学的成果。三是将"弱势"看成"享受"的资本。"躺平"者在集体中往往缺乏存在感，不热衷集体事务，以能力差、社交恐惧等为理由，把自己放在"弱势"行列，"享受"集体带来的成果和便利。例如，C 同学从不为集体事务奉献力量，同学问起，便称其他同学"能者多劳"。四是一旦"躺平"就"起身"困难。在现实中，大学生一旦真"躺平"，且形成习惯，就很难再"起身"。

有学者认为，"躺平主义"不会在更大范围形成对社会心理结构的话语冲击或功能性改变，仅体现一种无足轻重的"情绪格式"，而实际情况与该判断大相径庭。"躺平"实际是部分大学生日常学习生活的真实写照，是少努力、不奋斗、得过且过的低欲望心态。"躺平"文化对大学生思想政治教育工作带来了新的冲击，放任大学生"躺平"对培养担当民族复兴大任的时代新人的负面影响是深远的。具体表现为以下三方面：一是阻碍学生树立崇高理想。时代新人需要把个人理想同中国特色社会主义理想，乃至共产主义远大理想相统一，这显然与"躺平主义"大相径庭。学生在宣扬没有"躺平"的

"韭菜"都是被收割的对象时，是不可能将自己的命运和国家、民族的命运联系在一起的。二是阻碍学生获得过硬本领。深谙"躺平主义"的"躺平者"常以"我躺平了，我怕谁"的"痞子姿态"出现，这与培育学生兢兢业业、一丝不苟的工匠精神背道而驰，更没法与夯实基础、艰苦奋斗、开拓创新沾上边。三是阻碍学生培育使命担当精神。"躺平主义"明显带有"文化虚无主义"色彩，也是"价值虚无主义"的表征，更是"历史虚无主义"的某种折射。在这种观念的影响下，学生在面对大是大非时是不会敢于亮剑、争做中国特色社会主义新时代的先锋和号手的。

二、案例解决方案

在高校全面推进"三全育人"，培育德智体美劳全面发展的时代新人的当下，"躺平"带来的问题和挑战需要高校积极面对，寻找有效应对策略。生活分析心理咨询法（life analytic counseling，简称 LAC）通过指导学生对目前的生活和行为表现进行自我分析和反省，帮助学生重新建立积极且有效的学习、生活目标，从而改善学生缺乏动力和热情的现状，使其积极努力投入生活。本案例通过分析大学生"躺平"的原因，尝试透过生活分析心理咨询方法，建立"班级—团体—个人"的多层次助"躺平"大学生"起身"的有效机制。

（一）大学生"躺平"的原因分析

对青年选择躺平的原因分析有很多，这些分析认为这种想法具有极为深刻的社会根源。对大学生而言，选择"躺平"的基本原因主要有三点。

1. 经济发展是大学生"躺平"文化产生的物质基础

从日本的低欲望社会，到英国尼特族、美国归巢族，再到"丧"文化、佛系文化的产生，都是物质文明发展到了一定程度，社会积累了足够的物质财富后产生的。党的十九大报告中明确指出，中国特色社会主义进入新时代，总体上实现小康。学生可以很容易从家庭、社会获取充足的经济支持，缺少了艰苦奋斗、开拓进取的动力，这成为"躺平主义"的温床。

2. 社会环境变化是大学生"躺平"文化产生的诱因

面对百年未有之大变局，中国社会转型在不断深入，随之而来的是社会分工的不断细化，青年学生能够享受的社会红利也会越来越少。同时，新兴产业的技术壁垒越来越高，学生就业去向越来越固定，择业付出的代价越来越大，各行各业都出现内卷的趋势。大学生越来越容易失去学习动力，选择"躺平"。

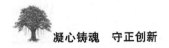
3. 社会文化价值观转向为大学生"躺平"文化提供动力

随着我国政治、经济、文化的不断发展，社会文化价值观也在不断转向的过程中。进入新时代，经济的高速发展期已经结束，通过成功学带来成就感越来越困难，人们很容易发现低欲望更容易带来舒畅的心理体验。这就是在社会主义核心价值观体系尚未稳固的大学生群体中，"躺平"文化更容易侵蚀主流文化的原因。

（二）基于生活分析心理咨询方法的大学生"躺平"应对策略

生活分析心理咨询法由日本松原达哉教授创立，是通过指导学生对目前的生活和行为表现进行自我分析和反省，帮助学生重新建立积极且有效的学习、生活目标，从而改善学生缺乏动力和热情的现状、促使其积极努力投入生活的一种心理咨询方法。该方法被广泛应用于人们的生活工作目标行为管理。这种方法注重目标行为的确立和改变，关注的是行为本身的调适和变化过程，具有较强的可操作性。

陷入"躺平"状态的学生大多会逐步丧失将想法转化为行动的能力，处在无兴趣、无目标的状态。生活分析心理咨询法注重将目标可视化、明确化、数量化，并通过对想做的事进行量化打分后再排序、分析，选择出最重要的目标，帮助学生将人生规划转化为具体的、可操作的、可实现的简单事件，明确从何处开始努力。通过定期检查目标实现情况、及时进行积极反馈和评价，增强学生实现目标的成就感，进一步强化了学生改变的动机，有效促进了学生自主性行为改变的发生。具体而言，单次咨询可以分为三个阶段。

1. 第一阶段：加深对自我现状的了解，探寻个人生命意义与目标

在与学生的初次会谈中，可以通过"画生命线"的方式，帮助学生思考目前的学习、生活状况，未来想做的、必须要做的事情，促使学生进行自我探索、自我澄清。请学生在"生命线"上标出出生、死亡和现在年龄的位置，并注明当天的日期。通过简单的对话交流，帮助学生重现目前的生活状态。尽量与学生建立亲切、信赖的关系，注意倾听。逐渐深入了解学生的能力、兴趣、性格、成长经历、价值观等。督促学生集中注意力，用 2～3 分钟认真思考接下来的打算，想做什么事情。再用 15～20 分钟与学生交流具体的想法，特别是关于未来 1 年、近期 1～2 个月想做的、必须要做的事情。

2. 第二阶段：制作生活行为分析计划图，选择最重要目标形成日程表

制作生活行为分析计划图，共分为五步：第一步，将想到的事情全部写在标签上，每一张标签写一件事，越具体越好。例如，完成作业、每天跑步、联络朋友、打电话给父母等。第二步，按标签所写的内容、关联性进行归类、分组。例如，学习、毕业、健康、朋友、兴趣、家庭等，每组包括 2～6 张标签，把不易归类的标签列入"其他"。第三步，给各组命名，按重要性程度，在分析计划图的第一行由左至右进行排序。第四步，按必要性和可能性给每张标签上的项目进行打分，计算出两项的平均分值并记录下

188

来。第五步，将各组标签按平均分值，由高到低从上至下排列，通过对比最左侧的分值标尺线，使分数相同的标签排在同一行。

仔细查看生活行为分析计划图的左上方区域，可以找到分类重要性高、标签平均分高的项目。选择出 2 个项目作为最重要目标，确立短期或长期目标值，引导学生进一步思考为了实现目标值必需的准备和条件，并制定每月具体的执行日程表，尽量详细写下需要做的具体事项内容。例如，应该读的参考书籍、文献资料，每天跑步的时间、地点等。

3. 第三阶段：定期检查评价执行情况，正性反馈促发态度和行为改变

以一个月为期，检查学生分析计划图项目的执行情况，学生完成项目后应给予肯定和鼓励，未完成时需及时进行指导和调整。根据项目完成的情况，可以在 2 ～ 3 个月后重新制作新的分析计划图，把没有完成的再次计入，同时补充加入新的项目；还可以把制作的所有图表都保存起来，半年或一年后进行对比、总结。每次用记号笔涂掉已经完成的项目，学生会体验到进步的喜悦感、完成的成就感。指导老师正向的评价反馈过程，不断强化学生的改变动机，进一步促进学生自主性的行为改变。

三、经验与启示

对于处在"躺平"状态的大学生而言，生活分析心理咨询法带有较强的指示性，注重激发学生的主体性，具备思想政治教育中疏导教育和激励教育的功能。生活分析心理咨询法可以针对大学生"躺平"现象的程度、规模和表现形式，选择透过个体、团体乃至班集体辅导的方式展开，以提升思想政治教育的针对性、有效性和亲和力。基于生活分析心理咨询方法建立大学生"起身"机制，让"躺平"大学生在态度上、行动上、思想上都真正站"起身"来。

（一）生活分析心理咨询法的特点和适用范围

生活分析心理咨询法有明确、详尽的实施步骤和具体要求。无论对高校心理咨询师、心理健康教育教师，还是对辅导员、班主任、学生朋辈来说，都是一种比较容易掌握、容易操作的方法，适用范围比较广泛，包括已经或正着手"躺平"的团体或个人。针对因学业、人际等方面挫折或困难而想要或暂时性"躺平"的学生，效果最为显著。可以通过团体辅导的方式开展生活行为分析咨询，调整学生消极逃避情绪及生活散漫等不适应行为。实施者可以是辅导员、班主任或学生朋辈。

需要注意的是，全无兴趣和动力、缺乏现实感和反省力且有神经症性、精神疾病早期表现的学生，应尽早转介到专业机构接受心理咨询与治疗，不适宜使用生活分析心理咨询方法进行辅导。

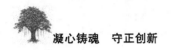

（二）生活分析心理咨询方法助大学生"起身"的机制建设

基于生活分析方法操作简便、适用面广的特点，可以建立"班级—团体—个人"的多层次辅导机制。

1. 开展班级学业辅导，让学生都"起身"

辅导员或班主任通过定期举办主题班会，围绕成绩提升与学业发展对班级全体学生开展持续的学业规划指导与辅导。可以在期中考试后召开第一次班会，引导学生关注自身学业成绩现状，帮助学生梳理学科专业发展的可能路径和方向，每个人设定自己想在学期末达到的学习目标，指导学生按步骤制作学业分析图表。学期末召开第二次班会，可以将学生分组，在组内分享各自学业目标执行和完成情况的评价，激发学生自主学习动力，促进形成追求卓越的优良学风班风。

2. 推广朋辈互助团体，让学生能"起身"

辅导员、班主任或优秀朋辈学生通过举办学业、生活相关主题的朋辈互助团体，针对团体成员大多表现出的学业压力、生活挫折等，制作1到3个月的短期目标分析计划图，在团体中互相倾听、反馈感受、分享想法的同时，还可以每1到2周进行情况反馈，互相支持和监督按日程执行，推动学生互相学习应对自身困难的经验的同时，学会如何与他人建立联结，改善消极无力的学习、生活状态，促进形成互助友爱的校园文化氛围。

3. 提供个体咨询服务，让学生要"起身"

学校心理咨询师针对因多门成绩挂科、无法毕业等出现对学业、生活整体回避行为及食欲减退、作息不规律等生理不适的学生，可以在评估现实感受力和思考反省能力的基础上，在个体咨询中使用生活分析心理咨询法。要尽量在首次会谈中建立信任的咨访关系，帮助学生清楚意识到自己当前的状况，重点指导学生澄清个人的生命追求与价值意义，思考如何与他人在集体中自处，有意识地激发学生改变的动机，促进形成健康和谐的个人理性心态。

（三）生活分析心理咨询方法助大学生"起身"的效果评估

对于生活分析心理咨询方法的实践运用，可以从三方面进行效果评估。

1. 能让学生在态度上"起身"

学生能感受到自身情绪的变化，因为每一个目标任务完成感到喜悦、满足，不再一味地"躺平"，变得敢于面对实际学习、生活中的压力和困境。在咨询辅导过程中积极地提问、思考、反馈和调整，都能直观地反映出学生在态度上发生的改变。

2. 能让学生在行动上"起身"

最直接的表现就是学生完成计划执行图表项目数量的增加，从最初的一两个很容易实现的小目标到整页计划图布满完成标记，随着写下的任务目标的逐个实现，形成的是积极的行为习惯，学生能"起身"专注投入自己应该做的事情。

3. 能让学生在思想上"起身"

足够的量变才能引发质变，学生坚持用生活分析的方法帮助自己进行目标和行为管理，坚持定期进行自身反馈、评价、总结，能促使学生重新思考选择"躺平"给自己带来的负面影响，在适应自身发展需求的同时，更好地适应培育时代新人、树立崇高理想、获得过硬本领和勇担时代使命的要求。

参考文献

[1] 王港. 躺平文化对大学生思想政治教育的影响及对策 [J]. 太原城市职业技术学院学报，2021（10）：176 – 178.

[2] 陈友华，曹云鹤."躺平"：兴起、形成机制与社会后果 [J]. 福建论坛（人文社会科学版），2021（9）：181 – 192.

[3] 令小雄，李春丽."躺平主义"的文化构境、叙事症候及应对策略 [J]. 新疆师范大学学报（哲学社会科学版），2022（2）：1 – 16.

[4] 松原达哉. 生活分析的心理咨询：理论与技法 [M]. 北京：中国轻工业出版社，2008.

[5] 冯刚，等. 新时代高校思想政治教育学原理 [M]. 北京：人民出版社，2021.

新时代思想政治教育视域下育心与育德相统一的实践探索

——以高校学生朋辈培养为例

中山大学党委学生工作部学生思想政治教育工作办公室主管　　陈洁

中山大学党委学生工作部学生工作管理处副处长　　曲翔

一、案例概述分析

随着我国进入经济社会快速转型时期，网络信息技术的高速发展、多元价值文化的激烈冲突、生活节奏的明显加快，使得高校学生群体中因学习生活适应不良、人际关系紧张、毕业就业困难等方面引发的情绪与压力问题日益增多。现阶段，高校基本都建立了心理健康教育与咨询机制。在心理健康教育教师队伍人员不足的情况下，为了提升心理健康教育的覆盖面，各高校都积极发挥朋辈心理辅导的积极优势，在学生中选聘班级心理委员、朋辈辅导员等人员，协助同学在情绪管理及人际关系上得到发展，及时发现有心理咨询需要的同学，转介他们接受专业辅导，推动形成互助友爱的校园氛围。

然而，高校学生朋辈培养工作中存在着人员流动频繁、学得多做得少、在心理健康教育上发挥作用不够突出等问题，咨询预约量仍然不断增加，有严重心理问题、疑似精神疾病的学生引发的危机事件也时有发生。究其根源，主要有以下三方面：第一，朋辈人员素质参差不齐，心理委员多是其他班委兼任，自愿报名选任的同学多在个人心理成长上有强烈的需要，开展心理助人工作的时间和意愿不够；第二，现有的咨询大多运用西方的心理治疗理论与方法，只关注心理问题，且心理健康教师更重视心理危机预警的作用发挥，使得朋辈学生更关注身边小部分出现心理问题和症状的同学；第三，主流的心理健康教育模式更多强调心理知识和技能的学习培养，大多是举办心理知识普及宣传等与心理健康相关的活动，工作内容和形式单一，与思政教育结合度不够，与学生成长需要的契合度不高。

二、案例解决方案

为适应新时代、新要求，聚焦高校立德树人根本任务，从教育教学规律和学生成长规律出发，笔者尝试以领导力培养为切入点，有效运用心理学团体辅导等专业技术，开展持续性的服务学习和实践教育，透过学生朋辈培养，将生命教育与价值意义教育相结合，激发学生的潜在优势和自我效能，增强心理健康教育的长效性，推动育心与育德相结合，促进心理健康教育在思想政治工作中发挥育人铸魂的作用。采取的具体措施如下。

（一）以领导力培养为切入点，促进学生身心健康全面发展

为了更好地实现学生自我管理、延续组织力量，目前高校学生思想政治工作队伍会针对性选拔出表现突出、态度积极、有干部工作经历的学生担任干部。在心理健康教育实际工作中，学生朋辈常由学生干部群体兼任。对学生朋辈的培养，会在学习人际沟通、活动策划组织等领导知识和技能的基础上，增多对于心理健康基础知识和调适技能的学习。笔者通过个案访谈、小组访谈的方式了解到，仅学习专业知识、技能对学生朋辈开展心理健康教育工作的实际帮助有限，学生朋辈不仅希望增加专业理论知识、提升个人能力，也在实际问题解决、人际互动影响、工作意义感、社会成就等方面有着更高的期待。

领导力的概念多用于管理学、政治学及交叉学科领域，不同于政治学与商务管理学中对权力、对上下级从属关系的强调，心理学和社会学把领导力看作个体与团体成员的相互作用力，即影响一个人领导力的因素不仅有个人的品质特征，还有其在人际发展和团体关系发展中的表现。学生朋辈作为青年学生中的佼佼者和带头人，不仅要在自己的现实生活中能较好地应对压力和解决实际问题，还要对事物有更为全面深刻的认识，能通过自身个性与能力引起价值观及行动力的改变。对学生朋辈的领导力培养应该立足于学生思想政治教育，从学生综合素质培养的角度出发，结合学生成长需要和个性特征，探索形成科学性的选拔机制和教学方式、多样化的教学项目和实践活动，方可实现心理健康教育助人自助，进而促进以人为本思想政治教育的开展。

（二）运用心理学方法与技术，推动学生走向他人、走向团体

学生朋辈要在青年学生群体中具有较强的号召力和影响力，并非依靠组织赋予的干部权力，往往更多来自个人独特的人格、知识、智慧等非权力性的特质，以及拥有善于与他人建立良好关系、在团队中进行沟通协作等能力。

1. 运用人格因素测验方法对学生人格特质与行为进行量化研究与评估

人格心理学研究中使用的人格因素测验（简称16PF），是通过测量十六种主要人格特征（见表1）对整个人格进行综合性了解和全面性评价，被广泛应用于人格测评、人才选拔、心理辅导与咨询等领域。在学生朋辈的选拔和培养中，引入人格因素测验对人格特质与行为表现进行量化研究，作为面试选拔考察的重要参考、体现培养成效评估的重要指标。

在面试考查选拔的同时，增加线下集中、实名制的人格因素测验，根据学生朋辈应具有态度积极主动、学习能力较强、情绪状态相对稳定、勇于担当负责等基本特质，重点关注测验中与应具备素质对应的乐群性 A、聪慧性 B、稳定性 C、有恒性 G 四个因

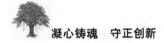

素，结合面试考查表现，优先考虑这些因素得分较高的学生加入朋辈团队。在系统培养训练结束后，可再次进行测验，通过前后测数据的比较，可以将学生在人格养成与能力素质的改变以更直观的方式呈现出来。

表1　十六种人格因素及其含义

人格因素	低分特征	高分特征
乐群性 A	缄默，孤独，冷漠	外向，热情，乐群
聪慧性 B	思想迟钝，抽象思考能力弱	聪明，学习能力强，思考敏捷正确
稳定性 C	情绪激动，易心神不宁，易受环境影响	情绪稳定而成熟，能面对现实
恃强性 E	谦逊，顺从，通融，恭顺	好强固执，独立积极
兴奋性 F	严肃，审慎，冷静，寡言	轻松兴奋，随遇而安
有恒性 G	苟且敷衍，缺乏奉公守法的精神	有恒负责，做事尽职
敢为性 H	畏怯退缩，缺乏自信心	冒险敢为，少有顾忌
敏感性 I	理智的，着重现实，自恃其力	敏感，感性用事
怀疑性 L	依赖随和，易与人相处	怀疑，刚愎，固执己见
幻想性 M	现实，合乎成规，力求妥善合理	幻想的，狂放不羁
世故性 N	坦白，直率，天真	精明能干，世故
忧虑性 O	安详，沉着，有自信心	忧虑抑郁，烦恼自扰
实验性 Q1	保守的，尊重传统观念与行为标准	自由的，批评激进，不拘泥于现实
独立性 Q2	依赖，随群附众	自立自强，当机立断
自律性 Q3	矛盾冲突，不顾大体	知己知彼，自律谨严
紧张性 Q4	心平气和，闲散宁静	紧张困扰，激动挣扎

2. 运用团体心理辅导技术对学生集体观念与团体行为进行培养与训练

心理学领域中的团体辅导以马斯洛需求层次理论、群体动力论、社会化理论为基础，以团体互动为主要作用载体，使参加成员在体验中学习、成长并改进自身在团体中的态度、观念和行为。团体体验学习强调对个人思想道德品质和理想信念的塑造，将个人价值准则契合组织使命并用于指导个人在团体中的行为；强调参与者在资源分享、真实场景、群体互动、归属体验的条件下，尊重包容团体规范，与团体共享权利并承担责任，在设置的不同情境下克服困难、完成挑战。

结合团体发展的热身、凝聚、探索与结束四个阶段，根据朋辈学生工作内容、要求及个人发展需求的不同，设计不同主题、不同结构模式的团体辅导训练课程（见表2），将团体心理辅导的技术应用于朋辈素质培养和领导力提升实践中，推动学生在自我实现中走向他人、走进团体。

表2　团体辅导课程体系

团体阶段	目标内容	设计的主题内容
初始进入	团体成员之间初步相识，明确团体规范，建立团体契约	热身及分组 团体规范的形成与遵守
转换凝聚	建立团队信任与凝聚力，练习在团队里中感受与表达	个人在团队中的角色 表达与团队构建
工作探索	引导成员认识接纳自我，练习与人交往的技巧，形成规律、积极的行为习惯，培养健康积极的情绪，理解团体支持对个人的意义，提高应对压力及冲突的能力	自我认知与价值观澄清 情绪与压力管理 倾听与沟通技巧训练 时间与行为管理 团队合作与冲突解决
巩固结束	引导成员整理学习成果，有效完成学习迁移，引导成员思考和规划未来的工作与生活	个人成长与生涯规划 胜任力与意义感构建 结束与告别

（三）开展社会服务与实践教育，引导学生追寻生命意义，塑造价值信念

学生心理的成长与疗愈更多的是自我教育、自我疏导的过程，以教师在课堂讲授知识技能的单一方式并不能满足学生自我发展的需要。通过开展多样化的社会服务与实践教育项目，激发学生的主体性和自主性，发挥潜在优势和自我效能，注重人际关系的交互性和利他性，进入他者的生活世界去感受和理解挫折、困难与痛苦，引发反身性思考与行为改变，进而实现心理素质的提升、生命意义的追寻和价值信念的形塑。

由心理健康教育教师与学生工作队伍组成指导团队，带领朋辈学生持续性开展心理健康服务与教育活动，为学校师生提供心理关怀、陪伴与支持，做好校园的心灵守望者。支持朋辈学生参与校际交流活动，分享推广朋辈培养经验，提升工作意义感与价值感。组织朋辈学生利用所学知识技能参与心理援助志愿服务，开展扶贫扶志、社会调研等各类实践活动，从学校学生团体中走向社群，正确处理个人与集体、理想与现实、当前与长远的矛盾冲突，启发社会责任感与担当意识，引导学生将个人小我融入国家、时代的大我中，真正将个人发展同社会、国家发展紧密结合在一起。

三、经验与启示

自2013年以来，笔者与学校专职心理健康教育教师、学生工作队伍共同开展学生朋辈培养的实践探索。通过体验式团体辅导训练课程，开展10期学生朋辈领导力培养

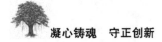

计划，培育 200 余名学生朋辈领导者（包括本科生和研究生），培训 1200 余名朋辈学员；累计开展 200 余场志愿服务活动，覆盖超过 1.5 万人次，涵盖社区、医院、中小学等众多单位和机构，覆盖老人、青年、儿童等众多群体，受到各级单位和机构的认可。2016 年，"'十目一心'学生领袖气质培养项目"获评教育部思政司高校辅导员工作精品项目；2019 年，"育德、育心、育情——基于情感激发、行为强化和信念培育的心理健康教育模式"获广东省教育教学成果二等奖。

总结工作经验与启示，主要有如下三个方面。

（一）转变心理健康教育理念，强化思想政治教育中的心理疏导

2017 年 12 月，中共教育部党组印发的《高校思想政治工作质量提升工程实施纲要》中，明确将"心理育人"纳入高校思想政治育人工作体系，提出了构建心理育人质量提升体系，"着力培育师生理性平和、积极向上的健康心态，促进师生心理健康素质与思想道德素质、科学文化素质协调发展"的新要求。2018 年 7 月，中共教育部党组印发了《高等学校学生心理健康教育指导纲要》，进一步指出"心理健康教育是提高大学生心理素质、促进其身心健康和谐发展的教育，是高校人才培养体系的重要组成部分，也是高校思想政治工作的重要内容"。

良好的心理品质是学生接受思想政治教育、形成良好思想政治品德的基础，思想政治教育与人的心理活动、心理发展有着密不可分的关系。大学阶段是学生内在精神成长和人格养成的重要时期，也是学生世界观、价值观和人生观形成的关键时期。心理问题的发生与价值观、理想信念的建立有关，不能只从个体本身寻找原因，不能忽视人际、文化和社会因素对个人心理和行为的影响。心理育人工作不应该是针对小部分心理有问题学生的干预指导，应该是构建以全体学生为对象、以培育学生积极心理品质和健全完善人格、促进学生心理潜能和个性优势为目标的心理健康教育和咨询服务体系。

（二）运用心理学方法与技术，推动"第二课堂"思想引领与价值引领

将心理学人格因素测验与团体辅导技术，特别是把团体辅导中使用的活动体验与行为训练方法应用于学生朋辈领导力素质培养中，具有互动性强、参与度高、感染力足、方式多样等优势，不仅能有效弥补高校思想政治教育存在的形式内容单一、不入脑不入心等问题，更能促进学生骨干的思想政治教育工作实现形式上的突破、内容上的创新和实效性的提升。

将"第一课堂"的知识技能学习与"第二课堂"的实践服务教育贯通起来，促进第一课堂与第二课堂相融合，促进情感教育、生命教育与心理教育、思想教育相结合，有效推动育心与育德相统一。在心理健康知识学习与教育实践活动中注重思想引领和价值引领，促进学生身心和人格健康发展，帮助学生提高道德修养和精神境界。

（三）发挥心理育人队伍合力，实现师生教学相长、育人育己

新时代的思想政治教育工作要贯穿教育教学、人才培养的全过程，实现全员、全方位育人。作为大学生中具有较强影响力和号召力的群体，学生朋辈的能力与素质关系到心理健康教育与思想政治教育在大学生群体中能否有效开展，也关系到高校人才培养的质量和成效。

要充分发挥心理健康教育教师、心理咨询师、辅导员、班主任等育人主体的作用，在课堂教学工作、第二课堂实践教育中合理融入心理健康教育的内容，在日常思想政治教育、增进学生心理健康工作中积极开展工作，充分调动学生的主动性、积极性，引导学生自主维护和提升心理健康意识与调适能力的同时，注重提高一线教师的思想政治素质、工作能力和心理健康教育专业化水平，有效实现师生教学相长、育人育己。

参考文献

［1］樊富珉，何瑾. 团体心理辅导［M］. 上海：华东师范大学出版社，2010.
［2］杨芷英. 思想政治教育心理学［M］. 北京：中国人民大学出版社，2014.
［3］梅萍. 新时代思想政治教育心理疏导的发展走向探析［J］. 马克思主义研究，2019（7）.

"五育"并举理念下高校院系体育文化建设长效机制研究

——以中山大学国际金融学院为例

中山大学国际金融学院辅导员、团委书记　刘如晓

中山大学国际金融学院 2018 级本科生　何宇凡

中山大学国际金融学院 2018 级本科生　杨雅茹

中山大学国际金融学院 2018 级本科生　苏威霖

一、案例概述分析

（一）把握国家发展趋势，为国家建设体育强院

现今，人们的生活变得越来越便利，我们的生活、学习与工作方式都在发生巨变。在现代信息社会中，绝大多数体力活动可以得到简化，这种变化带来的结果就是我们伏案工作的时间增加，脑力活动越来越多，体力活动却越来越少，导致我们更容易变得营养过剩。在生活节奏变快的现实中，我们承受着不断加重的心理压力，经常忙忙碌碌，以至于不愿分出时间进行体育活动。体育活动的减少是现代社会人们的通病，这也导致了人民健康水平的急剧下滑。

在世界范围内，体育活动减少确实已经成为普遍现象，青少年体质健康问题日益受到广泛关注。其中，珠海市发布的《2019 年珠海市国民体质监测公报》显示，20～59 岁的成年人，体质水平的综合达标率为 93.1%，相较于 3～6 岁的幼儿（95.3%）和 60～69 岁的老人（94.4%），成年人的综合达标率为三组最低。且成年人各年龄段中，20～39 岁的成年人综合达标率仅为 91.8%，为各年龄段最低。同时，近几年新闻媒体报道校园内时有发生学生运动性猝死等事件，也在为我们敲响警钟。

随着国家对于学生体育素质的越发重视，国际金融学院也希望能够从整体上提高学生的体育素质，培养学生爱运动的生活习惯。同时，也希望能够通过体育院队的优异成绩带动学院整体的体育氛围的培养，鼓励学生参加运动。

二、案例解决方案

（一）分析问题，明确发展方向和发展路径

首先是如何鼓励学生进行日常体育锻炼。首先我们应该在学院的整体发展大方向上加强对体育建设的强调，让学生们时刻记住体育锻炼的重要性。不仅如此，我们应该鼓励学生自主组建体育院队，同时自主承办院系体育比赛，从而从学生层面培养体育文化，增强学生对体育的兴趣。同时，在宣传端，院内各宣传平台应该合力营造氛围，鼓励学生们参加体育活动。

（二）多角度齐下，鼓励学生们发展体育事业

1. 制度完备，引领前进方向

为了增强学生的身体素质，更好地实现学校人才培养的目标，中山大学国际金融学院在 2017 年提出"体育强院"计划方案，并在方案中提出了中山大学国际金融学院体育锻炼"五个一"总倡议：每年加入一个体育社团、每学期参加一次集体体育比赛、每学期参加一次个人体育比赛、每天锻炼一小时、每人掌握一项体育技能。

同时，建立学院学生体育档案，统计学生参与体育社团、大型体育活动、常规体育活动的信息，完善学院对学生体育锻炼的鼓励机制，把"五个一"总倡议落到实处。通过建立学生体育档案，学院能够更有效地跟进每个学生的体育锻炼情况，保障每个学生在体育方面的良性发展，有利于提高学生体育锻炼的积极性、增强学生的身体素质、提升团队的凝聚力、提高大学生的综合素质。

2. 部门分工，开展护航活动

在国际金融学院"体育强院"计划的开展中，学生发展中心开展长跑打卡计划活动，该活动具有覆盖面广、参与度高的特点，能够更好地满足学生在课外体育运动和个人全面发展上的需求，有利于提高学生的体质水平。

国际金融学院学生会体育部在"体育强院"计划的开展中充当着实施者的角色，为计划的顺利实施保驾护航。体育部开展院内运动会、球赛和长跑月活动，为学生进行课外体育锻炼、展现体育精神提供了多样化的形式。同时，在各院队中派出驻队干事负责后勤支持工作，定期反馈比赛信息等情况，助力体育院队的发展。

3. 全员参与，营造良好氛围

中山大学国际金融学院"体育强院"计划的开展和学院体育事业的顺利发展离不

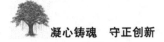

开体育活动的开展和全院师生的参与。学院不仅开展运动会、班际球赛等大型体育活动，还开展长跑月等常规体育活动，这些活动为学生参与课外体育活动提供了良好的机会，也为学院营造了良好的运动氛围。

学院运动会于每年秋季学期举办，全院师生积极参加到运动会中，使运动会成了学院一大体育盛事。运动会包含田径项目和趣味运动会两大环节，竞技性和趣味性结合，既为有运动特长的学生提供了奋勇拼搏、展现自己的机会，也让运动基础稍微薄弱的学生体会到运动带来的乐趣。

除了大型体育活动，常规体育活动的开展也不可或缺。相对于大型体育活动，常规体育活动具有参加门槛更低、覆盖面更广的特点，所以参与度往往会更高。例如21天跑步打卡计划暨长跑月活动，参与该活动无须任何的运动基础，学生只需每天坚持跑一定的里程，并在手机软件上打卡，累计一定打卡天数即可完成活动任务。该活动首次举办即有494人报名参与，第二次举办时人数增加至657人，总数达1151人次。该活动吸引了大量学院学生参加，有助于促进学生的全面发展和学院良好运动氛围的形成。

4. 精准培养，助力人才发展

在院系开展业余体育训练是体育文化建设的必然产物，在院系内设立各类体育院队也是响应高校体育文化蓬勃发展的号召。

学院成立了9支体育训练队，分别为男子足球队、男女子篮球队、男女子羽毛球队、男女子乒乓球队和男女子排球队。除了整建制的9支体育院队之外，学院会在诸如田径、高尔夫、游泳、定向越野等校级体育赛事开始前一至两个月组建参赛院队，帮助学生在比赛前磨合训练、科学备战。此类赛事侧重个人竞技，需要具备较强的体育特长，兴趣覆盖人数较少，难以构建周期性整建制的体育训练队。学院另辟蹊径，在每个赛事开始前召集并筛选人员，并组织"老带新"训练，同时还会在比赛过程中安排后勤人员，为运动员保驾护航。

如何培育及支持各类体育队的建设，也是各高校院系在进行校园体育文化建设时要考虑的重要问题。学院通过下设的体育部统一管理各院队的人员、后勤、财务等各方面问题。学院每年在体育院队建设上的投入上不封顶，只要是院队参加各类比赛及训练所需的费用均由学院全额报销。经费上的大力支持是为了使体育院队能够有一个良好的训练环境、舒适的备战环境，让队员们发挥更好的体育竞技状态。

5. 重点宣传，共享有氧情怀、培育体育文化

学院充分利用现有的网络宣传渠道，由体育部负责组织统筹，和青年传媒中心通力合作，定期发布体育相关赛事推送，进行线上宣传。在新学年开始之际，体育部会安排各个院队发布介绍与招新推送；每周青年传媒中心宣传上周的各院队比赛结果，并预告本周体育赛事，鼓励全院学生到场为运动员加油；在学院运动会，班际羽毛球、乒乓球赛等学院大型体育赛事前后，体育部会专门规划宣传工作，在赛事前大力宣传，强调比赛过程中的注意事项，在赛事后进行活动总结，公布比赛结果。此外，体育部会对表现突出的运动员进行单独采访，在线上平台分享运动员获奖感言与锻炼经验，鼓励同学们

多多学习。

（三）实证分析，明确成果收获、坚定发展方向

学生的本职工作是学习。我们希望，在学院对于体育活动的大力推广下，学生不仅能够收获强健的体魄，还能对提升学习成绩提供显著的帮助。根据我们收集到的本院学生的发展数据，我们设置了一个简单的回归分析，通过分析我们发现：①学生的体育水平与其成绩呈显著正相关关系；②学生的体育社团参与量同样与学生的成绩呈正相关关系。以下为主要的变量设置和回归结果展示。

1. 数据来源

本数据来源于我们发自中山大学国际金融学院本科 2018 和本科 2019 级的"学生体育情况调查问卷"。中山大学国际金融学院 2018 级学生共 360 名，我们收到的有效问卷数为 193 份，超过学生总量的 50%。中山大学国际金融学院 2019 级学生共 400 名，我们收到的有效问卷数为 258 份，超过学生总量的 60%。问卷发放形式为班级微信群内线上填写，并且每个班级均有班级体育委员进行定期提醒，确保每个班级的填写数量为均匀分布。

2. 变量定义

（1）学生平均绩点 GPA。

在这里我们采取百分制绩点统计，以便让数据的观感更佳。在本次数据收集中，我们收集的是每位学生在填写问卷时最近一学期的平均绩点。在所有的数据中，学生最低绩点为 60 分，最高绩点为 98 分。

（2）学生体质测试成绩（physical grade）。

中山大学国际金融学院的学生会在每一学年的秋季学期进行一次学生体质测试，根据全国大学生体质测试细则为学生的每项进行打分，加权平均后即为学生最后的体质测试成绩。本次调查数据中，我们采取百分制与整数制的数据。

（3）学生体质测试成绩的平方（physical grade_2）。

为了观测学生成绩与学生体育能力之间是否有非线性关系，我们设置了"学生体质测试成绩的平方"这一变量。

（4）学生性别（gender）。

通过设置性别这一变量以排除性别这一遗漏变量的影响。当学生性别为男性时，gender = 1；当学生性别为女性时，gender = 0。

（5）学生生源地（birthplace）。

中山大学国际金融学院每年会吸引部分海外留学生进入中国深造，因留学生的体质与学业背景与中国学生有所差别，故设置此变量用以排除留学生这一特殊群体造成的遗漏变量的影响。当学生为留学生时，birthplace = 1；当学生为中国学生时，birthplace = 0。

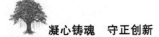

（6）体育社团参与度（attendence）。学生体育项目综合测评加分 extragoal，学生校内体育比赛获奖（matchgoal1）和（matchgoal2）。

学生的体育水平除体质测试成绩可以度量之外，还有学生体育社团的参与度、学生体育竞赛的获奖等因素。故设置上述四个变量用以控制遗漏变量。

①体育社团参与度（attendance）。当学生未参加体育社团时，attendance = −1；当学生参加体育社团时，attendance = 0；当学生参加体育社团时，并且担任体育社团干部时 attendance = 1。②学生体育项目综合测评加分（extragoal）。中山大学国际金融学院为了鼓励学生参与运动，特别设置了体育项目综合测评加分，学生在体育项目中获奖可以获得加分，具体加分细则可看前文描述。本数据中，最低加分为 0，最高加分为 35。（注：2019 级学生暂无体育综合测评加分）③学生校内体育比赛获奖 matchgoal1 和 matchgoal2。我们在本数据中用学生校内体育比赛的获奖情况量化学生的体育特长水平。其中，matchgoal1 为院内比赛成绩的量化，若学生未获得院内比赛成绩，matchgoal1 = −1；若学生获得院内比赛第 4 至第 8 名，matchgoal1 = 0；若学生获得院内比赛成绩第 1 至第 3 名，matchgoal1 = 1。同时，matchgoal2 为校内比赛成绩的量化，若学生未获得校内比赛成绩，matchgoal2 = −1；若学生获得校内比赛第 4 至第 8 名，matchgoal2 = 0；若学生获得校内比赛成绩第 1 至第 3 名，matchgoal2 = 1。

3. 回归结果展示

2018 级学生数据回归结果如表 1 所示。

表 1　2018 级学生数据回归结果

被解释变量	(1) GPA	(2) GPA	(3) GPA	(4) GPA
physical grade	0.147 *** (2.75)	0.250 (1.27)	0.291 * (1.45)	0.284 * (1.45)
gender	0.000514 (0.01)	−0.0477 (−0.05)	−0.502 (−0.48)	−0.483 (−0.45)
birthplace	−8.408 *** (−3.47)	−8.280 *** (−3.32)	−8.588 *** (−3.39)	−8.867 *** (−3.45)
physical grade_2		−0.000750 (−0.53)	−0.000119 (−0.81)	−0.000112 (−0.78)
attendance			0.715 (1.11)	1.193 ** (1.79)
extragoal			0.0415 (0.86)	0.0712 (1.30)

续上表

被解释变量	(1) GPA	(2) GPA	(3) GPA	(4) GPA
matchgoal1				0.160 (0.22)
matchgoal2				−1.460** (−1.82)
_cons	72.75*** (17.37)	69.32*** (9.32)	69.29*** (9.15)	68.49*** (9.20)
N	193	193	193	193

注：(1) ***、**、*分别表示在1%、5%、10%水平上显著；(2) 括号内为t统计量。

2019级学生数据回归结果如表2所示。

表2 2019级学生数据回归结果

被解释变量	(1) GPA	(2) GPA	(3) GPA	(4) GPA
physical grade	−0.00289 (−0.07)	0.134* (1.48)	0.156* (1.67)	0.156* (1.64)
gender	−2.098** (−1.88)	−2.207** (−1.93)	−2.307*** (−2.00)	−2.284** (−1.85)
birthplace	−9.868*** (−3.01)	−9.909*** (−3.04)	−9.898*** (−3.13)	−9.853*** (−3.07)
physical grade_2		−0.000983 (−1.17)	−0.000116 (−1.33)	−0.000120 (−1.34)
attendance			1.019 (1.09)	0.790 (0.82)
matchgoal1				0.157 (0.24)
matchgoal2				1.688*** (3.49)
_cons	84.22*** (25.47)	79.79*** (35.11)	79.90*** (35.46)	81.68*** (35.45)

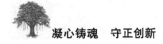
续上表

被解释变量	(1) GPA	(2) GPA	(3) GPA	(4) GPA
N	258	258	258	258

注：（1）***、**、*分别表示在1%、5%、10%水平上显著；（2）括号内为t统计量。

4. 回归分析

从上述两次回归中我们可以看出，在加入控制变量后，2018级和2019级群体中，学生体质测试成绩 physical grade 对学生平均绩点 GPA 的效应估计值均为正，且置信度均高于85%。因此，在某种程度上我们可以得出结论，提高学生的体质，能够在一定程度上提高学生的学业水平。

上述两次回归中可以发现一个很有意思的现象，即学生的校级比赛成绩的高低对于 GPA 的影响在两个年级中出现了截然相反的现象，且都十分显著。对此我们有以下几点分析。

（1）样本之间的差异。从2019年中山大学国际金融学院运动会的成绩可以看出，总分排名前三的班级均为2018级的班级，这在某种程度上说明2018级学生与2019级学生的体育竞技水平存在一定差异，这样反映在校级比赛中的成果也会有一定的差异。

（2）样本数量的差异。2018级的样本数占总样本空间的50%左右，而2019级的样本数占总样本空间的60%左右，相对来说，2019级的回归结果更能够反映实际情况，即学生参与校级比赛的成绩与学生学业成绩之间存在正相关关系。

三、经验与启示

校园体育文化具有浓厚的人文气息和文化底蕴，这种气息和底蕴有利于学生树立正确的人生观、价值观和世界观。良好的体育文化为学生提供了一个广泛交往沟通的平台，能够让学生表现出更多的自信和活力，使学生在成长过程中通过广泛的交往增强自我价值感和力量感，克服自卑感，有利于全方面提高自己。数据分析的结果表明，进行体育锻炼、参与体育竞赛或者加入体育社团对学生的成绩均有正向的影响。积极参与体育活动，有助于自身体育素质与个人综合能力的发展，成为更加优秀的自己。

鉴于体育锻炼对学业的正向作用，我们认为应该坚持学院"体育强院"的口号，继续在学院内部支持开展体育活动、鼓励全员运动，具体可参照以下做法。

（1）为体育文化建设创造条件，适当增加资金投入。

（2）老师作为榜样，鼓励学生运动。

（3）重视体育文化宣传，通过多种途径加大宣传力度。

（4）举办多样的体育活动，吸引学生广泛参与。

参考文献

［1］张德利，尹维增，李诚刚，等. 高校业余体育训练队在构建校园文化中的价值［J］. 牡丹江师范学院学报（自然科学版），2019（1）：55－58.

［2］王为. 新时代高职校园体育文化建设的现状及对策［J］. 九江职业技术学院学报，2019（4）：51－52，58.

［3］周军. 浅议高职院校体育文化建设［J］. 芜湖职业技术学院学报，2014（2）：15－18.

强化草地音乐会美育功能，打造高校特色文化品牌

——中山大学草地音乐会的建设与展望

中山大学艺术学院　林小敏　庄艺敏　张海庆

一、案例概述分析

校园文化建设是高校事业建设发展的重要组成部分，对加强大学生思想政治教育、全面提高大学生综合素质，具有重要意义。艺术活动是校园文化建设的重要环节，也是展现校园美育成果的重要方式。

中山大学广州校区南校园中央大草坪，被誉为中国最大最绿最美的草坪之一。1923年12月21日，孙中山在中央大草坪前的怀士堂发表"学生要立志做大事，不可做大官"的著名演讲。以南校园中央大草坪为主场形成的草地音乐会机制，既有着优美的自然生态资源，也有着深厚的人文历史资源，具得天独厚的宣传、教育和凝聚效应。中山大学草地音乐会是由校党委办公室主办，校党委学生工作部、校团委指导，中山大学艺术学院承办的系列音乐会活动。草地音乐会作为中山大学原创文化活动，创始于20世纪90年代，已持续举办30余年，深受广大师生喜爱，逐步成为高校文化建设的特色品牌项目，对筑牢师生理想信念、强化学校典礼仪式教育、推进高校美育工作有着不可替代的重要作用，成了联系海内外中大优秀校友的"文化名片"。

二、案例解决方案

（一）精心确定主题，让草地音乐会成为宣扬新时代中国特色社会主义文化的重要阵地

紧跟党和国家形势任务，结合"五四""七一"和国庆、建党百年、党的二十大等重要的时间节点，研究确定活动主题，以歌、舞、诗、乐等多种表现方式，讲好中国故事、讴歌新时代、唱响主旋律，努力让每一次的草地音乐会都成为开展爱党和爱国教育的生动课堂。2021年，在中国共产党成立100周年之际，学校在三校区五校园举办了9场主题为"在灿烂阳光下"系列草地音乐会，围绕中国共产党百年走过的筚路蓝缕的历史、取得的举世瞩目的成就，用艺术的语言回溯中华文化古韵、重温百年峥嵘岁月、

赓续红色精神血脉，用学生喜闻乐见的方式推动党史学习教育入脑入心。2021 年 11 月 6 日，"诗乐党史"草地音乐会通过一首首承载着家国记忆和民族梦想的诗乐作品，以诗串史，以乐叙史，展现百年来中华儿女在中国共产党领导下谋幸福、谋复兴的奋斗史，唤起每一位观众的情感洪流，让深厚的爱国情怀激荡奋进之路。2021 年 11 月 20 日，"我和我的祖国"民乐专场音乐会在笙箫、羌笛、唢呐、锣鼓声中开幕，在二胡合奏曲《战马奔腾》中再现战争场面，在古筝合奏曲《蹀马倾杯舞清秋》中穿越时空，让人们领略了中国传统器乐的气势磅礴之美。党的二十大召开前后，围绕庆祝党的二十大胜利召开主题，在深圳校区和珠海校区分别组织了以"新时代、新征程、新辉煌"为主题的草地音乐会，以丰富的艺术风格和多样的艺术表演形式表达对党和祖国的热爱，不断坚定广大师生永远跟党走的信念，激发奋进新时代的激情。（见图 1 ～图 4）

图 1　2021 年"在灿烂阳光下"草地音乐会

图 2　2021 年"诗乐党史"草地音乐会

图3　2021年"我和我的祖国"民乐专场音乐会

图4　2022年"新时代、新征程、新辉煌"草地音乐会（深圳校区）

（二）立足办学格局，让草地音乐会成为联系三校区五校园的文化纽带

　　中山大学具有三校区五校园的办学格局，由广州校区、珠海校区、深圳校区三个校区、五个校园组成，各校园既各具特色，又相互联系。多年来，学校通过统一举办"开学第一课""毕业典礼""校庆纪念日"等典礼仪式教育不断推进校园文化建设。草地音乐会作为校园文化品牌项目，以其轻松活泼的方式、极具感染力的演出效果，受到师生广泛喜爱，它通过一种短时间集中体现的文化活动方式使多校园师生突破空间距离在精神层面融为一体，增强了师生凝聚力、提升了校园文化氛围。
　　草地音乐会演出地点通常在户外，主要是各校（区）园的中心大草坪或广场，演出人员一般是本校园学生社团成员，同时加入学校高水平艺术团精品作品展演，从而在满足活动覆盖面的同时，提升活动的艺术观赏性。每场音乐会由校党委办公室、校团委和艺术学院分别对思想内容和艺术表现等指导把关，同时融入高校校园特色，不断强化系列活动的影响力和辐射力。（见图5、图6）

图5　2022年"奋进新征程"新年音乐会

图6　2022年庆祝中山大学成立98周年"山高水长"草地音乐会（珠海校区）

（三）发挥主体作用，让草地音乐会成为广大师生展示青春激情的大舞台

中山大学艺术学院指导学校高水平艺术团和合唱团、交响乐团、民族乐团、舞蹈团、话剧社、原创音乐社、主持礼仪队、书画协会、钢琴社、吉他社、手风琴社等11个学生艺术社团，社团成员2200余人。在草地音乐会中，充分发挥学生社团的主体作用，让他们在活动组织、节目筹划、主持礼仪、视频拍摄等工作中"挑大梁""唱主角"，有效调动了学生的工作积极性和主动性。为进一步提高社团的专业性，艺术学院针对各社团的专业特点，选配同专业、高素养、高水平的在职教师担任社团指导教师，为社团成员提供更专业的指导。如选聘艺术学院领导和多名副教授等任指导教师，负责社团日常业务。目前，艺术学院共有37名专任教师担任社团业务指导老师。与此同时，

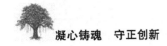

学院还选聘 16 名专任教师担任学校各专业大类艺术指导教师，进一步推进院系美育"一院一品"项目实施，有力扩大美育教育辐射面，提升美育教育参与度。在广泛的美育教育基础上，广大学生艺术表演意愿强烈，在专业教师的精心指导下，学生艺术实践水平显著提高，草地音乐会成为师生实践锻炼、展示才华、享受艺术的重要舞台。

（四）推进美育建设，让草地音乐会成为落实立德树人根本任务的有效载体

美育是立德树人的重要载体，艺术实践是美育的重要组成部分。中山大学草地音乐会就是一种高度综合的艺术实践形式，内容丰富、形式多样的草地音乐会集合了合唱、独唱、演奏、朗诵、舞蹈等多种艺术表演形式，有助于促进师生在实践中学习审美知识、提升审美能力。另一方面，中山大学作为综合性重点高校，生源丰富且来源广泛，学校专业齐备，人文底蕴深厚。师生不仅有较强的审美需求，也有较丰富的审美能力。一场好的草地音乐会能够多方面满足师生对于艺术之美的需求。

草地音乐会的演出作品通常具有丰富的艺术内涵和强烈的艺术表现力、感染力，学生在排练与演出过程中，就是在一次次经历审美体验、提高审美素养。作品强烈的代入感，能引导学生在此过程中产生和谐共鸣从而充实内心情感。

三、经验与启示

习近平总书记在中国文联十大、中国作协九大开幕式上指出："文艺是铸造灵魂的工程，承担着以文化人、以文育人的职责。"长期以来，中山大学高度重视大学文化建设，学校党委每年专题研究部署，相关党政机关部门牵头，艺术学院承办和指导，各个学生社团主动参与，形成了草地音乐会的长效机制，一批批校园歌手、文艺骨干在草地音乐会的舞台中锻炼成长，一件件原创校园艺术作品在草地音乐会的舞台中不断推出，在国内外的知名度和影响力不断提升。2021 年，中山大学队获内地高校港澳台学生中华文化知识大赛全国总决赛一等奖，在广东省第六届大学生艺术展演获省级奖项 23 项、全国第六届大学生艺术展演活动获国家级奖项 6 项、第二届中华经典诵读写大赛广东省一等奖、第二届中华经典诵写讲大赛全省一等奖，广东省高校艺术作品征集展演活动一等奖 3 项、二等奖 5 项、三等奖 4 项，2021 年广东省"立志·修身·博学·报国"主题教育系列活动一等奖 3 项、二等奖 2 项。2022 年 6 月，由学校承办的广东省 2022 年高校美育工作会议暨美育优秀案例交流活动上，学院介绍了开展草地音乐会等高校美育工作的经验做法，得到了与会领导和代表的充分肯定。

接下来，中山大学草地音乐会将继续坚持以学生成长为中心的工作思路，坚持思想内容和艺术表达有机统一，弘扬以爱国主义为核心的民族精神和以改革创新为核心的时代精神，唱响昂扬的时代主旋律，将草地音乐会建设成为大学生思想政治教育的重要载体、体现中山大学文化辨识度的重要项目，努力实现大学美育"第一课堂"与"第二

课堂"有机融合，做到寓教于美、寓教于乐，努力培养德智体美劳全面发展的时代新人。

（一）贴近高校校园实际，不断厚实草地音乐会的群众基础

中山大学草地音乐会不同于一般的艺术展演，相较于作品的艺术性追求，更重视演出过程中演员与观众的情感交融。草地音乐会作为一种开放式的音乐会，校园内每一个路过的同学可以停下来远远驻足观看，也可以在舞台附近找一块草地坐下，细细聆听。观看音乐会的观众也不限于老师和同学，还有校内家属和后勤人员。整体的音乐会氛围是注重每一位观众的感受，也引起每一位现场观众内心的共鸣。

（二）以学生成长为中心，鼓励原创性音乐作品

举办草地音乐会的确需要一定的资金、场地和硬件设施的配置，但是观众的满意度并不一定是与物质投入成正比。高品质的草地音乐会必然是坚持以学生成长为中心，注重以身边人演身边事，坚持从普通在校学生中挖掘、选拔、培养艺术团成员，不断挖掘学生身边的艺术元素，创作演出学生喜闻乐见的音乐作品，提高学生参与活动的情感体验，让大多数学生参与其中、享受其中。

（三）走出去与请进来，加强与兄弟院校（系）的合作

中山大学草地音乐会作为普及性的艺术活动，更加重视非艺术类师生的参与程度。每场草地音乐会，通过与当地校园一两个院系进行合作，不仅保障了音乐会的后勤工作，更重要的是带动这些院系参与音乐会的彩排与演出过程，艺术作品也体现出这些学院师生的学科特色，从而进一步丰富了音乐会的元素。

（四）发挥心理治疗效应，着力缓解学生的精神心理压力

一场好的草地音乐会对浓厚大学文化氛围、提振师生精气神有重要作用。特别是当前，学生学业任务重，升学、就业和社交等方面面临多重压力，急需排解的渠道。在参加草地音乐会活动中，学生们可以在放松愉悦的环境中，加强人际交流，增强自信心和认同感，进一步缓解精神和心理压力，对学生个体的心理自然而然地产生正面影响。

参考文献

［1］黄玉凤. 高校大型文艺活动铸魂育人的路径探析［J］. 文化学刊，2021（9）：203－205.

［2］刘青. 浅谈高校文艺活动对高校大学生的心理素质的影响［J］. 公关世界，2021（6）：131－132.

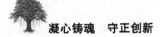

［3］吴冰玉．文化自信视域下提升高校校园文化建设路径的探析［J］．公关世界，2022（22）：90－91．

三大主线确保全员覆盖，四大抓手推动学思践悟

——学生思政教育"微阵地"模式探索

中山大学微电子科学与技术学院团委书记、辅导员　庞伟

中山大学微电子科学与技术学院党委书记　靳祥鹏

中山大学微电子科学与技术学院兼职辅导员　陈泽曼

一、案例概述分析

习近平总书记在党的二十大会议上指出，全党要把青年工作作为战略性工作来抓，用党的科学理论武装青年，用党的初心使命感召青年，做青年朋友的知心人、青年工作的热心人、青年群众的引路人。青年的思想政治教育至关重要，关系国家繁荣和民族复兴的未来。高校肩负立德树人的重要使命，在学生思想政治教育上要因事而化、因时而进、因势而新。要以学生成长为中心，围绕学生成长规律开展思政教育工作，让思政教育走深走实、入脑入心。

中山大学微电子科学与技术学院旨在培养世界一流的集成电路设计和制造高级人才，致力于国家急需的芯片技术研究。学院在开展学生思政教育工作时面临以下几个问题。首先，工科学院学生学习压力大、专业课程密集且难度高，较难抽出完整的时间自主进行思政学习，其学习容易流于形式；其次，工科学院部分学生由于高中修习课程多与理科相关，对人文历史的兴趣不足，在政治理论学习、党史经典阅读上存在主动性和积极性不足的问题；最后，疫情防控的要求一定程度上限制了线下实践活动、外出参访活动的开展，需要挖掘和整合更常态、更灵活的资源。

二、案例解决方案

基于上述背景，学院基于学生微观个体成长规律，从"学思践悟"四个方面入手，建立思政教育"微阵地"。"微阵地"围绕"善学、巧思、勤践、深悟"四个环节开展，是一体贯通、精准到位的培养体系。以微信公众号为新载体，以学习内容、组织体系、学习模式、实践形式的创新为抓手，化整为零、化繁为简，让学生形成"扎实学习—思考内化—结合实践—深化感悟"的成长链条。"微阵地"的建立定点解决了上述问题。首先，充分发挥新媒体的功能，将学习内容分解形成公众号推文，鼓励学生利用碎片化的时间学习，减少学生的学习压力，并且以图文并茂的推文、短视频等激发学生

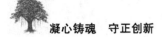

的学习兴趣。其次，在党支部和团支部内划分不超过 5 人的学习小组，以小组为单位开展考学督学与心得交流，发挥朋辈互助的力量，让学生找到参与感和归属感，提高学习的主动性。最后，组织学生基于日常学习工作开展实践活动，将责任意识和服务意识融入日常，让实践常态化。充分发挥线上活动的灵活性，组织线上学习交流，与线下实践活动相结合。

"微阵地"具备"三大主线"和"四大抓手"。一方面，通过"微个体""微链条""微平台"三大主线，全员全程全方位推进思政教育。聚焦学生"微个体"，避免大水漫灌的教育方式，密切关注学生个体学习情况，使思政教育覆盖学生全员；打造学习"微链条"，开展环环相扣的活动，促使学生高效完成"善学、巧思、勤践、深悟"的过程，全程保障思政教育循序渐进开展；构建公众号"微平台"，线上线下双向循环，以公众号作为学习平台和发声平台，结合线下实践活动，全方位服务思政教育。另一方面，通过"微课堂""微组织""微先锋"和"微心声"四大抓手，全面落实教育成效。打造思政"微课堂"，以微信推文日推的形式每日一学；设计精细"微组织"，划分若干学习小组充分探讨；积极推选"微先锋"，以身边人讲身边事的形式辐射榜样力量；大力倡导"微心声"，鼓励学生畅所欲言与升华站位。（见图 1）

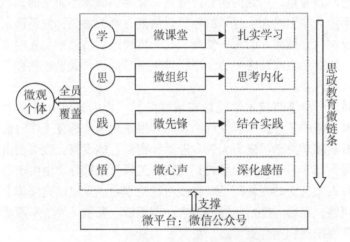

图 1　学院思政"微阵地"建设模式

在 2021 年党史学习教育的开展过程中，学院将思政"微阵地"贯穿全过程，形成了主题教育的新范式，取得了明显的成效，学生好评率超过 90%。

（一）善学：打造思政"微课堂"

党史学习教育的学习内容系统性强、内涵深刻，需要熟练掌握且牢记的内容较多，工科学生课业繁重，若仅安排自学经典，可能无法有效落实学习成效。学院系统梳理党史学习教育的学习材料，确定学习大纲。之后以官方微信为抓手，打造红色学习平台。以每日推送一条学习资讯的形式，将学习材料化整为零。以每周组织一次线上答题的形式，以考促学检验学习成效。

每日一学，建立常态化学习机制。学院专项工作小组从党史学习教育专题网站、人民日报等官媒精心挑选推送材料，在公众号上每日一推。学习资讯内容兼具多样性和丰富度。设计党史百科、基本知识等栏目，先让学生建立基础知识背景；设计党史撷英、党史微课等栏目，介绍人物故事、重要历史事件等，让学生在了解基础知识后，体会党的伟大精神和宝贵经验；设计经典重温等栏目，将《论中国共产党历史》《中国共产党简史》等原著原文分章节摘录到推送中，让学生通过日积月累的学习，逐步消化原著内容。内容层次由浅入深，基本实现学习的全覆盖，让主题教育从集中教育向经常性教育延伸。截至目前累计推出 15 个栏目，共 248 篇学习资讯。

每周一考，扎实落实学习成效。在当周学习内容结束之后，每周组织一次线上答题，以考促学检验学习成效，以及进行复习总结。以学习小组为单位，组长在每日推文发布后转发到研讨群里，督促小组成员自学。学院专项工作小组每周精选题目，在公众号导航栏设置答题平台。通过数据收集及记录了解学习情况，及时调整反馈并做好台账存档。通过答题反馈，动态了解学生知识掌握情况，避免学习流于形式。共开展 20 次线上考核，参测率达 100%，平均分达 95 分。

（二）巧思：设计研讨"微组织"

党史学习教育不仅着眼于知识的学习，更需要建立有效的研讨模式，激发学生的思考力。学院构建"一点双线"网格化组织架构，"一点"即为党委，"双线"指党团一体延伸机制和网格化覆盖机制。党支部和团支部点对点联动发力，以党建带团建，支部内部集中上党课、团课，输出有启发性的内容。在党支部和团支部中划分若干学习小组，以小组为单位进行集中探讨，让学生获得参与感，并在思想碰撞中加深理解和思考。

构建党团一体延伸机制，协同启发学生思考。党支部重点抓好党员的学习教育，邀请党委书记为全体党员讲党课，专题解读重要精神，激发全体党员深入思考。党支部与团支部结成一对一的指导关系，教职工党支部指导研究生团支部，学生党支部指导本科生团支部。在党支部指导下，将党史学习教育向团支部和团员延伸。团委面向全体团员开展党史学习主题团课，启发青年团员将个人成长与国家发展相联系。共开展党课、团课和各类思政讲座 9 次。

构建网格化覆盖机制，以小组模式确保全员有效参与。学院党支部和团支部划分若干个不超过 5 人的学习小组，选派思想坚定、能力过硬的优秀党员和团员担任小组长。小组长负责督促小组成员开展日常学习打卡、交流讨论和考核等活动，并做好记录。党委和团委对各个学习小组的日常学习、讨论进行指导与监督，每月统计小组积分，设置相应的奖惩机制，确保每一位党员和团员有效参与。共形成 75 个学习小组，小组平均开展研讨会 8 次。

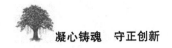
（三）勤践：推选党员"微先锋"

党史学习教育在理论学习之后，需要与实践学习相结合，方能推动学习走深走实。学院以日常学习工作为学生实践锻炼的土壤，以党员群体为重点，开展"党员先锋岗"创建活动，鼓励党员立足工作岗位，增强服务意识和责任意识，争做"微先锋"。发挥"微先锋"的榜样示范作用，在各自的工作岗位上亮身份、树标杆、办实事。"微先锋"更带头开展专题实践活动，带动更多学生在实践中坚定理想信念。

评选党员先锋，于日常中发挥榜样力量。学院党委设置多个先锋岗位，如"学习示范岗""爱芯志愿岗""创芯先锋岗"和"芯时代模范岗"等，涵盖学业发展、志愿服务、科研创新等多项内容。全体党员确定目标岗位，并做出相应的岗位实践承诺。以理论学习和服务实践为抓手，鼓励各先锋岗党员立足自身的学习和工作实际，自觉成为"党史学习的排头兵""实事践行的急先锋"和"本职工作的主力军"。建立岗位考核评价细则，每月形成台账及总结材料，最后经全体党员民主决议后推选岗位先锋。岗位先锋在日常生活中发挥榜样力量，带动更多学生提升自我，创优争先。共推选出六个岗位 32 位学生"微先锋"。

组织专题实践，"微先锋"带头开展服务活动。"微先锋"带头设计实践活动，让不同特点的学生得以发挥优势。组织高年级学生开展生涯规划经验分享会，为本科生分享考研经验、求职经验；组织专业知识较为扎实的学生赴中学开展集成电路主题科普活动，强化青少年对"科技强国"的认识；组织低年级中时间较为充裕的学生参与"口腔健康，宣教义诊"活动，为校区师生普及口腔护理知识等，关怀师生健康。共开展 6 次服务活动，学生参与率超过 85%。

（四）深悟：展现精彩"微心声"

党史学习教育不仅是对历史经验的回顾，更要观照现实，形成个人的思考与感悟，将学习成效转化为工作效能。学院以官方微信公众号为发声平台，鼓励学生在深入学习思想政治理论、阅读经典后，发表思想感悟，形成"自我学习—心得分享—讨论交流—延伸升华"的路径。一方面，在小组与支部中充分鼓励思想交流，让学生在集体研讨中增进理解、获得认同、认识不足；另一方面，鼓励个人投稿，支部遴选优秀心得至官微，形成可供学习与借鉴的优质素材。

倡导思想碰撞，在小组与支部中充分交流。学习小组成员在学习过程中针对重点难点进行探讨，充分交流观点，让每个个体都有机会发表见解。之后推选优秀代表在党支部和团支部专题研讨会上进行汇报。全体成员会前潜心自学，会中联系实际进行研讨，会后撰写书面心得，形成高质量的集体学习成果。党委委员参与会议，并对集体学习成果给予指导意见。累计形成集体学习成果 38 篇，涵盖所有学习专题。

倡导积极发声，以微信公众号为交流平台。学院鼓励学生投稿学习心得和个人总结至支部，并由支部遴选优秀心得后投稿至官微。官微依据不同阶段的学习主题开设专栏，前期开设"党课荟萃"，由党委书记和委员、各支部书记和委员带头讲党课，并遴选学生精品党课发布在官微上；中期开设"暑期学史心得"，推送学生在阅读原著原文后的读后感；后期开设"党员先锋"，推送先锋榜样的心得体会；长期开设"党史感知"栏目，推送阶段性学习体会。累计推送四个系列的推文共132篇，党员参与率达100%，学生总体参与率达82%。

三、经验与启示

学院以新媒体为"微平台"，关注学生成长"微个体"，打造学思践悟的"微链条"，协同形成一体贯通、精准到位的"微阵地"。致力于让思政教育覆盖学生全员，循序渐进、全程高效，全方位融合理论与实践，全员全程全方位育人。从"微阵地"建设过程可凝练四点经验。

（一）借力新媒体，构建"新媒体＋思政教育"的模式

微信公众号是学生接触较多的媒介，同时操作方式又相对简单。要充分发挥新媒体实时传播和灵活互动的特点，以学生喜闻乐见的形式融合思政教育。公众号既可以作为学习素材推送的平台，也可以作为学生发声的平台，实现双向互动。

（二）遵循学生成长规律，构建学生"学思践悟"的全链条

学生对信息的接受、理解、认可与领悟需要一定的时间，要针对各个环节的特点精准施策，也要形成环环相扣的信息闭环。要根据"学思践悟"的过程，充分设计各个环节，让思政教育循序渐进。

（三）精准跟进个体，设计"网格化覆盖"的精细组织

思政教育如果以大水漫灌的形式实施，则容易流于形式，无法真正走深走实。在党支部和团支部协同发力的指导下，支部划分人数精简的学习小组，以小组为单位开展学习与实践，并由支部监督考核。形成全覆盖网格，确保所有学生始终在党的视野范围内。

（四）充分整合资源，构建"线上线下"的循环机制

活动的开展要贴合学生实际，融入学生日常，充分整合各类资源。线上以微信公众号为载体，重点加强理论学习；线下因地制宜开展实践活动，围绕学生成长需求，设计特色化、差异化的服务活动。通过线上线下的循环机制，让学生在理论与学习的相融相促中深化理解。

"三层建设"引领，构建宿舍"微"系统

——以中山大学学生宿舍文化建设辅导员工作室为例

中山大学外国语学院　林璐　甘萍

一、工作室名称

Dorm Sweet Dorm 学生宿舍文化建设辅导员工作室。

二、工作方法："表层—中层—深层"宿舍文化建设

本项目结合大学生人际交往特点、学科特色、年级区别等，从"表层—中层—深层"建设三个方面对应开展宿舍活动，以由表及里、相互影响、多元渗透的方式来提高大学生宿舍文化生活质量。

（一）表层建设

表层建设主要指宿舍的内部设施、布局结构、卫生状况等的建设。针对表层建设，在新生入学第一学期开展宿舍美化大赛，从主题、实用、美感、创意、协调五个维度指导同学们通过相互协作，打造宜居的生活环境，并结合影像成果、实地检查、线上投票，评选出获奖宿舍并予以表彰。

（二）中层建设

中层建设指规章制度及行为规范的落实情况、人际交往、师生联系等的建设。通过理顺宿舍成员、宿舍长与项目执行团队、辅导员/班主任与宿舍成员间的联系，建立自我管理、朋辈互助、师生交流的具有强大内驱力、可持续发展的宿舍"微"系统。同时，团队购置一批与人际交往、生活、心理相关的书籍，存放于学院活动室，方便相关老师、同学取阅。中层建设举办师生茶话会，来自不同年级不同专业的30多位同学以及全体宿舍文化建设导师到场，以专业为单位围圈而坐，就校园和宿舍生活、人际交往、习惯养成等问题进行小组讨论。

（三）深层建设

深层建设指宿舍成员的政治信念、思想意识、价值观念、心理素质、审美情趣等及其外化的建设。针对中层建设推行"习惯养成""技能交换""主题轰趴"三项活动。习惯养成活动以一学期为限，面向全体本科生，要求每间宿舍达成共识，限定从思想政治、学术学业、文体技能、生活习惯四方面发展中制定一个小目标，并持续进行目标反馈、中期评估、督促跟进。技能交换活动以"点亮我的技能"为主题搭建平台，通过数据匹配，一对一结对子，时间周期由双方协商制定。主题"轰趴"活动以党建党务、学业发展、职业发展、技能分享、文化体验等五方面进行主题策划，让同学们自主选题，自行组织，开展分享会、学习会或者茶话会等别开生面的"轰趴"派对。

三、开展学生工作解决了哪些问题

针对当前宿舍深层次文化建设不足、尚未形成可规范化执行标准的现状，工作室运用"表层—中层—深层"大学生宿舍文化建设模型，结合大学生人际交往特点、学科特色、年级区别等，以一年为周期，尝试开展固定活动、常规活动、特色活动，探索了"学生—宿舍长—项目执行团队—辅导员/班主任"人群间的关系与结构、角色与责任，制定了具体可行、内容充实、品位高雅的大学生宿舍文化工作方案和制度，充分发挥宿舍集体生活在大学生成长过程中的导向作用、育人作用、凝聚作用、约束作用和调节作用，为校园宿舍文化建设提供参考。

宿舍关系初步建立阶段，结合急需消除相互陌生感的契机，通过打扫布置、合作交流，共同营造宜居环境，有效促进了同学间的交流互动，并增强了学生对集体的归属感和认同感；茶话会有效整合资源，组织调动了不同年级专业的学生、各系教师、辅导员，搭建平台，交流了平时较少集中讨论的话题，改善了学院师生间联系较少的问题，拉近师生间的距离，有助于学生建立并完善个人的社会支持系统；习惯养成、技能交换活动通过征集、反馈、评估宿舍成员共同制定的关于生活习惯、学术学业、文体技能等"小目标"，搭建拓展知识技能的平台，为学生提供了指引和督促的"定制化服务"，有助于学生摒弃"宅""佛系"、惰气、暮气、娇气、傲气、邪气等不良习气的影响，形成良好的生活习惯和积极向上的精神面貌。

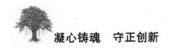
四、工作成效和建设水平的反思与展望

（一）工作成效

本项目在开展期间能够按照建设步骤和进度安排各项活动。由于活动的"易操作性""高匹配度""高附加值"，新生入学第一学期开展的宿舍美化大赛、师生代表广泛且气氛轻松温馨的茶话会、具有良好交互性的习惯养成活动等都获得了学生的高度参与和认同，受到广泛好评。

针对表层建设，面向新生开展"宿颜"宿舍美化大赛，促进大学生形成"共同生活"理念，提高新生宿舍的宜居指数和幸福指数，增进舍友感情，为新生提供舍友间交流合作、宿舍和睦相处的平台。新生在此次活动中加深了友谊、增强了宿舍凝聚力，增强了对宿舍和学院的归属感，有效帮助新生融入外院大家庭，促进了全院友爱和谐氛围的形成。图1为开展宿舍美化大赛后的学生宿舍。

图1　133－302 学生宿舍

针对中层建设，在春季学期期中举办"左邻右里"茶话会。活动搭建起师生联系、朋辈交流的有效平台，学生从个人经历出发，讲述真实故事，提出宿舍文化建设活动落实过程中遇到的种种困难。以团建的形式发现问题、交流问题，最终致力于借助朋辈、

社群、环境等所形成的"微"系统解决问题。（见图2）

图2　各系学生在小组讨论中与老师们交流宿舍文化建设经验与建议

　　在深层建设过程中，习惯养成活动通过促成宿舍成员共同达成一个"小目标"，进一步增强宿舍凝聚力，形成良好的生活习惯，营造良好的文化氛围。通过该活动，探索了宿舍文化建设"定制化服务"提供的模式，并通过调查反馈，评估适合宿舍场域开展工作的切入点。技能交换活动通过数据匹配，为同学们精准地一一结对，给学生提供一个互相学习、共同进步的机会，帮助大家利用有限的资源来学习更多的知识、技能和方法，用已知开启未知的世界。主题"轰趴"通过一种富有创意的形式，将自主权交给同学们，充分利用宿舍的空间与便利的资源条件，为学生提供一个互相分享、倾听的平台，加强同学间的交流联系，同时增强学生自主规划组织能力。（见图3）

　　工作室建设活动由浅入深、由表及里，多角度、多层次地美化完善学生的宿舍文化生活。在学生开始校园集体生活的"关键窗口期"，实现了新生入学教育中加强宿舍公约、轮值制度、习惯养成等方面的教育引导，帮助学生更好地融入校园和集体生活。同时构建起学生、教师、辅导员互相沟通联系的微系统，有效地整合资源，为学生提供定制化服务，促进同学们在自由向上的氛围中展现自我、提升自我、实现自我。

图3　108－106学生宿舍养成每日口语交流习惯

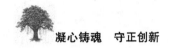

（二）工作室建设水平反思与展望

1. 活动定位要清晰且难度适宜

例如，在技能交换活动中采取以宿舍为单位结对子开展，但实际上宿舍成员的需求和兴趣存在差异，难以"步调一致"，技能配对只能在个体中展开。又如，主题"轰趴"自主性要求高，需要涉及活动策划、人员组织、经费预算等，学生很少能够主动承担"趴主"的责任。

2. 对组织者的能力素养和积极性有一定要求

在"学生—宿舍长—项目执行团队—辅导员/班主任"这个模型中，学生和宿舍长是主体，项目执行团队是核心，辅导员和班主任作为导师提供支持。项目执行团队需要参与活动的具体策划、流程管理、组织动员等，持续有效推动宿舍本身形成内驱力，并且需要对参与者进行一定培训且需要较长期的时间精力投入。

3. 学生集体意识培养有待提高

目前，学生日常学习生活个性差异大，对于非强制性且不纳入课程、"综合测评"不加分的活动积极性较低，比较忽视人际关系、身心平衡等方面的发展，需要借助多元平台，提升学生参与集体活动的获得感和幸福感。

以立德树人为统领，以学生成长为中心，深入开展"一站式"学生社区建设

中山大学党委学生工作部学生思想政治教育办公室主管　陈洁
中山大学党委学生工作部学生工作管理处副处长　　曲翔

一、案例概述分析

高校学生社区是现代社区发展的一种形式，作为学生日常生活、学习的场所，构成了学生最基本的生活空间。长期以来，学生社区在高校思想政治工作中的阵地作用未被充分认识，社区场域下的思想政治教育功能未得到有效发挥。

2019 年 2 月，教育部召开专题会议，提出推行"一站式"学生社区综合管理改革。2020 年 4 月，教育部等八部门发布《关于加快构建高校思想政治工作体系的意见》，指出高校要依托书院、宿舍等学生生活园区，探索学生组织形式、管理模式、服务机制改革，把院校领导力量、管理力量、服务力量、思政力量服务到教育管理服务学生一线。2021 年 7 月，教育部确定两批共 31 所试点高校，明确试点工作重点建设内容，推动试点高校积极探索提升社区育人成效的举措和办法，旨在将学生社区打造为学生党建前沿阵地、"三全育人"实践园地、平安校园样板高地。2021 年底，"一站式"学生社区试点建设扩大到全国 100 所高校。教育部思想政治工作司 2022 年工作要点指出，要全面开展"一站式"学生社区综合管理模式建设，争取实现对 1000 所左右高校的覆盖。可见，"一站式"学生社区建设是高校落实立德树人根本任务、构建思想政治工作大格局的重要平台，也是培育时代新人、建设平安校园的重要载体。

近两年来，各试点高校在"三全育人"理念的指导下，在学生社区建设方面积累了丰富的经验，但社区育人作用尚未得到充分发挥，推进学生社区建设的过程中面临着现实问题，主要集中在以下三方面：一是社区作为育人阵地的理念共识尚未形成。专任教师长期将第一课堂作为育人阵地，随着"三全育人"工作深入推进，开始更多加入第二课堂。专任教师和学生工作队伍习惯在办公楼、实验室和各类讲座活动中开展育人工作，宿舍作为学生相对私密的生活场所，容易被忽视。二是多部门协作机制有待完善。高校受传统科层组织架构的限制，参与学生社区管理的各部门面对问题时缺乏沟通协调，协同合作机制有待深化，多主体协同育人的合力有待加强。三是教育管理资源配置未能进行科学配置。有的高校主要以硬件建设为主，在社区空间功能优化、文化氛围建设等方面亟待完善，使得社区建设工作缺乏整体性、战略性考量。不少高校存在宿舍园区基础设施条件较差、住宿资源紧张等现实制约，这也对人员、经费、空间等教育管

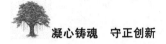

理资源配置能力提出更高的要求。

二、案例解决方案

"一站式"学生社区作为课堂之外对学生开展思想政治教育的重要阵地，其建设应当遵循思想政治教育工作规律，坚持以学生成长为中心，强化社区党建引领，凝聚全员育人合力，发挥学生在社区建设中的主体效能，大力推进智慧社区服务、平安校园建设，将领导力量、思政力量、管理力量、服务力量全面下沉到学生中，一体化构建高质量思想政治工作体系，深化落实"三全育人"综合改革，深入开展"一站式"学生社区综合管理模式建设工作，培养德智体美劳全面发展的社会主义建设者和接班人。

（一）加强党建引领，全面提升思政育人实效

1. 加强组织领导，健全工作机制

学校党委要高度重视"一站式"学生社区建设工作，由党委书记担任第一责任人，组织社区建设相关的职能部门、单位负责人成立工作小组，负责全面指导、监督、评估"一站式"学生社区综合管理模式建设工作。要制定学校层面的建设工作方案，建立常态化沟通协调机制，定期组织召开会议专题研究和部署学生社区建设工作，形成党委统一领导、相关单位各负其责、全员协同联动的工作机制。

2. 创新组织育人，深化政治引领

针对高校社区党建工作存在的组织尚未健全、机制有待创新、作用发挥有待提升等问题，结合实际情况探索在学生社区设立临时党组织，与学院二级党组织相互配合。以学生宿舍园区为载体，积极开展联系帮扶、结对共建等工作，充分发挥党组织政治引领作用。重点做好入党启蒙教育，引导学生积极向党组织靠拢。

3. 强化党建引领，推进社区思政

加强党团班一体化建设，推动党团班力量下沉到学生社区、宿舍"一线"，形成"党—团—班—舍"四级贯通的组织体系，加强党的组织覆盖和工作覆盖。构建学生马克思主义理论学习教育长效机制，在学生社区定期开展集体学习、宣讲报告会、读书分享会等形式的主题思想政治教育活动，全覆盖开展习近平新时代中国特色社会主义思想的学习。

（二）践行"一线规则"，凝聚形成全员育人合力

1. 落实"一线规则"，推动领导力量下沉社区

健全领导干部与学生"结对子"制度，校领导班子带头深入社区讲"思政第一课"，走进宿舍看望慰问学生，开展座谈会听取学生意见建议。推动机关部处、院系党政领导干部常态化深入社区，通过讲思政课、参加党团班活动、走访宿舍、举办午餐会等方式，拉近与学生的距离，及时帮助学生解决在思想、心理、学业、生活、毕业等方面遇到的实际问题。

2. 加强统筹协调，推动思政队伍下沉社区

由学生工作部门牵头成立学生社区管理办公室，负责统筹协调社区建设相关工作，形成部门协同、院系参与、协同配合的工作机制。积极组织各培养单位选聘优秀专任教师、专兼职辅导员、班主任、社团指导老师、党政管理干部等，深入社区开展谈话辅导、生涯规划、心理疏导，指导班级建设、学业发展、科研训练，加强思想引领、价值引领和学术引领。

3. 围绕学生需求，推动专业力量下沉社区

优化专职心理咨询专业技术人员队伍，在宿舍区配备心理咨询室、心理测评室、团体辅导室等功能性服务空间，向学生提供经常、及时、有效的心理健康指导与咨询服务。组织心理健康教师举办如高效能学习训练营、生活教养教室、情绪与压力管理团体辅导及生涯规划工作坊等贴近学生实际需要、形式多样的辅导教育活动，满足学生个性化需求，疏导学生心理压力，培育学生积极心态。

（三）聚焦学生成长，全程优化社区服务体系

1. 丰富育人体系，促进学生全面发展

从促进学生全面发展需求出发，充分挖掘社区教育资源，推动学生结合学科专业特点，积极参与社区志愿服务、劳动实践、勤工助学、文体社团等活动，举办"家园有约"、专业导学公开课等专题系列活动，推进思想引领、学业指导、体育教育、美育教育、劳动教育、心理健康教育进社区，培养学生的学习力、思想力、行动力，调动学生促进自我成长的积极性和主动性。

2. 提升信息化水平，提供安全便捷智慧服务

加强大学服务中心（USC）线下服务大厅建设，优化线上服务平台流程，坚持围绕学生、关照学生、服务学生，全面整合教学、服务、管理、健康、第二课堂等数据系统

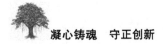
功能，打通教育教学、管理服务各个环节，为学生提供安全、温馨、方便、快捷的全链条智慧服务。学生在校内外、全天候、全时段均可通过手机企业微信或电脑端访问办理相关业务，实现学生从入学到离校，衣、食、住、行、学"一网通办"。

3. 建立协同联动机制，多渠道建设平安社区

学生社区与属地各级公安、国安部门建立高效顺畅的联动机制，警校协同为社区安全保驾护航。针对涉及学生安全事件，校内各部门与培养单位协同配合，积极开展信息收集、安保防护、思想引导和心理安抚，理顺学生安全稳定工作机制。在社区各区域布局监控设施，形成全面、细致的安全防控网络，结合监控大屏对校园安全状况进行全时、全域监测，及时发现、处理隐患，保障校园安全。

三、经验与启示

高校应当充分认识到"一站式"学生社区综合管理工作是推进高等教育治理体系和治理能力现代化，为扎根中国大地办好中国特色社会主义大学探索实践路径、夯实理论支撑的重要举措。高校要坚持以习近平新时代中国特色社会主义思想为指导，坚持以立德树人为统领，以学生成长为中心，深化社区党建引领，加强社区队伍建设，发挥学生主体效能，运用信息技术赋能，从而有效提升学生"一站式"社区作为学生党建前沿阵地、"三全育人"实践园地、平安校园样板高地的育人成效。

（一）深化社区党建引领，发挥社区思政育人功能

坚持党的领导是中国特色社会主义的最本质特征。高校"一站式"学生社区建设必须坚持党的全面领导，贯彻落实党的教育方针，要把思想政治教育贯穿"一站式"学生社区综合管理模式建设的全过程、各环节。通过加强党委领导，有助于统一思想、凝聚共识。发挥党建引领作用，通过定期开展理论宣讲、举办主题教育活动，推动党支部、团支部、班委会和学生宿舍四个平台的有效联动，充分发挥社区思政育人功能，在社区场域实现对学生价值观形成、行为习惯养成、人际关系建立等方面的正确引导。

（二）加强社区队伍建设，提升社区协同育人实效

学生社区建设除了需要组织专兼职辅导员、班主任、心理健康专任教师、党政管理干部等学生工作队伍进驻，还需要思想政治理论课教师、专业课教师、校院各级领导干部、后勤服务人员等共同组成育人综合体，常态化深入学生社区开展思想政治教育、专业学习指导、科研学术训练、心理健康教育等，提供职业生涯规划、日常生活指导及社会性支持等，让学生的学业、心理、生活等问题能得到及时反映和疏导。

（三）发挥学生主体效能，涵育社区服务文化氛围

要坚持学生在社区建设中的主体地位，构建价值塑造、能力培养和实践体认"三位一体"的学生社区育人体系。通过评优评先、培育精品项目等方式增强学生的参与感、获得感，推动形成互帮互助互学的长效工作机制，营造自愿服务、主动奉献的社区文化，鼓励学生积极参与社区治理，提升学生的认同感、归属感。遴选学生党员、入党积极分子担任社区服务组织负责人，积极发挥示范引领作用，激发学生参与朋辈帮扶、社区建设管理工作的积极性、主动性和创造性。

（四）运用信息技术赋能，提高社区整体治理水平

在加大线下服务空间建设的基础上，要发挥信息技术优势，突破长期以来形成的各部门独立需求为主体的信息运作模式，积极探索数据共享、协同联动、便捷高效的学生社区智慧服务体系，构建学生社区服务中心。依托学校信息化部门及第三方技术供应商进行数据整合，精准对接学生需求，充分运用智能技术手段，优化线上服务流程，促进各部门之间的业务协调与整合，为提高社区整体治理提供技术保障和支持。

（五）理顺安保工作机制，健全社区安全教育体系

要积极利用新媒体宣传矩阵，开展消防、反诈骗、防盗窃、交通、疫情防控等系列安全教育活动，对学生的国家安全、意识形态安全、人身安全、财产安全、实验室安全、治安、消防、身心健康等工作进行精细化管理。以宿舍为载体，开展文明宿舍评选，定期组织开展宿舍安全检查，排查和整治安全隐患。针对涉及学生安全事件，各部门要与培养单位协同配合，积极开展信息收集、安保防护、思想引导和心理安抚，理顺学生安全稳定工作机制，合力推动构建和谐社区。

参考文献

[1] 叶圣华，胡敏，钱程. 社区场域下大学生思想政治教育的现实挑战与路径创新 [J]. 新西部，2020（6）：146－148.

[2] 王懿. 高校"一站式"学生社区建设的价值意蕴、现实问题与实践理路 [J]. 思想理论教育，2022（2）：107－111.

[3] 马成瑶. 整体性治理视域下推进高校"一站式"学生社区综合管理的思考 [J]. 思想理论教育，2022（3）：96－101.

聚力学习小组，创新学习形式
推动学生党史学习教育常态化、长效化

中山大学党委学生工作部党政管理干部　彭雪婷
中山大学党委学生工作部学生管理处副处长　曲翔
中山大学党委学生工作部党政管理干部　陈洁

一、案例概述分析

为深入贯彻落实习近平新时代中国特色社会主义思想，学习贯彻习近平总书记关于党史学习的重要指示批示精神，总结运用好党史学习教育成功经验，建立常态化长效化制度机制，中山大学在全校本科生中全覆盖开展学生马克思主义学习小组活动，以学生马克思主义学习小组为抓手，创新党史学习教育的组织形式，多措并举推动党史学习教育常态化长效化，持之以恒推进党史学习、教育、宣传，引导学生进一步做到学史明理、学史增信、学史崇德、学史力行，更好地用党的百年奋斗重大成就和历史经验增长智慧、增进团结、增加信心、增强斗志。

二、案例解决方案

学校深入贯彻落实习近平新时代中国特色社会主义思想，落实立德树人根本任务，努力培养担当民族复兴大任的时代新人，把学生马克思主义学习小组作为推动学生党史学习教育常态化长效化工作的重要抓手，加强顶层设计、构建工作体系，指导院系结合学科特点，建设学习小组、建立工作队伍、制订学习计划，坚持不懈把党史作为必修课、常修课，提升学生党史学习教育的针对性、感染性、实效性，引导学生进一步坚定历史自信。

（一）全覆盖建设学生马克思主义学习小组，创新党史学习教育的组织形式

1. 加强统筹规划，建立工作队伍

学校党委制定《中山大学学生马克思主义学习小组建设方案》，由二级党组织书记作为学生马克思主义学习小组建设的负责人，分管学生工作的副书记具体落实，组织党

政领导、青年教师专职辅导员、党政专职辅导员、班主任、师生党支部书记等指导学生马克思主义学习小组的理论学习和实践活动，充分发挥先进典型作用，引领全校本科生共同学习党史，营造"三全育人"的良好氛围。

2. 制订学习计划，明确学习形式

学校每月印发《中山大学学生理论学习要点》，指导各院系学生马克思主义学习小组结合实际制订党史学习教育计划，计划与学生学业发展相协调，与学生第二课堂活动相贯通，保证学习时间每周不少于 1 学时，每学年不少于 40 学时。各小组通过个人研读、集体学习、宣讲会、报告会、读书会、分享会等形式，读原著、悟原理，撰写、分享学习心得，坚定理想信念；各小组还结合学科专业特点，开展参观学习、志愿服务、社会实践等学习活动，让学生在实践中传承红色基因，赓续精神血脉。

3. 完善评估考核，巩固学习成效

学校各院系以学生马克思主义学习小组为抓手，抓好抓实学生党史学习教育工作，把师生党员参加学生马克思主义学习小组学习情况纳入本单位党支部书记述职评议考核的重要内容，要求从举措成效、特色亮点、存在问题、工作计划等四方面进行总结，考核结果作为评先评优的重要依据。

（二）以学生马克思主义学习小组为抓手，多措并举推动党史学习教育常态化长效化

1. 认真研读经典，深化理论武装

各学生马克思主义学习小组采用研读经典、专题培训、集中宣讲等形式，引导学生学习"四史"，知史爱党、知史爱国，明理增信、崇德力行。积极开展"红色经典"系列读书活动，通过个人研读、小组分享等方式，深度剖析书籍的深层思想，准确认识和把握我国社会主要矛盾和中心任务，从党的历史中汲取战胜风险挑战的智慧和力量。组织党史学习专题讲座，如孙逸仙纪念医院邀请党的二十大代表许可慰教授讲授专题党课、光华口腔医学院邀请广东革命历史博物馆副馆长李岚授课、物理学院学习小组邀请马克思主义学院姜帆副教授主讲党史课程等，通过介绍党史中的重要人物、重要历史事件，深刻阐明中国共产党的初心与使命，让学生坚定理想信念，努力在新时代的伟大实践中不断锤炼斗争精神和斗争本领。（见图 1）

图1　姜帆副教授为学习小组主讲党史课程

2. 开展党史竞答，营造良好氛围

各学习小组还充分利用"中国大学生在线"等网络平台的党史学习教育资源，组织学生积极参加党史网上竞答争先比赛，推动党史专题教育和知识学习。例如，信息管理学院举办红色搜索之星大赛，鼓励学生在搜索中了解党和国家的历史，加深对党的印象、增强对党的热情、坚定对党的信念；中国语言文学系、肿瘤防治中心等通过举办党史党章知识竞赛，从多方面考察参赛学生党史党章相关知识，引导学生厚植爱党、爱国、爱社会主义的情感，做到学史明理、学史增信、学史崇德、学史力行。（见图2）

图2　学习小组成员积极开展党史知识问答

（三）传承红色基因，赓续精神血脉

各学习小组将实践活动与党史学习结合在一起，通过组织参观革命遗址遗迹、纪念馆、博物馆和爱国主义教育基地等，不断探索深化革命传统教育新形式，既提高学习的现场感，也让学生在实践中践行马克思主义。国际金融学院学习小组举行"续红色基因，追时代新梦""劳动有我，为梦而行"等主题活动，通过参观博物馆、烈士陵园等方式铭记历史，以史为鉴；历史学系（珠海）学习小组赴汕尾市开展红色革命历史考察活动，通过学习海陆丰革命老区历史，继承革命传统，弘扬红色文化；化学学院学习小组开展红色景点走访活动，引导学生在实地走访中沉淀提炼、深度思考。此外，学校还以重大节日和纪念日为契机开展党史学习主题教育，发挥革命英烈、时代楷模示范引领作用，引导学生深刻领悟中国共产党人精神谱系的丰富内涵和时代意义，把好传统带进新征程，将好作风弘扬在新时代。（见图3）

图3　学习小组成员开展党史学习社会实践活动

三、经验与启示

推动党史学习教育常态化、长效化是建设马克思主义学习型政党的一项长期重要任务，也是学校抓好学生思想政治教育的一项关键工作。学校通过全覆盖建设学生马克思主义学习小组，创新学生党史学习教育的组织形式，集中力量开展学生思想政治教育，在推动学生党史学习教育常态化、长效化取得良好成效。

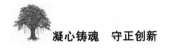

（一）加强组织领导

学校切实把学生马克思主义学习小组作为思想引领工作的重要抓手和学生党史学习教育的重要措施，通过顶层设计与基层落实相结合，加强组织领导、完善管理机制、建设工作队伍、做好组织动员，领导干部、辅导员、班主任等学在前、作表率，切实推动学生党史学习教育工作上水平。

（二）坚持正确导向

学生马克思主义学习小组通过理论学习、社会实践等引导学生树立正确党史观，准确把握党的历史发展的主题主线、主流本质，更好地用党史教育广大师生，推动形成共同的历史认知，坚定历史自信，筑牢历史记忆，满怀信心地向前进。

（三）落实三全育人

学生马克思主义学习小组让党史学习教育融入"全员、全过程、全方位"育人中，让党史学习教育切实落实到立德树人当中，学校在育人成效上屡获佳绩：光华口腔医学院·附属口腔医院研究生第三党支部入选第二批全国高校"百个研究生样板党支部"，旅游学院 2019 级博士研究生杨兵入选第二批全国高校"百名研究生党员标兵"，环境科学与工程学院 2021 级博士生郑鸿祥代表学校参加《全国大学生党史知识竞答大会》现场竞答，荣获团队一等奖与"个人最佳风采奖"等。